KB269392

미래의 블루칩을 선점하는
부동산투자 성공방정식

미래의 **블루칩**을 선점하는

부동산투자
성공 방정식

장인석 지음

매일경제신문사

부동산 재테크는 가족을 위해 내 재산을 아름답게 가꾸는 계획

평생 글 쓰는 일에만 종사하던 내가 어느날 부동산 관련 일을 한다고 하니 모두들 의아해하는 표정이다. 해오던 언론 일과 상관이 없는 데다 평소 보여준 언행이 부동산 일을 할 사람이라곤 생각되지 않았기 때문일 것이다. 젊은 시절, 신문사 동료나 친구들이 부동산 재테크에 대해 얘기하면 "부동산은 상놈들이나 관심 갖는 일이지 선비들이 행할 일이 아니다"라고 점잖게 일갈하던 사람이 나였다.

그러나 막상 부동산 관련 일에 종사하고보니 이렇게까지 재미나는지 미처 몰랐다. 부동산이란 복잡한 경제 상황과 맞물려 있는 데다 관련 법과 정책 등 조사하고 분석해야 할 분야가 방대하고 끝이 없다. 그런데도 조사나 복잡한 분석이 이상하리만치 즐거웠으며, 까다로운 법 규정을 해석하는 일도 무척이나 흥미로웠다. 게다가 남의 재산을 불려주고 나아가 주택 시장의 안정과 국토의 균형발전에 일조도 하니 이보다 더 보람 있는 일이 또 있겠나 싶다.

아마도 내가 부동산에 종사하게 된 것은 운명의 장난인지도 모르겠다. 만약 아버지가 물려주신 부동산이 고스란히 남아 있다면 지금쯤 수백억 원 대의 재산가가 돼 있을 것이다. 그런데 아버지께서 피땀 흘려 번 돈으로 투자한 부동산은 소위 '개발'이란 미명 하에 모두 허공으로 날아갔다. 시가의 70~80% 정도라도 보상해주는 것은 요즘의 일이고 예전에는 개발독재

정권답게 거의 날로 빼앗아 갔다.

마지막 남은 건물이 또다시 도시계획사업으로 수용당할 위기에 처했을 때(유명백화점이 들어서는 바로 옆에 세워진 어머니의 5층짜리 건물은 8m 소방도로 개설계획에 의해 철거돼야 한다는 구청 측 논리), 신문사에서 퇴직 후 별다른 할 일이 없던 나는 도전의식이 불타 올랐다. 혼자 된 노모의 눈에 또다시 피눈물을 흘리게 할 수 없었기에 이 도시계획을 무효로 하는 '혼자만의 전쟁'을 시작한 것이다.

결과적으로 국가에서 진행하는 사업을 중도에 없던 일로 하는 것은 불가능하다는 사실을 깨닫고 깊은 좌절에 빠졌다. 특히 백화점 측이 내민 수표(태어나서 처음 보는 억대 단위 수표였다)까지 물리쳤지만 보상이 처음 제시한 금액에서 단 1원도 증가되지 않은 채 결론이 나자 그 후 몇달 간은 후유증으로 불면에 시달렸다.

그러나 상처와 좌절 외에 남은 것도 있었다. 도시계획사업이 무엇인지, 서울시 기본계획은 어떤 식으로 진행되는지, 백화점을 건립하기 위해 부지 매입부터 인허가 단계까지 진행상황을 비롯 구청과 대기업의 미묘한 관계 등에 어렴풋이 눈을 뜨게 됐다. 또한 '공익사업을위한토지등의취득및보상에관한법률'을 비롯해 '부동산가격공시및감정평가에관한법률', 수도권정비계획법, (구)도시계획법, 현재의 도시및주거환경정비법의 전신인 도시재개발법과 주택건설촉진법 등을 알게 됐다. 이로 인해 재개발과 재건축 투자를 알게됨으로써 부동산에 입문하게 됐으니 지금 생각하면 참으로 아이러니가 아닐 수 없다.

이때 얻은 경험은 이후 나에게 큰 도움이 됐다. 공무원은 정해진 법에 따라 일을 처리하므로 법의 원칙을 지키고 이해하면 상대하기가 생각보다 쉽다는 사실이었다. 즉, 욕심만 부리지 않는다면 편법이나 위법할 일이 없기 때문에 융통성이 많은 민간업체보다 대하기가 더 쉽다.

또한 정부의 정책과 국토계획을 잘 이해하고 합법적으로 부동산에 투자하면 의외로 큰 돈을 벌 수 있다는 사실도 알게 됐다.

점쟁이보다는 병을 치유하는 낙도 의사가 돼야

요즘 많은 사람들이 원하는 유능한 부동산 전문가는 점쟁이형인 것 같다(사실 나는 부동산 전문가란 말을 인정하지 않는다. 부동산 관련 법만 수백개이며 제대로 알기도 힘든 세상인데 경제상황과 부동산 정책까지 두루 섭렵하기란 거의 불가능하기 때문이다. 전문가라기보다는 일반인보다 좀 더 잘 안다는 뜻의 '고수'란 표현이 더 적합하지 않을까 싶다). 언제, 어떤 땅을, 어느 지역의 아파트를 팔거나 사면 돈을 번다는 사실을 족집게처럼 콕 찍어줘야 인정받는 세상이다.

하지만 부동산이란 여러 변수가 겹쳐 일어나는 데다 개개인의 취향과 처한 환경에 따라 투자대상이 달라지기 때문에 예언자적 판단을 기대하는 것은 무리다. 예언자적 판단을 하는 고수는 정통보다는 사술이 더 강한 성향일 가능성이 높다.

진정한 고수는 사막에서 목말라 하는 가련한 중생에게 물을 주는 사람도 아니며, 물이 있는 곳으로 데려다 주는 사람도 아니고 오직 물을 찾는 방법만 일러주는 사람이다. 당장 물을 주면 죽음은 모면하겠지만 다시 목마른 상황이 되면 곧바로 위기에 처하게 된다. 그러나 물을 찾는 방법을 알게 되면 언제 어디서든 목이 말라도 위기에 처하지 않는다. 부동산도 이와 같은 이치다. '언제 무엇을 사면 돈을 벌 것이요' 보다는 '돈을 벌 수 있는 부동산을 찾는 방법과 결행할 시기를 판단하는 능력' 을 길러주는 사람이 훨씬 더 고마운 존재다. 다시 말해 부동산 시장을 보는 감각과 블루칩을 판단한 수 있는 안목을 가르쳐주는 사람이 진정한 스승이란 얘기다.

게다가 요즘에는 부동산 전문가 중에서도 실제투자로 돈을 많이 번 사람들을 더 능력 있다고 인정하는 추세인 듯하다. '○○○억 벌기' 란 책이 인기를 끄는가 하면, 얼마를 벌었다거나 어디에 산다거나 자신이 큰 부자임을 노골적으로 과시하는 전문가들이 많기 때문이다. 하지만 부동산이란 당시의 시장 상황과 정책에 따라 대응방법이 달라지고 자신의 취향에 따라 변수가 생기기 때문에 그 사람이 했던 방식을 답습한다고 해서 누구나 다 그 사람처럼 돈을 벌 수 있는 것은 아니다. 오히려 남처럼 돈을 많이 벌고 싶은 욕망이 앞서 실수할 위험만 커지게 된다.

설령 본인이 부동산 투자로 큰돈을 벌었다고 해서 반드시 남들도 돈을 벌게 할 수 있는 능력까지 겸비할 수 있는 것은 아니다. 히딩크 감독이 세계적인 스타플레이어 출신이 아니듯 스타플레이어가 반드시 스타감독이 되는 것은 아니다. 오히려 실패를 많이 해 본 사람이 성공의 길을 더 잘 알 수 있고, 재물에 욕심이 없을수록 시장에 대해 객관적인 눈을 가질 수 있다. 장사꾼에 가까운 부동산 전문가는 의뢰인의 컨설팅을 하면서 '젯밥' 이나 '떡고물' 에 관심이 팔려 정확한 정보 제공을 못할 확률이 높다.

나는 부동산 고수는 점쟁이보다는 의사가 돼야 한다고 믿는다. 의사 중에서도 유명의사보다는 낙도나 시골 보건소에서 가난한 사람에게 의술을

펼치는 슈바이처가 돼야 할 것이다.

실패하지 않으면 그게 바로 성공이다

부동산은 다른 상품과는 달리 거액이 오고가는 상품이다. 특히나 우리나라처럼 거의 전재산이나 다름없는 경우에는 한 번 실패하면 평생 돌이킬 수 없기 때문에 거래할 때 신중에 신중을 거듭해야 한다.

지금까지 부동산은 잘못 구입하지 않는 이상 큰 폭으로 하락해 손해를 보거나 혼자만 오르지 않아 낭패를 당하는 일은 잘 일어나지 않았다. 최소한 물가상승률 이상은 오르기 때문에 실패만 하지 않아도 어느 정도의 자산 증식을 이룰 수 있었다. 그러나 지금같은 침체기에 욕심을 부려 적정 수익 이상을 기대하게되면 무리한 계획과 실행으로 성공이 더욱 힘들어진다.

부동산 투자에서 '성공이란 바로 실패하지 않는 것에서 비롯된다' 는 격언을 명심할 필요가 있다. 실패하지 않으려면 부동산에 대해 올바른 안목을 갖춰야 한다. 올바른 안목은 합법적으로 법과 정책을 활용해 적정수익을 거두려는 마음가짐에서 출발한다.

만일 어떤 수단을 써서든지 큰돈만 벌면 된다는 생각을 갖고 있는 사람이 있다면 먼저 그 잘못된 마음부터 바로 잡아야 한다. 일확천금을 꿈꾸면 사기꾼의 달콤한 유혹에 약해지고, 편법이나 불법, 탈법을 하고 싶은 충동이 생기게 되기 때문이다. 설령 그렇게 해서 돈을 많이 번다고 해도 그로 인해 사회는 황폐해지고 나아가 국가의 위기로 이어지기 때문에 우리의 후손에게도 이롭지 못하다.

부동산 관련 정책과 법을 비롯해 경제 상황은 너무나 어려운 데다 복잡다단하게 얽혀 있어 일반인들이 다 이해하기는 불가능하다. 때문에 이 책은 부동산에 관한 수많은 이론과 정책, 법률 중에서 일반인들이 꼭 알아두어야 할 것만을 골라 정리했다. 이 내용만 알아도 부동산 투자에서 실패할 일은 일어나지 않을 것이며, 그간 가졌던 잘못된 생각들이 바로잡혀질 것으로 믿는다.

내 집 마련을 계획하는 분들을 비롯해서 좀 더 좋은 집으로 갈아타려는 분들, 부동산 투자로 적정 수익을 올리고 싶은 분들, 또 노후를 위해 재테크하려는 분들은 이 책이 실패를 비껴가게 하는 나침반이 될 것으로 믿는다.

혹 아직도 "집 하나 잘 간수해서 정년퇴직 때까지 버티면 되지 무슨 부동산 재테크냐?" 하고 눈을 치켜뜨는 사람들도 있을 것이다. 그러나 현재 살고 있는 3억 원짜리 집이 정년퇴직 때 5억 원짜리나 10억, 20억 원대가 되는 것은 지금부터 하기 나름이라는 사실을 알아둬야 한다. 이것은 요행이나 투기가 아니며 내 재산을 아름답게 가꾸는 계획이다. 가장(家長)은 소중한 가족을 위해 그 계획을 수립해 실천하고 달성해야 하는 의무가 있다.

끝으로, 이 졸작이 나오기까시 음으로 양으로 도와주신 모든 분들께 진심으로 고마움을 전한다. 그 고마움은 앞으로 바르고 정직한 부동산 칼럼니스트 겸 카운셀러로 거듭나는 것으로 두고두고 갚을 것이다.

이 책을 존경하는 어머니와 사랑하는 아내에게 바친다.

장인석

몇 년 전만 해도 '돌다리를 두드려 보고 건너가라' 가 미덕인 세상이었다. 그러나 지금은 돌다리를 두드리고 있다가는 어느새 사라져 영원히 건너갈 수 없는 세상이 되었다. 스피드가 생명이며 순간의 선택이 평생을 좌우하는 시대인 것이다.

아직도 중국 사람들이 '만만디' 로 사업하는 줄 알고 느긋하게 상대하면 낭패를 당한다. 이미 한국 경제 수준을 뛰어넘어 글로벌 시장으로 맹성장을 거듭하는 중국 기업인들의 화두가 '3초 안에 결정하라' 가 된 것은 오래 전 일이다.

중국 40대 기업인의 선두주자인 하얼빈동방개발건설의 안잉(安英) 총재가 "만만디는 과거 일부 공무원들의 얘기다. 중국에서는 스피디하게 남보다 앞서지 못하면 시장에서 도태될 정도로 경쟁이 치열하다" 고 강조한 것은 두고두고 인상적이었다.

우리의 현실도 이와 다를 바 없다. 경쟁은 날이 갈수록 과열되고 있고 그 속에서 성장하기 위해서는 돌다리를 두드리기 전에 그 돌다리가 건너도 될 만한지를 3초 안에 판단할 수 있는 안목을 지녀야 한다. 그래야 남보다 먼저 안전하게 돌다리를 건널 수 있다.

'스피디한 선택' 을 해도 실수하지 않으려면 평소 철저히 준비하는 자세가 필요하다. 언제 어떤 일이 벌어질지 모르기 때문에 예상 가능한 모든 변수에 대응할 실력과 대비책을 마련해 놓아야 한다.

지금 부동산시장은 침체돼 있다. 아마 한동안은 투자 메리트를 상실해 갈지도 모른다. 소득은 줄고 물가는 무섭게 상승해 먹고살기 힘든 세상에서 부동산에 관심을 갖지 않는 것은 당연한 일일 수도 있다.

그러나 부동산은 상품이기 전에 삶의 질을 결정하는 거주공간이며, 전 재산에 해당하는 생명줄이다. 따라서 역설적으로 이렇게 부동산 시장이 침체돼 있을 때가 찬스가 될 수 있다. 모두가 부동산에 관심을 가질 때에는 나눠 먹을 게 별로 없는 법이다. 피자 한 판을 10명이 먹는 것보다는 2~3명이 먹어야 제대로 먹은 것처럼 느껴지는 것과 같은 이치이다.

지금은 그 찬스가 다가올 때를 준비하는 시기다. 부동산 시장을 보는 안목과 좋은 물건을 찾는 지혜를 조용히 닦아 놓으면 찬스가 왔을 때 스피디하게 낚아챌 수 있다. 남들이 돌다리를 두드리며 하세월하는 동안 첫눈에 블루칩을 알아보고 건너가는 것이다.

준비하는 者에게는 반드시 기회가 온다.
또한 그 기회는 준비된 者만이 잡을 수 있다.

| 물타기 전략, 정책과 맞서는 건 아둔한 일 |

| 부동산 정책의 속뜻을 읽어라 |

| 앞으로 바뀔 정책과 그 속뜻 알아차리기 |

| 모든 것은 기본계획에 있다 |

| 4차 뉴타운에 현혹되지 말자 |

| 추락하는 강남재건축에는 날개가 있다 |

워터슬라이드 타듯 부동산 정책을 즐겨라

부동산이라는 상품은 수요와 공급의 논리에 의해 가격이 결정되는 여타 시장상품과는 다르다. 부동산은 상품이기 전에 인간의 거주공간이기 때문에 정부로서는 삶의 질을 보호하기 위해 어느 정도 시장을 통제할 수밖에 없으며, 이 통제가 가격결정의 중요한 변수가 된다. 우리나라처럼 부동산 투기가 극심한 곳에서는 정부 정책에 따라 부동산 가격이 급등락할 수 있다. 따라서 정책을 잘 활용하는 길이 바로 부동산 투자에서 성공하는 지름길이 된다.

물타기 전략,
정책과 맞서는 건 아둔한 일

돌이켜 보면 정부가 2007년 1월 1일부터 모든 부동산 거래를 실거래가로 하고 1가구 2주택자와 [1]비사업용토지에 대해 양도세 중과세를 실시하겠다고 했을 때 일반 사람들은 그 여파의 심각성을 예견하지 못했다. 2007년 중반에 이르러 보유세 부담까지 증가되자 비로소 사태의 심각성을 알아차린 사람들이 양도를 고려했지만 세금 폭탄이 두려워 포기할 수 밖에 없었다.

심지어 양도세 중과제도가 철폐되거나 중과세율이 감면될 수도 있다며 버티겠다는 사람들도 많았다. 지금도 이명박 정부가 들어섰으니 '좋은 소식이 있을 것' 이라며 마냥 기다리고 있는 사람들을 종종 본다.

'정부 정책에 맞서지 마라' 는 격언이 있다. 부동산 정책이 마음에 들지 않는다고 그 정책이 바뀌기를 기대하는 것은 참으로 어리석은 일이다. 한 국가의 정책이라는 것은 집안 일처럼 마음대로 바꿀 수 있는 게 아니다. 설

[1] 부재지주 농지와 임야, 나대지 등을 말한다. 전, 답, 과수원을 농지라 하는데, 농지는 일정 기간 재촌과 자경을, 임야는 일정 기간 재촌을 갖추지 못하면 비사업용토지로 간주된다. 나대지는 몇가지 예외규정을 제외하고 비사업용토지로 양도세가 중과된다.

미래의 블루칩을 선점하는 **부동산투자 성공 방정식**

사 바꾸기로 방침을 세웠다 하더라도 수립하고 제안하고 연구하고 심의하는 와중에 시간이 많이 간다. 바라던 대로 바뀌었다고 해도 '상처뿐인 영광' 이라는 사실을 본인만 모른다.

부동산 투자에서는 기회비용이라는 게 아주 중요하다. 더 좋은 곳에 투자했다면 훨씬 많이 벌었을 것을 이상한 곳에 투자해 돈이 묶이게 되면 전문용어로 기회비용을 상실했다고 한다. 쉽게 말해 '내가 똑똑했다면 벌 수 있었던 또는 벌 수 있을 돈' 을 말한다. 곶감이 떨어지길 하늘을 쳐다보며 기다릴 바에야 곶감을 만들 감을 따러 가는 게 더 빠르지 않을까.

소위 강남의 복부인이나 부동산 고수들 중 다주택자들과 비사업용토지 보유자들은 이미 2006년 경에 거의 다 차익을 실현하고 매각했다. 정부가 2007년부터 "중과하겠다" 는 엄포를 한귀로 흘려듣지 않았던 것이다. 부동산 고수들은 정부 정책에 맞서지 말고 '미끄럼을 타야 돈을 번다' 는 것을 피부로 경험한 사람들이다. 그러니까 돈을 번 것이다.

고수 부자들은 똘똘한 집 한 채로 중무장하고, 부동산을 처분한 돈으로 주식이나 부동산 펀드 등에 투자하거나 수익형부동산을 구입했다. 또한 주택을 여러 채 보유한 사람들 중에는 임대사업자로 전향한 사람들도 많았다. 그들은 2007년 이후 많은 사람들이 양도세 중과와 보유세 폭탄으로 진퇴양난에 빠져있을 때 측은한 눈길을 보냈을 것이다.

위험을 모를 때가 항상 더 용감한 법이다. 자신에게 불리한 상황이 전개됨에도 불구하고 어떤 사람들은 더욱 용감해져 소위 '무대뽀' 가 되기도 한다. 즉 대책없이 버티겠다고만 하는데, 그래도 혼자 버티면 상관없으나 물귀신 작전으로 다른 사람까지 꼬드겨 그 사람의 신세까지 위태롭게 만든다.

대책없이 혹시나 하고 부동산 정책이 바뀌기를 기다리며 고통의 나날을 보낼 때 이미 갈아탄 고수들은 오히려 돈 불리는 재미에 즐거운 나날을 보내고 있다. 그래서 '돈이 돈을 번다' 는 자조 섞인 얘기가 일반 서민들로부터 나오게 되는 것이다.

:· 정책은 미래를 알려준다

[2]2007년 1월, 민간택지에 대한 분양가상한제가 2007년 9월 1일부터 실시된다고 했을 때도 마찬가지다. 주택재개발 및 주택재건축 아파트에도 분양가상한제가 적용되면 조합원 분양가가 높아지게 돼 조합원 부담이 가중된다. 다시 말해 재개발 사업의 수익성이 떨어지기 때문에 재개발 투자에서 투자 대비 수익이 낮아지게 된다.

그래서 고수들은 적정한 매도 타이밍을 찾기 시작했다. 구입을 고려한다 해도 재개발 초기 지역으로 아직 저평가된 곳을 찾거나 용산이나 뚝섬 등 미래가치가 높은 지역에 투자 대상을 한정시켰다.

그러나 [3]지분쪼개기 등까지 겹쳐 수익성이 극도로 악화됐음에도 이명박 정부의 '도심재개발에 의한 공급확대' 라는 호재만 믿고 많은 사람들이 재개발 [4]지분을 사들였고 그 결과 지분 값은 터무니없는 가격까지 상승했다. 2008년 하반기부터 분양가상한제가 적용되는 재개발사업의 [5]관리처분계획인가가 본격화되면 처음 투자했을 때 기대했던 수익률에 한참 미치지 못한다는 사실을 뒤늦게 깨닫을 것이다.

미래의 블루칩을 선점하는 **부동산 투자 성공 방정식**

---

2) 민간택지의 분양가상한제 실시는 2006년 11·15대책 '의 후속대책으로 마련된 '부동산시장 안정화를 위한 제도 개편 방안' 중 하나로 2007년 1.11대책으로 발표됐다. 이 방안에 따라 2007년 9월1일부터 민간택지 분양가상한제가 실시되어, 일반 분양 물량에 대해 채권입찰제와 전매제한이 적용되게 됐다. 2008년 하반기 정부가 민간택지 분양가상한제 완화를 추진하기로 했으나, 민간택지 중 "민간이 자체적으로 땅을 매입해 주택을 짓는 경우만 해당되며, 재개발과 재건축 등 정비사업은 고려하지 않을 것" 이라고 밝혔다.

3) 분양권이 한 개밖에 주어지지 않는 단독이나 다가구주택을 분양권이 각각 주어지는 다세대주택이나 빌라 등으로 전환하거나 새로 짓는 것을 말한다. 지분쪼개기가 극심하면 조합원 수가 늘어나 사업성이 악화되며, 신축 지분쪼개기가 심한 경우에는 노후불량도가 양호해져 재개발 추진이 어려워질 수도 있다.

4) 공동주택의 대지 지분은 등기부등본 해당 호수의 건물표제부에 대지권 비율로 명기돼 있다. 가령 '150.4분의 62.1' 이라 표기돼 있으면, 1동 건물의 대지면적이 150.4㎡이고 이중 62.1㎡가 내 집의 대지 지분이란 뜻이다.

이명박 정부가 규제완화에 대한 구체적인 발표는 보류한 채 도심재개발에 의한 공급확대 방침을 밝힌 것은 일종의 '쇼'라 볼 수 있다. 위정자들은 정권을 잡기 직전과 잡은 직후 국민들을 안심시키기 위해 '입에 침 바른 소리'를 하는 경향이 있다. 여기에 속아 넘어가서는 안 된다. 대운하도 이런 관점에서 보면 이해가 될 것이다.

만일 도심재개발로 공급을 확대할 계획이라면 분양가상한제나 재건축 규제 완화 등에 대한 구체적인 보완책이 함께 발표됐어야 했다. 그렇지 않으면 도심재개발 공급은 실천되기 힘들기 때문이다. 그러나 지금까지 '완화한다', '공급을 확대한다'고만 했지 구체적인 언급은 없다. 심사숙고해서 연구한 결론을 얘기한 것이 아니라 인기영합적인 '쇼'였기 때문이다. 물론 언젠가는 규제가 완화되겠지만 정부 발표를 곧바로 실현 가능한 것으로 믿어서는 안 된다.

노무현 정부가 민간택지 그러니까 재개발이나 재건축으로 지어지는 아파트에도 분양가상한제를 실시한다고 했을 때 그 속뜻은 '앞으로는 투자 목적보다는 실거주 목적으로 구입하세요'라는 것이었다. 그러나 정부가 정책을 발표할 때 속뜻을 말할 수는 없다. 알아서 눈치채라는 것이다. 그런데 이걸 알아차리는 사람이 그리 많지 않다.

분양가상한제가 실시되면 일반 분양 물량은 주변 시세의 80% 선에서 가격이 결정된다. 조합은 이 일반 분양 물량에서 번 돈으로 조합원 분양가를 낮추어야 하는데 벌이가 줄어들게 되므로 조합원 분양가를 낮출 수가 없다. 또한 일반 분양 물량 중 전용면적 85㎡ 초과분에 대해서는 채권입찰제를 실시해 정부가 이익을 환수해가게 되어 조합의 수입은 그만큼 줄어들

5) 재개발사업 등 정비사업에서 관리처분계획인가가 나면 정비구역 내 건축물들이 철거되고 공사가 시작된다. 관리처분계획인가가 나야 조합원 분양가와 일반 분양가, 조합원들의 추가부담금(청산금) 등을 알 수 있어 정확한 사업수지 분석이 가능하다.

게 된다.

따라서 분양가상한제 실시 전에는 조합원 분양가가 일반분양가의 70% 혹은 60% 선에서 결정된 경우도 많았는데, 지금은 90% 선에 육박한다. 프리미엄 주고 몇 년 간 불편을 참으며 기다린 보람이 없다. 재개발 예정주택을 살 바에야 분양가상한제가 적용된 아파트를 분양받는 것이 훨씬 낫다.

그러므로 재개발 예정주택을 투자 목적으로 구입하는 것은 재미가 없는 일이 될 것이라고 판단했어야 했다. 즉 재개발이나 재건축 시장은 실수요자 위주의 시장으로 재편된다는 것이 정확한 예측이었던 것이다.

그럼 왜 분양가상한제가 실시된다고 발표되고도 1년 이상이나 지난 2008년 봄까지 재개발 투자 열풍이 불었던 것일까. 분양가상한제가 실시된 것은 2007년 9월 1일부터이지만 그 이전까지 사업승인 신청을 하거나 11월말까지 분양신청 승인을 받은 재개발 아파트는 분양가상한제에서 제외시켜 실질적인 효과는 2008년 1월부터 발생했기 때문이다. 따라서 재개발 예정구역 주택은 2007년 9월까지가 매수 타이밍이었고, 2008년 3월까지가 매도 타이밍이었다. 이 때문에 그 이후 구입하거나 매도하려는 사람들은 소위 말해 '상투잡기' 나 '막차 탄 꼴' 이 된 것이다.

부동산 투자가 어려운 이유는 남들이 알아차리는 순간 메리트를 상실한다는 것이다. 즉 너도 나도 재개발 투자에 뛰어들어 국민적인 열풍이 불게 되면 그만큼 나눠 먹을 게 적어지니 남는 게 있을 리가 없다. 그런데 부동산 정책으로 투자 환경이 변하는 경우에는 정책이 실현되기까지 일정기간 유예 기간을 주기 때문에 그 효력이 발휘되는 시점을 눈치채기가 더 어렵다. 아마존의 나비가 날개짓을 하면 미국 텍사스에서 토네이도가 발생한다고 하지 않았던가. 무심코 발표한 부동산 정책이 엄청난 파장을 몰고 올 수도 있는 것이다.

남보다 한발 앞서야 돈을 번다. 그러기 위해서는 정책을 활용하되 남보다 한 발 앞서 눈치채야 한다. 정책에 담긴 속뜻을 말이다.

 **족집게**과외

▶ 정부 정책에 맞서지 말고 미끄러지거나 비켜간다.

▶ 정책은 미래를 말해주나 깊은 속뜻까지 알려주지는 않는다.

▶ 정책이 바뀌기 전후에 하는 정책 '쇼'에 경거망동하지 말아야 한다.

부동산 정책의
속뜻을 읽어라

자, 그럼 부동산 정책의 속뜻은 어떻게 읽어야 하는 것일까. 재개발이나 재건축 아파트에 분양가상한제가 실시되면 '투자 목적으로 구입하지 마시고 실수요 목적으로 사세요' 라는 뜻이다. 그런데 이걸 속 시원하게 애기해주지 않고 알아서 눈치채라니 답답할 일이다.

1가구 2주택 이상 보유자들에게 양도세를 중과하겠다고 할 때는 '똘똘한 한 채만 남겨두고 파세요' 라는 것인데, 이것 또한 말해줄 때까지 모르는 사람들이 많다.

그렇다고 답답한 국민들을 위해 정부가 속뜻을 말할 수는 없다. 정부가 부동산 투기를 부추기는 것 같이 보일 수도 있지만 무엇보다 부동산이란 상품이 럭비공 같아 어디로 튈지 모르기 때문이다. 이미 노무현 정부 시절 우리는 부동산의 럭비공 성질을 익히 알지 않았던가. 세계의 모든 규제와 통제를 갖다 붙였음에도 2006년 10월 경 전국적으로 불붙었던 투기 열풍과 과열주택경기를.

지금은 그때보다 전국적으로 가격이 많이 내렸지만 그 이전 가격보다는 상당히 높아 결론적으로 부동산 가격은 우리 생활수준에 비해 너무 높은 것이 사실이다. 사회초년생이 10년 정도 근검절약하면 내 집 마련을 할 수 있어야 '살 만한 나라'라고 한다. 그런데 우리의 현실은 어떤가.

부동산 가격이 높으면 결국 우리 후손들에게 씻을 수 없는 과오가 된다. 살기 어려운 나라를 물려주기 때문이다. 땅값, 집값이 높으면 소득에 비해 물가가 높아지고 쓸데없는 곳에 돈이 묶이게 된다. 우리나라는 선진국들에 비해 부동산 의존도가 높아 자기 재산의 80% 이상이 부동산이다. 즉 터무니없이 많은 돈을 엉덩이에 깔고 앉아 있는 셈이다.

부동산 정책의 속뜻을 알기 위해서는 먼저 마음을 비워야 한다. 부동산으로 일확천금을 꿈꿀 생각을 먼저 버려야 한다는 것이다. 부동산도 상품이기 때문에 실현 가능한 수익률이 있다. 이 수익률을 넘으면 무언가 이상한 부동산이고, 과도한 수익률을 원하면 부동산 정책이 제대로 읽히지 않는다.

그게 뭐 그리 중요하냐고 반문할 수 있다. 그러나 필요 이상으로 기대수익이 높으면 늘 불행할 수밖에 없고 무리한 욕심 때문에 실수하게 된다.

예를 들어, 토지에 1억씩을 투자한 A와 B 두 사람이 있다. A는 연수익률을 30% 선으로 예상했고, B는 연수익률을 60% 선으로 기대했다. 5년이 지나 A의 토지는 3억 원이 됐고, B의 토지는 3억 5천만 원에 이르렀다. A보다 B가 돈을 많이 벌었으니 B가 더 행복해야 한다. 그런데 A는 행복하고 B는 불행했다. 왜 이런 일이 일어났을까? A는 2억 5천만 원을 기대했는데

3억 원이 됐으니 기대보다 수익이 많았다고 느낀 것이다. 그러나 B는 4억을 기대했기 때문에 3억 5천만 원으로는 양에 차지 않는 것이다.

부동산 정책은 투기를 조장하는 것이 아니다. 주택 경기를 안정시키거나 부양하기 위한 것이다. 경기가 과열되면 규제 정책을, 침체되면 규제완화 정책을 펴는 것이다. 돈독이 오른 눈으로는 정상적인 시장 상황이 보일 리가 없다. 마음을 비운다는 것은 적정수익을 기대하라는 것이다. 적정 수익 이상을 기대하면 정책이 제대로 보이지 않음은 물론 정책을 자기 멋대로 해석하는 우를 범하게 된다.

그뿐만이 아니다. 부동산으로 일확천금을 꿈꾸는 사람에게는 정책보다는 기획부동산이나 떴다방, 컨설턴트나 전문가를 가장한 사기꾼들만 다가온다.

:· 몇 십만 원 아끼다 몇 억 날릴 수도 있다

마음을 비운 다음에는 공부를 해야 한다. 공부하니까 수능 공부처럼 하라는 줄 알고 머리부터 절레절레 흔드는 사람들이 있다. 평소 신문이나 인터넷 볼 때 경제상황이나 부동산 관련 뉴스나 칼럼 등을 꼼꼼히 읽어보라는 것이다. 부동산 세미나 등에 참석한다면 더할 나위가 없다. 전문가의 상담을 통해 의사결정을 하는 사람은 실패할 확률이 매우 적다. 부동산은 아는 만큼 보이므로 평소 어느 정도 시장을 보는 안목을 키워놓는다면 정책이 발표될 때 그 속뜻을 짐작할 수 있다.

옷을 사거나 가구, 자동차를 살 때 매장 한 곳만 들러 판매원의 설명만 듣고 사는 사람은 없다. 요모조모 따져보고 여러 매장을 들러 비교분석한 뒤 결정한다. 그런데 집 살 때, 토지 투자할 때는 갑자기 너그러워진다. 별로 따져보지도 않고 중개업소 한두군데 들른 뒤 결정해버리는 사람이 의외로 많다. 심지어 땅을 살 때 현장을 가보지도 않거나 6)토지이용계획확인서를 떼보지도 않고 구입하는 사람도 있다.

부동산은 가구나 자동차와 비교해 가격부터가 다르다. 하자 있다고 취소할 수도 없고 잘못 사면 신세까지 망칠 수 있다. 훨씬 더 꼼꼼하게 따져보고 신중하게 생각해야 한다. 부동산은 재산의 대부분을 차지하는 데다 가격 또한 높아 한번 실수하면 재기하기가 만만치 않다.

부동산을 구입하거나 양도하기 전 공신력 있는 부동산 전문가나 컨설턴트와 상담하는 것은 매우 현명한 일이다. 잘못 판단하면 몇 천만 원 또는 몇 억 원이 왔다 갔다 하는데 상담료 몇 십만 원을 아까워하는 것은 이해가 가지 않는다. 유명 부동산정보사이트의 유료상담 코너는 단돈 몇 만 원이면 이용이 가능하다.

세 번째, 정책이 발표되면 그 정책이 추구하고자 하는 것이 무엇인지를 정확히 분석해야 한다. 정부의 정책은 처방전과 같기 때문에 이미 일어난 병을 치유하고자 하는 것이다. 경기가 과열돼 있으면 대부분 규제 정책을 발표하므로 추구하는 것은 부동산 값 안정이다. 이때는 구입을 자제해야 한다.

반대로 너무 침체돼 있으면 부양책을 발표한다. 이때는 부동산 값이 오른다는 신호이므로 구입 시기를 저울질하면 된다.

---

6) 토지 구입 전 반드시 발급받아 확인해야 할 서류다. 토지 가치의 70%는 이 서류만 가지고도 알 수 있다. 토지의 가치를 결정하는 용도지역·지구·구역과 토지이용제한 및 규제 상태가 정확하게 기록돼 있기 때문. 기획부동산이 토지를 판매할 때 지번을 알려주지 않는 이유는 바로 이 서류를 떼어볼까 걱정해서다. 국토해양부의 토지이용규제정보시스템(http://luris.mltm.go.kr)에서 인터넷으로 열람이 가능하며, 일부 열람이 되지 않는 지번은 가까운 동사무소에서 원격발급이 가능하다.

정부 정책이 추구하는 것을 정확히 분석하면 그 병의 원인도 알 수 있게 된다. 이런 과정이 반복되어 부동산 경기에 이상 징후가 발생하면 본능적으로 다음 정부 정책이 무엇인가를 알 수 있게 된다.

：· 정책 파악했어도 효과가 언제 나타날지 예측해야

네 번째는 정책을 파악했다 하더라도 정책의 효과가 언제부터 발생할 것인지를 예측할 수 있어야 한다. 그래야 매도·매수 시기를 선택할 수 있다. 부동산을 '타이밍의 예술'이라고 하는 이유는 부동산 성공과 실패가 바로 매도와 매수 시기를 정확히 잡는 데 있기 때문이다.

부동산 값이 오를 것을 예측했다고 해도 꼭짓점에 사면 의미가 없다. 떨어질 것을 설사 알아차렸다고 해도 다 떨어질 무렵 매도하면 팔리지를 않는다.

정부의 정책은 항상 '뒷북정책'이라고 생각해야 한다. 항상 사건이 벌어진 뒤 수습하는, '소 잃고 외양간 고치는' 식이 많다. 따라서 정부 정책의 발생 효과는 발표 시점보다 6개월이 지나 1년 즈음 될 무렵 발휘되는 경우가 많다. 곧바로 시행된다 하더라도 유예기간을 두거나 시행일 이후 허가분부터 적용하는 경우가 많아 이보다 더 늦어지는 경우도 있다.

만일 정부 정책이 법률 개정을 따라야 한다면 발의하고 입법예고하고 국회 통과하고 개정 공포되기까지 시간이 더 소요된다.

예를 들어, 이명박 정부가 재건축규제를 완화하겠다고 밝힌 것이 2007

년 12월 대통령으로 당선되기 전부터였다. 하지만 1년이 다 돼가는 지금도 완화된 것은 아무것도 없다. 그 말 믿고 투자에 나섰다가 지금 후회하는 재건축 투자자들이 많다.

양도세와 종합부동산세를 완화하고 거래세를 줄이겠다고 했지만 1가구 1주택자의 장기보유특별공제 혜택 외에 아직 이루어진 것은 없다. 부동산 경기가 좋아질 것으로 예측하고 투자에 나섰던 사람들은 현재로서는 성급했다는 비판을 면하기 어렵다.

부동산은 분명 남보다 빨라야 한다. 하지만 너무 빨라도 문제가 된다. 2007년 투자에 나섰던 대운하와 재건축 투자자가 그 예다.

마지막으로 부동산은 경제 상황에 깊은 영향을 받되 반응이 늦게 나타난다는 사실을 알아두면 큰 도움이 된다. 경제 상황을 알려주는 지표로는 금리와 물가, 환율, 유가, 주가 등이 있다. 이것들은 서로 상호작용을 하며 경제를 이끌어가며 즉각적으로 반응을 나타낸다. 정부 역시 주가나 환율, 유가, 물가 등이 급등락을 하면 즉각적으로 시장에 개입한다.

그러나 부동산은 기동성이 떨어지기 때문에 경제 지표가 보여주는 상황이 나타나려면 1년 정도 시간이 걸리는 것이 일반적이다. 대체적으로 전문가들은 주식 시장의 호황이 지속성을 보이면 1년 정도 지난 시점에서 부동산 투자를 하는 것이 좋다고 말한다.

부동산 시장이 악화된 후 주식 시장이 악화되는 것이 아니라 통상적으로 주식 시장이 악화된 상태가 지속성을 띠면 1년여가 지나 본격적으로 부동산 시장에 찬바람이 분다고 알려져 있다. 2008년 초부터 주식 시장이 악화되기 시작했으므로 주식 시장의 악화가 지속성을 띠고 있다면 2009년 초부터 부동산 시장은 본격적으로 악화될 수 있다.

그러나 경제 상황도 경기 부양 정책이나 부동산 정책에 따라 또다시 변할 수 있기 때문에 경제 상황과 정책 변화를 함께 살펴야 함은 물론이다.

족집게과외

▶ 욕심을 가지면 정책을 제대로 들여다볼 수 없다.

▶ 정책이 말하는 속뜻을 알아차렸더라도 그 효과가 언제 나타날지를 예측해야 한다.

▶ 부동산은 기동성이 떨어지는 상품이므로 경제 지표를 유심히 지켜봐야 그 변화를 예측

할 수 있다.

미래의 블루칩을 선점하는 **부동산 투자 성공 방정식**

앞으로 바뀔 **정책과**
그 속뜻 알아차리기

속뜻을 어떻게 읽는지, 그 효과가 언제 나타날지를 파악했다면 이제는 속뜻이 무엇인지 살펴보자.

먼저 최근까지 바뀐 정책과 법률, 규정 등의 속뜻을 알아보자.

"국민이 반대하는 대운하사업은 않겠다"

이명박 대통령은 국민의 반대에도 끊임없이 추진의사를 밝혀 논란을 빚던 한반도 대운하 사업을 2008년 6월 19일 포기하겠다고 공식화했다. 대운하 추진에 앞장섰던 국토해양부는 이 대통령이 포기의사를 밝히자 대운하 건설을 전제로 꾸렸던 전담팀을 해체했다.

이명박 정부가 진짜 대운하사업을 하지 않을 것으로 확신하는 사람은 순진한 사람이다. 우선 대통령의 말뜻을 살펴보자. 그냥 하지 않겠다고 말하지 않고 굳이 '반대하는'을 넣은 것은 무슨 이유일까. 지금은 반대하니까 한 발 물러서지만 다시 여론이 좋아지면 하겠다고 복선을 깔아놓은 것으로 볼 수도 있다.

대운하 사업은 반대하는 사람도 많지만 찬성하는 사람도 적지 않다. 특히 건설경기를 바라는 관련 기업들과 종사자들은 물론 지방자치단체와 지방민들은 학수고대하던 사업이다. 이명박 대통령 역시 건설인 출신답게 이 사업에 대단한 애착을 가지고 오랫동안 추진해 왔던 터라 쉽게 포기할 수 없을 것으로 보인다.

대운하 사업은 어쨌든 단기적으로는 경기 부양에 도움이 된다. 만약 국민여론이 다시 이명박 정부쪽으로 돌아서고 경기 부양이 필요하다는 국민적 공감대가 형성되면 대운하 사업 논의는 언제든 재개될 확률이 높다.

그렇기 때문에 대운하 관련 토지 값은 지금도 폭락하지 않는 것이다. 만일 대운하 사업을 하지 않는 것이 확실하다면 그간 오른 값은 거품이 되어 폭락해야 옳다.

그럼 투자에 나서는 사람은 어째야 하나. 바로 이렇게 대운하 사업처럼 애매모호한 사업이 가장 판단하기 어려운 투자처다. 이럴 때는 대운하 사업을 하지 않더라도 가격 상승이 예견되는 토지에 투자하면 된다. 대운하 사업을 하지 않아도 상관없고 하면 더욱 좋은 토지에 투자하면 안전하다.

대운하 주변 토지 중에는 제2영동고속도로 등 대운하와 상관없는 호재들을 가지고 있는 토지가 많다. 여기서도 기대수익률에 욕심을 부리지 않으면 많은 사람들이 대운하사업 포기로 외면하고 있을 때 오히려 좋은 토지를 저렴한 값에 구입할 수 있다. 경쟁자가 적어야 먹을 게 많은 법이다.

지방 아파트 전매제한 기간 단축

2008년 6월 29일부터 공공택지의 지방 분양가상한제 아파트 전매제한 기간이 1년으로 단축됐다. 그 이전까지는 전용면적 85㎡ 이하 중소형은 5년, 전용면적 85㎡ 초과 중대형은 3년 간 전매가 제한됐었다.

또한 지방 민간택지 분양가상한제 아파트의 전매제한 제도는 [7]폐지됐다. 그리고 8월 21일 이후 수도권에서 분양하는 아파트에 대해서도 전매제한 완화조치를 발표했다.

이것은 정부의 민심무마용 '쇼' 다. 지방에 미분양아파트 사태가 속출하고 지방건설경기가 위축되자 그걸 방지한다고 내놓은 방책인데 이게 효과가 있을 것이라고 생각하는 사람은 많지 않다. 전매제한이 없어지면 분양계약 후 즉시 전매가 가능하다는 얘기이나 지방 분양시장이 활성화 조짐을 보인다는 얘기는 아직도 들리지 않는다.

지방 건설경기도 수도권의 영향을 받는다. 수도권 건설경기가 좋아지면서 이 여파가 전국적으로 확대되는 것이지 지방 자체적으로 경기가 좋아질 수는 없다.

정부기 이 사실을 모를 리 없다. 그럼에도 지방만 '눈 가리고 아웅' 한 것은 수도권의 전매 제한을 완화했다가는 주택 경기가 급과열될 수도 있다는 것을 잘 알고 있기 때문이다.

2008년 6월 11일 전격 시행된 지방아파트 부양책도 임시방편이라는 비난이 높다. 2009년 6월 말까지 지방 미분양 주택을 구입하면 취·등록세를 분양가의 2%에서 1%로 줄여준다거나 또 이를 구입해 1가구 2주택자가 되어도 2년 이내에 6억 원 이하 기존 주택을 팔면 양도세를 내지 않아도 된다

> **7)** 완전폐지는 아니다. 정부는 언제든 전매 제한을 부활시킬 칼자루는 포기하지 않았다. 투기과열지구로 지정되면 충청권은 3년, 그 외 지역은 1년간 전매가 제한된다. 2008년 8월 현재 수도권을 제외한 지방에는 투기과열지구로 지정된 곳은 없다.

는 대책은 큰 실효를 거두기 힘들다는 지적이다.

이명박 정부는 사실 정권을 인수하기 전만 해도 성장 위주의 경제정책을 펴겠다는 야심에 가득 차 있었고, 여기에는 부동산 규제 완화도 들어 있었다. 하지만 막상 조사에 착수하니까 규제 완화에는 많은 부작용이 따른다는 사실을 뒤늦게 알게 된 것 같다. 노무현 정부의 부동산 규제는 '그물망 규제'라는 명성에 걸맞게 어느 하나를 잘못 손질했다가는 전체가 도미노현상으로 와르르 무너져 내리도록 얽히고설켜 있기 때문이다. 그 후 규제 완화에 대한 당정 간의 말이 제각각 달라지기 시작한 것은 그들의 고민을 짐작하게 한다.

전매 제한은 거래를 법으로 통제하는, 사실 자본주의에 역행하는 정책이다. 그럼에도 수도권의 전매 제한을 일부 완화만 했지 철폐하지 않는다는 것은 이명박 정부 역시 주택 경기가 안정되길 바라기 때문이다.

1가구 1주택자의 장기보유특별공제율 확대 실시

2008년 3월 21일 소득세법이 일부 개정돼 1가구 1주택자가 집을 양도할 때 오래 보유할수록 양도차익을 줄여주는 장기보유특별공제율이 10~45%에서 12~80%로 대폭 확대됐다. 이에 따라 전에는 15년 이상 보유했어도 45%의 혜택만 주어졌으나 지금은 15년은 60%, 16년은 64%… 20년은 80%까지 공제를 받을 수 있어 세금 부담이 많이 줄어든 것이 사실이다.

그러나 이 제도는 서울 특히 강남의 고가주택을 보유한 사람들에게만 혜택이 돌아간다는 비난을 듣고 있다. 1주택자들은 비과세 요건을 갖추어도 양도가액 6억 원까지만 비과세를 받으며, 6억 원 초과분은 세금을 내야 한다. 그런데 6억 이상의 고가주택을 보유한 사람들이 서울 그것도 강남 쪽에 몰려 있다 보니 그런 결과가 나오게 된 것이다.

그런데 2008년 1월 장기보유특별공제율 확대 실시와 함께 시행하기로 여야가 합의한 '비과세 요건에서 2년 거주 철폐' 는 어찌 된 일인지 개정되지 않았다. [8] 2년 거주 요건이 철폐되면 혜택을 받을 수 있는 사람들이 더 늘어나는 데다 지역도 강남 위주에서 서울과 과천 등 수도권에 골고루 퍼질 수 있었다.

사실 2년 거주 철폐는 통합민주당의 공약사항이었고, 1주택자 장기보유특별공제율 확대는 한나라당이 밀어붙인 것이다. 장기보유특별공제율은 국회에서 소득세법을 개정해야 확대 실시가 가능해 임시국회에서 통과시켰다. 그러나 2년 거주 철폐는 시행령이 개정되면 가능하므로 국무회의에서 의결만 하면 되는 일임에도 그냥 넘겨버렸으니 좀 납득이 가지 않는 일이다.

많은 사람들의 불편사항인 2년 거주 철폐를 미룬 것은 이명박 정부 역시 주택 경기가 과열되는 것을 꺼려한다는 사실을 말해준다. 한나라당이 과거 정권을 잃은 이유 중에는 '가진 자들의 대변인' 이란 인식이 크게 작용했다. 때문에 정권을 잡았더라도 이런 인식에서 벗어나기 위해 서민들의 눈치를 살피지 않을 수가 없다.

이 점을 알면 이명박 정부가 초기 시절부터 언급한 몇 가지 규제 완화의 추이를 예측할 수 있다.

8) 1주택자는 3년 이상 보유하면 비과세 요건이 충족된다. 그러나 서울과 과천, 5대 신도시(분당, 일산, 중동, 산본, 평촌)는 전세대원의 2년 거주가 반드시 포함돼야 한다. 투기수요를 잠재우기 위해 참여정부 첫해에 도입했는데, 집값이 급등한 버블세븐과 일치하지 않는 데다 시민들의 불편만 가중시킨다는 불만이 끊이질 않았다.

고가주택의 기준 상향 조정과 종합부동산세 감면, 거래세 인하

이명박 정부가 출범 전부터 밝혔던 이 두 가지는 지금 '뜨거운 감자' 가 되었다. 표를 몰아준 중상층을 위해서는 실행에 옮겨야 하나 서민들의 눈치를 보지 않을 수 없기 때문이다. 게다가 '뜨겁디 뜨거운' 촛불시위의 위력을 절감한 이후다.

고가주택의 기준인 6억 원을 9억 원이나 10억 원으로 상향조정해야 한다는 사실은 많은 전문가들이 공감하고 있는 내용이다. 3년만 보유했어도 양도가액이 6억 원 이하이면 비과세를 받는데 양도가액이 6억 원을 초과한다고 해서 10년 이상 산 집을 비과세 받지 못하는 것은 형평의 원칙에 어긋날 수도 있기 때문이다.

현행 소득세법에서는 비과세에 해당하는 1주택자라고 해도 6억 원이 넘으면 양도세를 내야 한다. 예를 들어 10년 정도 살고 양도차익이 7억 원즈음 되는 9억 원짜리 집을 양도하면(10년 이상 된 집들은 양도차익이 모두 7억 원 이상은 된다) 양도세를 대략 3,800만 원 정도 내야 한다.

- 고가주택의 양도소득 = 양도소득 × {(양도가액 - 6억) / 양도가액}

이 고가주택의 기준인 6억 원은 1999년부터 적용된 것으로서 10년이 지난 지금은 현실성이 없다. 주택 값 상승과 국민소득 규모에 맞춰 상향조정할 필요가 있는 것이다. 그러나 이명박 정부의 아킬레스 건은 '부자들을 위한' 당이라는 사실이다. 이것이 상향 조정을 실행하는 데 발목을 잡고 있다.

하지만 주택 경기를 과열시키지 않는 선에서 거래를 활성화시켜야 한다는 것은 변함없는 원칙인 것으로 여겨진다. 따라서 국민 여론이 진정되는 대로 고가주택의 상향 조정은 추진될 것으로 전망된다. 또한 **9)**종합부동산세 감면도 이루어질 가능성이 높다. 세대별로 돼 있는 것을 인별로 한다거나 과표 기준인 기준시가 6억 원을 9억 원으로 상향 조정하는 것 등이다. 그러나 이 역시 반발하는 서민들의 눈치를 봐야 하기 때문에 실현하기까지는 여러 변수를 넘어야 한다. 거래세 인하 역시 고가주택의 상향 조정과 함께 추진될 가능성이 높다.

하지만 이 정도의 세금 완화로는 주택 경기에 미치는 영향은 별로 크지 않을 것이다. 물가 상승으로 인한 소득 저하로 고생하는 일부 국민들의 부담은 줄어들지만 주택 경기를 활성화하는 근본적인 대책은 되지 못하기 때문이다.

재건축 규제 완화는 언제, 어떻게 이루어지나

재건축 규제 완화는 이명박 정책의 하이라이트다. 도심재개발을 통한 공급 확대를 선언한 이상 재건축 규제는 어떤 식으로든 이루어져야 하기 때문이다. 현재 재건축 사업은 노무현 정부의 유례없는 규제 남발로 추진이 거의 불가능한 상황이라 주택 공급에 막대한 차질이 빚어지고 있다.

그렇기 때문에 규제 완화에 대한 기대감 또한 그 어느 때보다 높다. 재건축 규제가 가히 살인적임에도 불구하고 강남 재건축아파트 값이 폭락하지 않는 것은 바로 이 같은 기대심리도 상당한 수준으로 작용한다(강남 재건축 규제 완화는 워낙 중요하고 민감한 사항이라 제1장 마지막 편에서 상세히 다루기로 한다).

결론적으로 이명박 정부의 부동산 정책은 두 마리 토끼를 좇겠다는 것이다. 도심재개발로 인한 공급 확대를 하되 주택 경기는 안정시키겠다는 것이다. 부동산에서 두 마리 토끼를 잡는 것은 실현가능성이 없다는 사실을 우리는 역대정권에서 경험했다. 노무현 정부는 신도시 개발로 공급을 확대하고 각종 규제를 강화해 집값을 잡으려고 했으나 오히려 역대 어느 정권보다 집값을 상승시켰다.

이명박 정부의 부동산 정책은 주택 경기를 과열시킬 소지가 많다. 재건축 규제 완화를 비롯 많은 부분에서 규제 완화 방침을 밝히고 있기 때문이다. 정부의 부동산 정책은 앞선 정부 정책과 밀접한 관계가 있다. IMF를 불러온 김영삼 정부의 경제 침체를 만회하기 위해 김대중 정부는 규제 완화 일변도의 정책을 폈다. 노무현 정부는 김대중 정부의 규제 완화로 과열된 부동산을 잡기 위해 규제 강화책으로 일관했다. 이명박 정부의 규제 완화는 당연한 흐름으로 보여진다.

강남 재건축아파트는 가수요가 많기 때문에 규제가 조금만 완화되어도 가격이 폭등한다. 그런데 문제는 혼자 폭등하는 게 아니라 서울 나아가 전국의 집값을 들썩거리는 견인차 역할을 한다는 게 문제다. 이명박 정부가 규제 완화를 하되 개발이익을 환수하는 장치를 마련하겠다고 밝힌 것은 바로 이 때문이다. 그럼에도 재건축 규제 완화는 강남을 중심으로 집값 상승의 신호탄이 될 수도 있다.

그러나 변수가 있다. 앞으로 당분간은 경제 침체가 지속될 것으로 전망되기 때문에 우려했던 주택 경기 과열은 일어나지 않을 것으로 판단된다. 강남 재건축이 급상승하는 국면이 전개되지만 않는다면 오히려 주택 경기는 상당한 기간 침체 국면에 접어들고 장기 약보합세를 이룰 공산이 크다. 이명박 정부 역시 공급 확대를 통해 건설 경기는 부양시키되 주택 가격을 안정시키는 데 총력을 기울일 것이 분명하기 때문이다.

한 가지 변수가 있다면 2008년 하반기부터 2009년 상반기 사이에 재개발 사업으로 인한 이주 수요에 의해 강북의 재개발과 뉴타운 사업지 인근의 소형 주택을 중심으로 가격이 상승할 수 있다는 점이다. 분양가상한제를 회피하기 위해 2007년 11월 30일 이전에 관리처분계획인가를 신청한 40여개의 재개발구역의 조합원과 세입자들이 이 기간 내에 한꺼번에 이주할 것으로 예상되기 때문이다. 하지만 강북의 집값이 워낙 많이 오른 상황이고 강북에만 국한된 상황이라 전반적인 주택 시장에 미치는 영향은 미미할 것으로 관측된다.

따라서 부동산 투자를 고려하는 사람들은 당분간은 자제하는 것이 좋으며, 대출을 많이 끼고 부동산 투자에 나서지 말아야 한다. 경기 침체가 가속화될 때는 유동성을 확보한 상태에서 부동산의 경기 추이를 지켜보는 것이 현명하다. 강남 재건축아파트나 전도유망한 블루칩 아파트를 좋은 값으로 살 수 있는 기회를 포착할 수도 있기 때문이다.

한편 무주택자의 내집마련과 갈아타려는 사람들에게는 2008년 하반기가 적기일 것으로 보인다. 입지가 좋은 지역의 가격 거품이 많이 빠졌기 때문이다. 특히 만성 열등감에 시달렸던 강북은 집 값 격차가 많이 좁혀진 지금이 도강(渡江)하기 절호의 기회다. 이미 감이 좋은 사람들은 2008년 상반기에 도강했다. 그러나 '좀 더'를 외치며 욕심을 부리게 되면 그 기회는 아주 사라질지도 모른다.

눈여겨볼 것은 경기 침체가 장기 가속화될 때 이명박 정부가 내놓을 경기 부양책이다. 우리나라는 건설경기에 대한 의존도가 높기 때문에 건설경기 부양책이 자주 등장한다. 이 부양책이 대운하 사업일 수도 있고, 보다 강도 높게 규제가 완화된 재건축 및 재개발 사업일 수도 있다. 이때는 남보다 먼저 부동산 투자에 나서야 할 때다.

이명박 정부는 부동산 경기 침체가 지속되자 2008년 8월 21일 부동산 규제 완화 대책을 내놓았다. 재건축 조합원 명의 변경 금지 철폐 및 층수 제한 완화, 양도세 완화, 신도시 추가 건설 등의 내용이 포함됐지만 규제 완화의 폭과 강도가 미약해 시장을 반등시키기는 힘들 것으로 판단된다. 따라서 부동산 세제 완화 등 추가 대책이 나올 확률이 높으므로 당분간 사태 추이를 더 지켜볼 필요가 있다.

족집게과외

▶ 대운하 사업은 아주 포기한 것이 아니다. 대운하 사업 논의는 재개될 확률이 높다.

▶ 정부의 민심무마용 '쇼'에 일희일비해서는 안 된다.

▶ 경기 침체가 장기 가속화될 때 정부가 내놓을 건설 경기 부양책을 눈여겨보라.

모든 것은
기본계획에 있다

정부가 경기를 부양시키거나 진정시키기 위해 발표하는 대책과 함께 중요하게 살펴봐야 하는 것이 바로 도시기본계획이다.

우리나라 역시 여타 선진국과 마찬가지로 도시개발에 관련된 사업들은 치밀한 계획을 수립하고 그 계획에 맞추어 실시한다. 따라서 한번 계획하기도 힘들지만 한번 계획되면 바꾸는 것도 쉽지 않아 기본계획이 수립되면 거의 모든 사업은 이에 맞추어 진행된다고 보면 된다.

우리나라의 국토개발은 '국토의계획및이용에관한법률'에 따른 도시관리계획을 수립해서 실시한다. 지방에 설립하는 골프장이나 리조트는 물론이고 도시에 주택을 공급하는 공공사업도 도시관리계획으로 추진해야 한다. 이는 국토의 난개발을 막고 계획적인 개발을 유도해 살기 좋은 금수강산을 가꾸어 나가기 위해서다.

과거의 도시계획법과 국토이용관리법을 통합해 2002년 2월 4일 제정되

10) 도시관리계획의 입안도 시장·군수가 한다. 다만 예외적으로 도지사와 국토해양부장관도 입안할 수 있다. 입안한 도시관리계획은 법에 정한 절차를 걸쳐 도지사와 국토해양부장관이 결정 고시한다. 도시관리계획으로 결정하는 중요사업으로는 용도지역·지구의 지정 또는 변경에 관한 계획, 도시개발사업 또는 정비사업에 관한 계획, 지구단위계획구역의 지정 또는 변경에 관한 계획과 지구단위계획 등이 있다.

고 2003년 1월 1일부터 시행된 국계법에 따라 우리나라 전역은 '선(先)계획, 후(後)개발' 의 형태로 계획이 없으면 개발도 없는 개발 선진국이 되었다. 따라서 수립된 계획을 면밀히 분석하면 개발에 따른 손익을 판단할 수 있고 투자의 지침으로 삼을 수 있다.

10)도시관리계획은 이미 수립돼 있는 도시기본계획에 부합해서 입안 결정돼야 한다. 도시기본계획이 축구에서 팀전술이라면 도시관리계획은 부분전술이라 보면 된다. 10년마다 수립해야 하는 도시및주거환경정비기본계획 역시 도시기본계획의 범주에서 벗어날 수 없다. 도시기본계획이 개발의 나침반 역할을 하고 있는 것이다.

도시기본계획은 시장·군수가 수립하며 국토해양부장관의 승인을 얻어 공고된다. 광역권을 묶어 수립해야 할 필요성이 있을 때에는 도지사가 광역도시계획으로 수립한다. 수립된 도시기본계획은 5년마다 타당성 검토를 거쳐 재정비해야 한다.

서울시 도시기본계획은 통상 10년 단위로 수립돼 이를 근거로 주택재개발이나 재건축, 교통정비, 뉴타운 개발 사업 등 각종 정책을 추진해 왔다. 현재 수립된 **11)** '2020서울도시기본계획' 은 2004년 이명박 시장 시절 확정 발표된 것으로 2020년까지 서울시가 개발될 기본 틀을 제시하고 있다. 현재 서울시는 이 기본계획을 재정비하고 있으며 재정비된 계획은 2009년에 발표된다. '2020성남도시기본계획' 은 2006년 수립됐고, '2020용인도시기본계획' 은 2007년 수립됐다.

11) 2020 서울시 도시기본계획은 서울시청 홈페이지/도시계획국 홈페이지/행정자료실/기타자료에서 다운로드할 수 있다.

여기서 2020서울도시기본계획의 핵심을 간추려보면 다음과 같다.

서울의 도시공간은 1개 도심, 5개 부도심 등으로 나눠지며, 이들 권역별로 각종 정책이 추진된다는 것이 가장 큰 특징이다. 또 용산과 상암, 마곡 등 시내 대규모 개발 가능지를 국제업무단지나 첨단산업 거점으로 육성하는 등의 내용을 담고 있다.

복원된 청계천을 편입한 1개 도심과 왕십리 · 청량리(동북생활권), 영등포 · 여의도(서남생활권), 영동(동남생활권), 상암 · 수색(서북생활권), 용산 등 5개 부도심으로 나눠진 공간구조를 갖게 된다.

이 중 용산은 경부고속전철 개통과 함께 이와 연계한 국제업무단지를 조성하고, 미군기지 이전 계획에 따라 이곳을 민족공원(가칭)으로 꾸밀 계획이다.

개발제한구역이 해제되면서 난개발이 우려되는 강서구 마곡이나 송파구 문정 지역은 국제업무단지나 첨단산업단지 거점으로 설정됐다. 특히 인천국제공항과 김포공항과 인접한 마곡지구에 99만㎡의 첨단산업지구와 33만㎡ 규모의 잉글리시 타운이 들어선다. 잉글리시 타운은 의사소통이 영어로 이루어지고 집과 상점, 영화관, 약국 등을 고루 갖춘 영어권 외국인들의 마을이다.

상암 · 수색 지역이 서북생활권 신부도심으로 선정된 것도 주목할 만하다. 상암은 월드컵 경기장이나 디지털미디어시티(DMC, Digital Media City)의 개발 등으로 인해 최근 크게 발전했으며, 그에 따라 서북권의 중심으로 육성할 필요가 있어 부도심에 새롭게 포함된 것으로 보인다.

부도심을 보좌하는 역할을 하는 지역 중심도 눈여겨볼 만한데, 왕십리와 청량리를 부도심으로 하는 동북생활권의 지역 중심은 미아이며, 동남생활권의 지역 중심은 잠실과 천호가 된다. 서북생활권과 서남생활권의 지역 중심은 각각 일산·신촌과 목동·대림이다. 김포와 공덕, 사당은 생활권에 속하지 않는 지역 중심들이다.

상계, 망우, 연신내가 전략육성중심지로 선정된 것도 관심을 모은다.

2005년 9월 완공되는 청계천 복원과 함께 서울을 친환경적인 쾌적한 도시로 만들어가기 위한 노력 또한 계속 이어진다. 서울시 전체를 크게 주생태축(광역+서울시), 부생태축(생활권), 생활녹지축(근린생활권)으로 나눠 공원녹지축을 조성하는 것이다. 특히 수도권 광역녹지축을 연결하고 도시외곽이나 개발제한구역의 녹지 등 축이 끊긴 26곳을 연결하게 되면 서울 외곽의 경계선을 따라 하나의 녹색 띠인 환상산림생태축이 이루어진다는 점을 유의해야 한다. 또 복원된 청계천, 용산 민족공원과 함께 창경궁과 종묘 일대에도 녹지도로를 연결, 도심을 남북으로 가로지르는 녹지축을 형성하게 된다.

부동산 전문가들이나 투자의 고수들이 예측하는 미래가치는 모두 이 기본계획에 담겨 있다고 해도 과언이 아니다. 그동안 많은 전문가들이 용산과 뚝섬, 왕십리, 공덕, 상암, 마곡의 미래가치를 높게 평가하는 것은 다 이 기본계획에 근거한 것이다.

기본계획에는 교통망 체계에 대한 상세계획도 포함돼 있어 서울 및 수도권의 주요 도로와 지하철이 어떻게 형성되는지도 알 수 있다.

특히 지방의 토지 투자를 고려하는 사람들은 도별, 지자체별 기본계획
을 반드시 숙지한 뒤 구입에 나서야 한다. 계획이 있어야 개발이 이루어지
기 때문에 과거와 같은 '묻지마 토지 투자'는 낭패를 당할 수밖에 없기 때
문이다.

서울시 중심지 체계도(서울시청 자료)

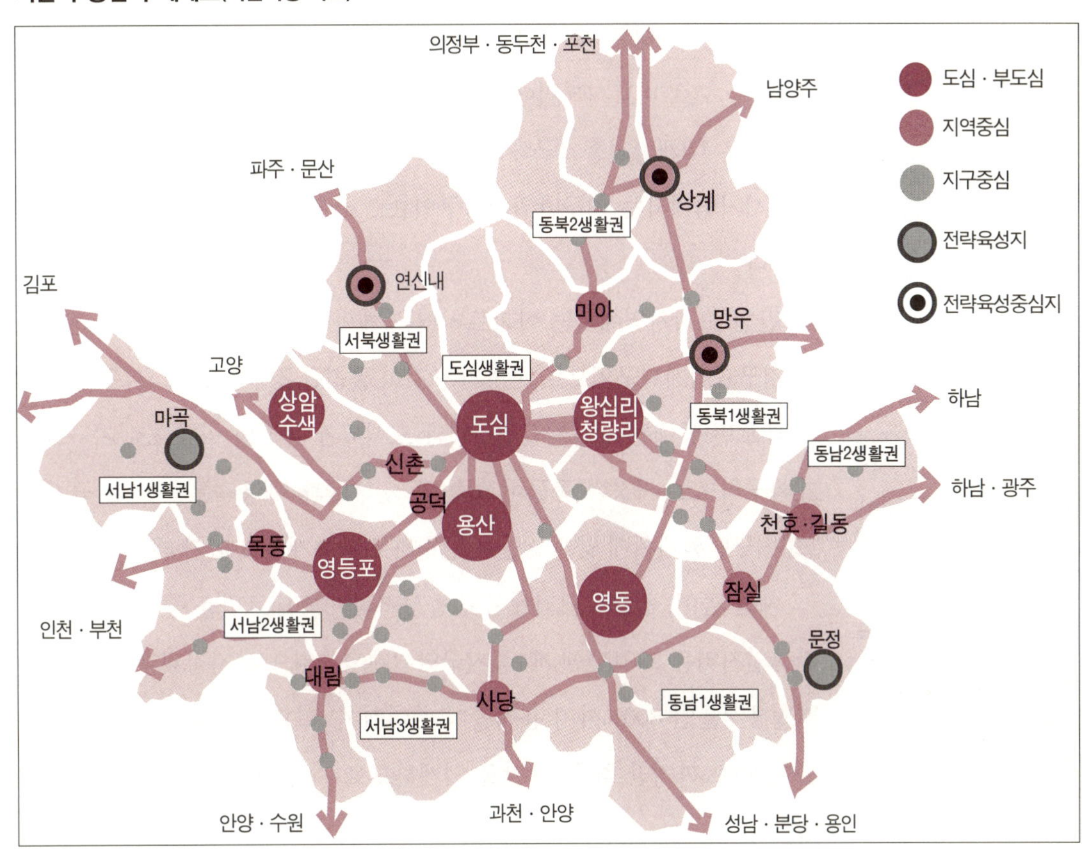

∴ 지구단위계획과 도시및주거환경정비기본계획도 눈여겨봐야

도시기본계획에서 또 하나 눈여겨볼 것은 바로 지구단위계획이다. 지구단위계획은 토지이용을 합리화하고 미관을 개선하기 위해 도시계획 수립 대상 지역 안의 일부를 체계적이고 계획적으로 개발하도록 관리하기 위한 계획이다. 다시 말해 난개발을 방지하는 것이 주요 목적이다.

지구단위계획은 제1종과 제2종이 있는데, 제1종은 주로 도시지역에서 제2종은 주로 비도시지역에서 수립된다. 비도시지역의 제2종지구단위계획구역은 12)개발진흥지구와 계획관리지역에서만 수립될 수 있기 때문에 비도시지역에서는 지구단위계획구역으로 선정되는 것이 지가 상승에 유리하다.

반면 도시지역에서는 아파트지역을 제외하고 일반상업지역인 경우에는 지구단위계획구역으로 지정되는 것이 불리한 경우가 많다. 서울 부도심의 대로변 중에는 시가지환경정비와 도시미관 증진의 일환으로 지구단위계획구역으로 지정된 곳들이 있는데, 건폐율과 13)용적률을 낮춰 규제하고, 지구단위계획에 맞게 건물을 건축하도록 통제하고 있기 때문이다.

예를 들어, 천호사거리에서 길동사거리까지 대로변을 중심으로 한 일반상업지역은 2001년에 제1종지구단위계획구역으로 지정됐다. 대로변은 법정용적률인 800%까지 용적률이 주어질 수 있으나 대로변 안쪽은 용적률이 500%까지만 허용, 개발을 억제하므로 지가상승에 장애요소가 되고 있다.

일반상업지역의 건물이나 땅을 구입할 때는 반드시 관할 구청 도시디

자인과에 지구단위계획에 관해 문의해보는 것이 필요하다. 간혹 지구단위계획이 풀린다며 지금 구입하면 향후 지가가 2~3배 뛴다고 구입을 권유하는 사람도 있다. 그러나 지구단위계획이 해제되는 경우는 거의 없다. 그 지역은 하나의 통제된 계획에 의해 개발을 유도하도록 묶어놓았기 때문이다.

서울시 지구단위계획 지정 현황과 결정도면은 서울시 도시계획국 홈페이지에서 확인할 수 있다.

최근 전 국민의 관심이 집중돼 있는 뉴타운, 재개발 사업도 기본계획에 충실히 설명해 놓았다. 이 기본계획에 정비구역예정구역으로 지정되어야 재개발 사업이 비로소 가능해지는 것이다. 서울시는 14)주택재개발/주거환경개선사업은 2004년에, 도시환경정비사업(구 도심재개발사업)은 2005년에, 주택재건축사업은 2006년에 각각 수립 고시했다. 2004년 수립된 '2010 서울시 도시및주거환경정비 기본계획(주택재개발/주거환경개선사업)' 은 법정 재정비 주기가 도래함에 따라 현재 '2020 서울시 도시및주거환경정비 기본계획' 수립을 위한 연구 용역에 착수한 상태다.

서울시는 그동안 주택재개발과 주택재건축사업이 각각 개별적으로 고시돼 이원적으로 추진돼 온 과정에서 여러가지 문제점이 발생했다고 보고 이번 '2020 기본계획' 에는 기존의 두 기본계획을 통합해 통일성 있는 주거정비 기본지침을 마련할 계획이다.

'2020 기본계획' 에는 2020년까지 개발이 가능한 정비예정구역들이 새롭게 추가되고, 일부 지역은 광역개발에 따른 구역 조정도 가능할 것으로 예상돼 새로운 '수혜지' 를 먼저 찾는다면 예상 외의 시세 차익을 거둘 수도 있다. 주택재개발 사업은 통상적으로 15)기본계획 발표 전후에 가격 상

14) 서울시 도시및주거환경정비 기본계획은 서울시 홈페이지/주택국 홈페이지/오른쪽 배너를 클릭하면 찾을 수 있다.

15) 재개발 예정주택의 가격 상승은 과거에는 정비구역 지정-조합설립 인가-사업시행 인가 등을 거치며 단계별로 상승했다. 그러나 최근에는 기본계획 발표 전후에 가격이 급상승하는 추세다. 이는 재개발 사업에 대해 관심을 가진 사람들이 많아졌고, 재개발 사업에 대한 정보가 빠른 속도로 확산돼 누구나 쉽게 확인해 볼 수 있기 때문이다.

승이 가장 많이 이루어지며, 주택재건축 사업은 정밀안전진단 통과 여부가
가격 상승의 관건이 되기 때문이다.

모든 길은 로마로 통한다고 했듯이 모든 개발은 기본계획을 통해서 이
루어지므로 이 기본계획을 잘 살피는 것이 바로 돈을 버는 방법을 파악하
는 첩경이다. 보다 더 큰 안목을 키우려면 국토해양부가 발표한 국토종합
계획과 주택건설종합계획, 광역도로계획 등을 살펴보는 것도 좋다.

족집게과외

▶ 계획이 없으면 개발도 없다. 모든 계획은 사전에 이루어지며 모든 사람에게 알려준다.
국토종합계획이나 지자체별 기본계획이 바로 그것이다. 기본계획을 보면 돈이 보인다.

▶ 서울시의 2020년까지 청사진은 이미 그려졌다. 많은 사람들이 뚝섬이나 용산, 상암, 마
곡, 인천 송도, 수원 광교, 판교 등에 관심을 가지는 것은 정부가 그곳을 다른 곳보다 더
좋게 개발한다고 발표했기 때문이다.

▶ 주택재개발 투자에서도 기본계획을 살펴보는 것은 매우 중요하다. 통상 주택재개발 예
정주택은 기본계획 발표 전후에 가장 큰 폭의 상승이 일어나기 때문이다.

미래의 블루칩을 선점하는 **부동산 투자 성공 방정식**

4차 뉴타운에 현혹되지 말자

쌍문역 2번 출구를 나오면 삼성 쉐르빌 뒤편으로 창동시장이란 조그만 재래시장이 있다. 서민동네 시장답게 물가도 싸고 허름하나 의외의 맛집도 많아 멀리 도봉동 주민들도 즐겨 찾는 곳이다.

창동시장 뒤편이 왼쪽부터 창1, 2, 3동이다. 창2동과 3동은 3차 뉴타운 후보지에서 탈락해 그간 절치부심으로 4차 뉴타운에 선정되길 학수고대해 왔다. 그러다 2007년 대선 이전부터 4차 뉴타운에 대한 기대심리가 일어나면서 부동산 값이 상승하기 시작했고, 2008년 4차 뉴타운 공약을 남발한 한나라당 후보자들에 의해 뉴타운 후보지의 다세대나 연립주택의 값은 절정에 달했다. 전통적으로 서민 텃밭이었던 강북과 도봉에 통합민주당 후보들이 전멸한 데에는 뉴타운 덕이 크다.

16)뉴타운사업이란 종래 민간주도의 재개발 및 재건축 사업이 도시기반시설에 대한 충분한 고려 없이 주택중심으로만 추진돼 난개발로 이어지

16) 서울시 뉴타운 현황(뉴타운 26개+균형발전촉진지구 9개= 총35개).

시범 뉴타운: 은평, 길음, 왕십리

2차 뉴타운: 교남(도심형), 한남, 전농·답십리, 중화, 미아, 가좌, 아현, 염리·공덕, 신정, 방화, 영등포(도심지형), 노량진, 천호

3차 뉴타운: 이문·휘경, 장위, 상계, 북아현, 시흥, 신길, 흑석, 신림, 거여·마천, 창신·숭인(도심형인 왕십리와 영등포, 신시가지형인 은평을 제외하고 모두 주거중심형이다). **균형발전촉진지구:** 청량리, 미아, 홍제, 합정, 가리봉, 구의·자양, 망우(상봉), 천호·성내, 세운상가. 균형발전촉진지구는 주거환경 개선을 목적으로 하는 뉴타운과는 달리 낙후된 지역 중심지를 실질적인 중심지로 육성하는 부도심개발 사업이다.

는 문제점을 개선하기 위해 공공이 지원하여 충분한 도시기반시설을 확충하는 종합적인 도시계획사업이다. 쉽게 말해 여러 재개발 구역을 하나로 묶어 전체적으로 짜임새 있는 고품질의 복지 주거환경 공간을 만드는 사업이다.

창2, 3동의 다세대나 연립주택 값 상승을 필두로 때마침 불어 닥친 강북 소형주택 붐에 의해 쌍문동과 도봉동, 상계동, 의정부 등의 집값은 천정부지로 뛰었다. 서울시에서 주택 값이 가장 오르지 않던 도봉구에 이상현상이 일어난 것이다.

쌍문4동 한양 7차 105㎡(32평형) 아파트의 2006년 9월 매매가는 [17]KB아파트시세로 1억 8,000만 원이었고, 한양 4차 46㎡(14평형) 아파트의 당시 매매가는 6,500만 원이었다. 그런데 가격 상승이 정점에 다다랐던 2008년 5월 3억 5,000만 원과 1억 4,500만 원을 기록했다. 불과 1년 8개월 만에 2배 이상 오른 것이다.

여기서 눈길을 끄는 대목은 가격이 꾸준히 상승한 것이 아니라 두 번의 시점에 폭등했다는 사실이다. 2006년 10월과 11월, 2008년 3월과 4월, 단 두 번만으로 가격이 급등했는데, 이것은 통상 수도권의 가격 폭등 지역에서 일어나는 현상이다.

창2, 3동의 소형주택 값은 그야말로 폭등했다. 3.3㎡ 당 1,000만 원 내외였던 빌라와 연립주택 값이 3.3㎡당 2,000만 원 이상이 되었다. 현재 매물로 나온 창2동 다세대 중에서 대지 지분 40㎡짜리가 2억 7,000만 원에서 2억 9,000만 원이다. 대지 지분 40㎡이면 기껏해야 전용면적이 60㎡를 넘지 않는 소형주택이다. 이 소형주택의 값이 3억 원 가까이 한다는 것은 지나치게 거품이 끼어있다고 봐야 한다. 인근의 창동대우의 112㎡ 아파트의 값이 3억 5,000만 원 정도 시세가 형성돼 있는 것이 이를 입증한다.

이 소형주택을 구입해 향후 재개발되어 109㎡를 분양받는다고 해도 추가부담금과 금융비용 등을 감안할 때 투자수익은 그리 높지 않을 것이다(재개발 및 재건축 지분 투자수익 분석은 5장에서 자세히 다룰 것이다).

총선이 끝나고 오세훈 서울시장은 "당분간 4차 뉴타운 지정은 없다"면서 "부동산 가격이 안정되고 기존 뉴타운 사업이 가시화되어야만 추가로 4차 뉴타운을 지정할 것"이라고 강조했다. 4차 뉴타운이 정치적인 목적에 이용돼 서민들만 농락당한 셈이다.

옹달샘 | 4차 뉴타운 기대감으로 가격이 급등한 곳

도봉구 창2, 3동, 광진구 화양동, 강북구 미아 1, 2, 8동, 구로구 구로본동과 2동, 강서구 화곡본동과 2, 4, 8동, 중구 신당동, 성동구 성수1, 2가동 등.

∷· 4차 뉴타운 소형 주택과 인근 아파트의 가격 거품은 꺼질 것

뉴타운 기대감에 소형 빌라나 다세대주택을 중심으로 가격이 급등하면 인근의 아파트 값도 시차를 두고 상승한다. 재개발이 되면 인근 아파트 값과 비교가 되므로 아파트의 가격 상승분이 다시 재개발 예정주택으로 순환되고, 이어 전셋값이 뛰고 다시 이 전세값에 의해 소형 아파트를 중심으로 가격이 급등한다. 이 과정에서 죽어나는 것은 세입자들이며 투자 열풍에

휩싸여 뒤늦게 구입에 나선 일반 투자자들이다.

재개발 예정주택 투자가 아무리 투자수익이 높다 해도 실수요자 위주의 시장이면 단기간에 급등할 수가 없다. 이는 가수요가 많기 때문인데, 투자금이 강남 재건축에 비해 적다보니 소위 '업자' 들의 '꼬리자르기' 나 '찍어팔기', '지분쪼개기' 가 성행한 결과라고 보는 견해가 유력하다.

꼬리자르기는 부동산을 적정한 금액이 아닌 과도한 금액으로 여러 사람에게 되파는 방식으로 마지막에 산 사람이 피해를 몽땅 뒤집어쓰게 되는 등 사기의 전형적인 수법이다. 찍어팔기는 중개업소나 컨설팅업체들이 소유자와 구매자의 거래를 알선하는 척하면서 실제로는 미리 싼값에 사서 비싸게 되팔아 엄청난 시세 차익을 올리는 수법이다. 토지 판매와 철거예정 가옥 판매가 어려워진 기획부동산들이 대거 진출해 한 지역의 소형 빌라나 다세대를 싹쓸이해 가격을 폭등시킨 뒤 썰물처럼 빠져나가는 사례가 비일비재해 선량한 피해자를 양산하고 있다.

현재 4차 뉴타운 후보지의 대지 지분 값에는 많게는 30% 이상 거품이 끼어 있는 것으로 판단된다. 2008년 상반기, 강남 등 버블세븐의 집값은 떨어지는데 강북의 소형아파트를 중심으로 가격이 급등한 것에 대해서는 여러 분석이 있지만 강북 뉴타운 사업 호재의 영향이 가장 크다는 데는 별 이견이 없다. 그동안 강남북 집값 격차가 예상 외로 커진 상태에서 뉴타운 사업의 호재가 집값 격차를 다소 줄일 것이라는 건 모두가 예견했던 일이었다.

그러나 강북의 주택 값은 입지나 미래가치, 경제 상황 등에 비해 적정한 수준 이상으로 올랐다. 이는 가수요에 의한 거품이 많이 끼어있다는 것을 뜻하는 것이며 언젠가 큰 폭으로 하락할 가능성이 높다는 것을 의미한다.

4차 뉴타운 지정이 연기됐다는 보도가 나오면서 거래는 뚝 끊겼고 가끔 급매물만 나오고 있다. 재건축 규제에 대한 완화 기대감으로 아직은 눈치 장세이나 전반적인 주택 시장 침체와 맞물려 거품은 상당 기간 상당한 폭으로 빠질 가능성이 높다. 매도할 타이밍은 2008년 4, 5월이었고 이 시기를 놓친 지금 당분간은 팔기가 만만치 않을 것이다.

따라서 지금은 구입 시기가 아니며 가격 추이를 한동안 살펴봐야 한다. 구입한다 하더라도 4차 뉴타운 재개발 예정주택은 여유자금으로 아주 장기적인 안목을 갖고 고려해야 한다. 오세훈 서울시장이 4차 뉴타운 지정은 3차 뉴타운 사업이 가시화된 뒤 고려해보겠다고 한 만큼 빨라야 2012년 이후다. 3차 뉴타운 가운데 사업속도가 가장 빠른 신길뉴타운이 2005년 지정된 이후 2008년이 돼서야 구역지정 단계까지 왔다는 사실에 주목하자. 신길뉴타운의 완공 시점은 2013년 경이다. 아직 구역지정 단계에 오지 못한 3차 뉴타운 사업지들 중에는 2018년이 돼서야 완공되는 곳도 많을 것이다. 따라서 2012년에 4차 뉴타운으로 지정이 된다고 해도 입주까지는 지금부터 10년 이상 걸린다는 점을 염두에 두고 투자를 고민해봐야 할 것이다.

재개발 예정주택 투자에서 수익을 극대화하려면 기본계획 발표 전에 구입해야 한다. 그 대신 최소 10년 이상 인내심을 갖고 기다려야 하므로 장기적인 안목의 여유자금이어야 한다. 서울시 도시및주거환경정비 기본계획은 2009년에 업그레이드될 것이다. 만일 실거주 목적이라면 조합설립인가 이후 구입하는 것이 기간 리스크를 줄이는 방법이다. 다만 3.3㎡ 당 지분 값이 많이 올라 있는 상태이므로 현재는 다소 손해를 보더라도 미래가치가 높은 쪽을 택하는 것이 현명하다. 미래가치의 핵심은 입지에 있으므로 사업성이 극히 열악한 지역만 아니라면 예상 분양가가 높은 지역을 1순위로 고려해야 한다.

족집게과외

▶ 4차 뉴타운 후보지 재개발 투자는 가격 거품이 빠질 것이며, 빨라야 2012년 이후에나 지정될 것이다. 또한 입주까지는 10년 이상이 걸린다는 점에 유의해야 한다.

▶ 재개발 예정주택 가격에는 업자들의 '꼬리자르기' 와 '찍어팔기', '지분쪼개기' 에 의한 가수요 거품이 끼어 있는 경우가 많으므로 투자수익을 꼼꼼히 분석한 후 구입해야 할 것이다.

▶ 투자수익을 극대화하려면 기본계획 발표 전에 구입하고, 실거주 목적이라면 조합설립인가 이후 구입해야 한다.

추락하는 강남재건축에는 날개가 있다

강남 재건축시장이 호전될 기미를 보이지 않고 있다. 2008년 3월 24일 이명박 대통령이 '도심 재건축·재개발' 활성화를 통한 주택 공급 의지를 재차 강조한 이후 6월 10일과 8월 21일 국토해양부에서 완화 계획을 발표했음에도 재건축 시장은 별 반응을 보이지 않고 있다.

이는 전반적인 주택 시장 침체에도 영향이 있지만 무엇보다 구체적인 방안과 결행 시기를 밝히지 않고 변죽만 울리고 있기 때문이다.

강남 재건축 시장의 침체는 예상보다 장기화되고 있다. 강남 재건축시장은 2007년 초까지만 해도 승승장구하며 강남 집값 폭등을 주도했지만, 2007년 6월 이후 침체를 벗어나지 못하고 있다. 2007년 대선 전후 규제 완화에 대한 기대감으로 거래가 잠시 활발해지는 듯했으나 곧바로 관망세로 돌아섰고, 최근 들어서는 거래가 거의 이루어지지 않고 있다.

강남 재건축은 현재 우리나라 집값 상승을 주도하는 시장이라고 해도 과언이 아니다. 강남 재건축 시장의 가격이 가장 먼저 오르고 가장 먼저 내린다. 실수요보다는 투자수요가 많기 때문이다.

강남에 새집을 마련할 수 있는 거의 유일한 방법은 재건축 물량을 분양받는 길이다. 이 때문에 강남 재건축은 강남 입성을 고대하는 소비자와 시세 차익을 노리는 투자자의 0순위였고, 이로 인해 강남 재건축이 강남 전체 나아가 수도권 집값 상승의 기폭제가 되고 있는 것은 부인할 수 없는 사실이다.

소위 강남 재건축시장의 '빅3'라고 불리는 대치동 은마아파트와 개포동 주공아파트, 잠실 주공 5단지가 낡아빠진 아파트임에도 불구하고 비싼 값에 시세가 형성돼 있는 것은 바로 강남 입성에 대한 프리미엄 때문이다. 112㎡형(전용 85㎡) 은마아파트는 2008년 8월 현재 KB시세로 12억 원에, 개포 주공1단지 59㎡형은 14억 2,500만 원에, 잠실주공5단지 112㎡형은 11억 3,500만 원에 시세가 형성돼 있다.

노무현 정부가 재건축 사업에 각종 규제를 중첩적으로 강화시킨 이유는 바로 주택 시장의 안정을 위해서였다. 강남 재건축 시장을 잡으면 주택 가격을 안정시킬 수 있다고 판단한 것이다. 하지만 기대한 바와는 달리 가격이 계속 오르자 가히 살인적이라 할 수 있는 규제를 중첩적으로 남발했다.

중소평형 의무비율, 개발이익환수제, 80% 공정 후분양제, 안전진단 강화, 초과이익환수제에 의한 재건축부담금, 조합설립 이후 조합원 명의변경 금지 등은 재개발에는 없고 재건축에만 있는 규제들이다. 이 중에서도 집값 상승분을 초과이익으로 환수하는 재건축부담금과 조합설립 이후 사실상 전매를 금지한 것 등은 투기수요를 차단하겠다는 강력한 억제책이다.

여기에 2007년 7월부터 시행하고 있는 민간택지 분양가상한제는 '엎친 데 덮친 격'이라 할 수 있다. 분양가상한제가 실시되면 조합의 수입이 줄어들기 때문에 재개발 및 재건축 사업성이 떨어지게 된다. 즉 조합원 분양가가 높아져 조합원들이 부담해야 할 납부청산금이 많아지게 되는 것.

이렇게 강력한 규제와 분양가상한제 실시까지 겹쳤다면 강남 재건축시장의 가격은 큰 폭으로 떨어지는 것이 이치에 맞다. 그러나 강남 재건축 아파트의 가격은 생각보다 많이 떨어지지 않고 있다. 이는 강남 18) '빅 3'의 2008년 가격 변동 추이를 보면 알 수 있다. 은마아파트는 가격 변동이 없으며 개포 주공과 잠실 주공 5단지의 가격만이 아주 소폭으로 하락했을 뿐이다.

이는 강남 재건축시장 규제가 언젠가는 완화될 것이라는 기대감과 '강남불패'에 대한 맹신 때문이다. 강남 재건축시장은 언제든 다시 과열될 수 있는 핵폭탄 같은 존재라는 사실이 각인돼 있는 것이다.

도심 공급확대를 천명한 이명박 정부가 즉각 재건축 규제 완화를 실시해야 함에도 하지 못하는 것은 바로 강남 재건축 시장을 풀어주면 전체 주택 경기가 과열될 수 있다는 것을 충분히 인지하고 있기 때문이다.

그러나 강남 재건축 시장은 분명 다시 상승할 것이다. 정부가 재건축 규제를 반드시 완화할 것이기 때문이다. 재건축 규제를 완화하지 않으면 강남을 비롯한 고급주택 시장의 공급 부족으로 인해 시장이 왜곡되어 강남북 간 격차가 다시 크게 벌어지게 될 수 있다.

문제는 언제 어떤 강도로 규제를 완화하느냐이다. 때문에 지금부터 규제 완화의 폭과 종류에 촉각을 곤두세워 투자 타이밍을 저울질해야 한다.

18) 소위 강남의 재건축 '빅 3'가 빈사 상태에서도 가격이 대폭 떨어지지 않는 이유는 이보다 더 미래가치가 좋은 입지가 없으므로 재건축만 된다면 전국의 아파트 중 가격 최선두에 설 것이 확실하기 때문이다. 현재 빅3의 값은 거의 투자수익이 나지 않을 정도로 올라 있으며, 오히려 현재가치면에서는 손해 보는 투자가 될 수 있다. 그럼에도 여유자금을 장기적인 안목으로 투자할 수 있다면 이 '빅3'는 언제나 투자 대상 1순위다.

가격이 떨어져 있는 지금이 바로 재건축 투자의 적기이기 때문이다.

:· 규제 완화의 종류와 강도에 따라 투자 대상이나 전략도 달라진다

이명박 정부의 재건축 규제 완화는 먼저 용적률 상향과 층수 제한 완화로 시작해야 할 것이다. 개발이익 환수 장치만 마련하면 실행하기도 쉬울 뿐 아니라 주택 시장에 미치는 영향도 그리 크지 않을 것이기 때문이다.

이 정도의 규제만 완화됐다고 해서 고개를 외면해서는 안 된다. 보다 많은 완화가 이루어져야 사업 추진이 가능한 곳도 있지만, 이 정도의 완화만으로도 사업 추진과 사업성이 양호해지는 아파트도 많기 때문이다. 강남 재건축 투자는 복잡하고 다양한 변수가 많기 때문에 일률적인 접근으로는 실패한다. 규제 완화의 폭과 내용에 따라 투자 대상을 달리하는 '디테일한' 분석이 필요한 것이 바로 강남 재건축 시장이다.

예를 들어, 개포지구는 용적률 완화만 이루어져도 사업성이 매우 양호해진다. 개포지구는 현재 지구단위계획구역으로 묶여 있어 기준 용적률이 177%에 불과하다. 현재 재건축을 추진중인 개포주공1단지(조합설립인가)를 비롯, 일원현대, 일원대우(조합설립인가), 개포 시영 및 주공 2, 3, 4단지(정밀안전진단 통과)는 2종일반주거지역의 기준용적률인 190%로 상향 조정해줄 것을 요구하고 있다.

19)정밀안전진단을 통과한 고덕 시영 및 주공 2, 3, 4단지는 층수 제한만 완화되면 지금보다 사업성이 20% 이상 좋아진다. 이 지역은 최고 30층까

19) 재건축 사업에서 정밀안전진단 통과 여부는 사업 추진의 열쇠가 된다. 서울시가 안전진단을 강화했기 때문이다. 대치동 은마아파트의 재건축 추진이 어려운 것은 서울시가 예비안전진단에서 3번이나 떨어뜨렸기 때문이다.

미래의 블루칩을 선점하는 **부동산 투자 성공 방정식**

지 가능한 2종 일반주거지역이나 최고 25층으로 층수가 제한돼 있다.

60층 이상 초고층 재건축을 추진하다가 서울시의 '초고층 불허방침'에 의해 사업 추진이 중단된 구현대아파트도 층수 제한 완화에 의해 가격이 탄력을 받을 가능성이 높다. 구현대아파트는 재건축 추진과 상관없이도 '나홀로 가격 상승'을 주도하는 막강용사다.

층수 완화는 가구 수와 상관없어 사업성에는 별 영향을 미치지 못한다.

옹달샘 | 리모델링 단지도 관심의 대상

리모델링으로 전환하는 재건축단지도 늘고 있다. 재건축 규제가 완화된다 해도 실익이 크지 않은 데다 사업승인일로부터 15년만 지나면 재건축을 할 수 있는 등 사업추진이 재건축보다 원활하기 때문이다. 또한 헌 건물에서 불편을 감수하면서 이렇게 계속 살 수 없다는 공감대가 형성되고 있는 탓도 크다.

리모델링을 하게 되면 주거전용면적을 30%까지 넓힐 수 있다. 전용 85㎡(33평형)가 전용 109㎡(40평형)로 증축이 가능한 것이다. 비용 문제로 주민의 동의를 받기 힘든 단지도 있지만 재건축 추진을 하려면 상당 기간 기다려야 하는 87년 이후(87년에 지은 아파트는 2019년이 돼야 재건축 추진이 가능) 사용승인된 아파트들은 적극적인 관심을 보이고 있다.

이 때문에 사용승인 후 15년이 지난 아파트들의 가격 강세가 예상되고 있다. 가장 관심이 가는 곳은 바로 1기 신도시들이다. 1기 신도시의 아파트 단지 대부분은 지은 지 15년이 넘었다. 현재 일부 단지를 중심으로 리모델링을 추진하고 있다. 리모델링은 자비를 들여 평수를 넓히고 건물을 새것처럼 하는 것이지만, 부가가치를 높인다는 점에서는 매우 유력한 방법이다.

하지만 녹지공간을 많이 들여 쾌적한 주거공간을 만들고 싶어 하는 조합들은 층수 완화를 강하게 요구하고 있다. 현재 서울에서 2종 일반주거지역은 평균 16층, 최고 30층 이하로 제한되고 있다. 8·21대책으로 2종 일반주거지역의 층수가 평균 18층으로 상향 조정됐으므로, 서울시의 층수 제한도 완화될 수 있을 것이다. 3종 지역에선 별다른 제한이 없으나 사실상 35층 이하로 못 박혀 있다.

층수 제한 완화와 용적률 상향 조정에 이어 중소형 평형 의무비율 완화와 조합원 명의 변경 금지 규제도 풀릴 것으로 전망된다. 중소형 평형 의무비율은 강남의 중층 이상 재건축 사업을 거의 불가능하게 만들고 있기 때문이며, 조합원 명의 변경 금지는 재개발 사업과의 형평성은 물론 재산권을 침해한다는 반발도 거세기 때문이다(정부는 2008년 8월 21일 부동산 규제 완화 대책을 발표하면서 재건축 조합원 명의 변경 금지와 재건축 후분양제도를 폐지하겠다고 밝혔다. 그러나 중소형 평형 의무비율은 완화하지 않았다).

[20]과밀억제권역 내 투기과열지구에서 300세대 이상 건립하는 재건축 아파트는 중소형 평형 의무비율에 의해 전용면적 60㎡ 이하를 20% 이상, 전용면적 60㎡ 초과 85㎡ 이하를 40% 이상으로(전용면적 85㎡ 이하가 재건축 사업단지 전체 연면적에서 차지하는 비율이 50% 이상 돼야 함) 짓도록 규정해 놓았다. 이 때문에 강남의 중대형 평형 단지들의 재건축 추진은 사실상 불가능해졌다.

중소형 평형 의무비율이 완화되면 둔촌 주공 1~4단지(정밀안전진단 통과), 신천동 진주(정밀안전진단 통과), 신천동 미성, 장미(추진위 구성 전), 한신1차, 반포주공1단지(사업시행인가), 대치동 청실아파트(조합설립인가) 등

20) 수도권은 수도권정비계획법에 의해 과밀억제권역, 성장관리권역, 자연보전권역으로 나뉜다. 과밀억제권역은 인구 및 산업이 과도하게 집중되었거나 집중의 우려가 있어 정비가 필요한 지역을 말한다. 투기과열지구는 투기 방지를 위해 아파트 분양 및 전매 제한을 위해 지정한 지역으로 수도권은 접경지역과 도서지역 등을 제외하고 모두 해당된다. 과밀억제권역 내 투기과열지구에 해당되는 지역은 서울시를 비롯 인천광역시 대부분, 의정부, 구리, 하남, 성남, 수원, 안양, 부천, 광명, 과천, 의왕, 군포, 시흥, 고양, 남양주(일부) 등 16개 시다.

의 사업 추진은 급물살을 타게 되어 가격 또한 큰 폭으로 오를 수 있다.

투기과열지구 내 재건축조합원의 명의 변경을 금지하는 규제도 완화 혹은 폐지될 것으로 판단된다. 앞으로 서울시에만 약 200여 개의 [21]단독주택 재건축사업이 예정돼 있어 조합원 명의 변경이 자유로운 재개발사업과의 형평성 문제도 제기되고 있기 때문이다. 현재 재건축 사업에서는 조합설립 인가가 나면 재건축 매물을 구입해도 조합원으로 승계되지 못하기 때문에 거래가 전혀 이루어질 수 없다(2003년 12월 31일 이전 조합설립 인가가 난 곳은 1회에 한해 전매가 가능).

강남 재건축시장은 규제 완화가 이루어진다 해도 이제 실수요자 입장에서 접근해야 한다. 아무리 강남이 불패신화를 자랑하고 있다고 해도 재건축에 걸려 있는 각종 규제와 분양가상한제가 철폐되지 않는 한 과거와 같은 높은 수익을 보장해주지 못하기 때문이다.

하지만 강남 재건축 시장은 주택 시장을 선도하는 우두머리임이 분명하다. 큰 수익을 올리기가 어렵다는 것이지 수요자들이 가장 선호하는 시장임은 부인할 수 없다. 주택의 가치를 결정짓는 요소 중에 가장 핵심이 되는 것은 입지다. 강남보다 입지가 좋은 곳은 나오기 어렵다.

강남 재건축 아파트는 실수요 목적이라면 언제 구입해도 손해 보지 않는다. 서울의 대표지역으로서 항상 가격의 최선두에 나서기 때문이다. 다만 정밀안전진단이 통과된 아파트로서 여유자금으로 투자하는 것이 현명할 것이다.

21) 서울시가 2006년 3월 수립 고시한 '주택재건축정비사업 기본계획'에는 200여 개의 단독주택 재건축예정구역이 지정됐다. 단독주택 재건축은 재개발에 비해 지정 요건이 덜 까다롭기 때문에 재개발 추진이 어려운 단독주택 지역들은 대거 재건축으로 선회했다.

족집게과외

▶ 강남 재건축 규제는 반드시 완화된다. 완화되면 가격은 상승할 것이다. 따라서 지금이 투자 타이밍이므로 규제 완화의 폭과 시기에 촉각을 곤두세워야 한다.

▶ 강남 재건축은 규제 완화의 종류와 정도에 따라 투자 대상도 달라진다. 용적률 상향 조정만으로도 투자수익이 좋아지는 곳이 있고, 층수 제한 완화만으로도 사업 추진이 가능하므로 보다 '디테일한' 투자 분석이 요구된다.

▶ 강남 재건축은 가격과 상관없이 여유자금이 있는 실수요자라면 언제 구입하더라도 절대 손해를 보지 않는다. 최고의 입지를 갖고 있기 때문이다. 단 정밀안전진단이 통과된 아파트를 구입해야 장기간 자금이 묶이는 고통을 겪지 않는다.

부동산 흐름을 읽어라

부동산의 흐름을 안다는 것은 시장을 보는 안목이 있다는 뜻이다. 부동산의 흐름은 트렌드를 읽고 돈이 흘러가는 물줄기를 파악하면 알 수 있다. 이를 위해서는 먼저 부동산에 대한 마인드를 정립하고 난 후 부동산에 대해 겸허한 접근을 해야 한다. 또한 부동산의 흐름은 경제 상황과 밀접하게 맞물려 돌아가기 때문에 주식 시장이나 금융 시장 등에 대해서도 늘 관심을 갖고 지켜봐야 한다.

발상을 **전환**해야
돌파구가 보인다

2007년 가을만 해도 회사원 K씨(37세)는 내 집 마련이 막막한 상태였다. 가진 돈이라곤 전세금 5,500만 원과 청약통장 등 예금 1,500만 원이 전부였던 K씨로서는 아무리 알뜰히 돈을 모아도 오르는 집값을 따라갈 수 없다는 사실에 좌절하곤 했다. 청약저축으로 작은 평수의 주공 물량을 분양 받으려 해도 순위가 한참 늦고, 기존 주택을 사려 해도 돈은 턱 없이 부족했다.

하지만 1년이 지난 지금 K씨는 수도권 외곽의 재개발 주택과 강원도의 토지를 소유하고 희망 찬 삶을 살고 있다. 총 9,000만 원의 자금을 마련해서 절반은 재개발 가능주택을 전세 끼고 매입했고, 절반은 중장기 토지에 투자했다.

그가 투자를 결행한 것은 발상을 전환했기에 가능했다. 그는 항상 '돈이 없어서' 부동산 투자를 할 수 없다고 생각해왔던 사람이다. 그러나 그는 돈이 없었던 것이 아니었다. 돈을 깔고 앉았던 것이었다. K씨는 미래의

 미래의 블루칩을 선점하는 **부동산 투자 성공 방정식**

행복을 위해 오늘의 불편을 감수해야 한다는 조언을 처음에는 거북해했지만 숙고 끝에 받아들였다. 처가살이를 결정하자 전세금이 종자돈으로 변했다. 그리고 모자라는 돈 2,000만 원은 부모와 형제로부터 빌렸다.

오늘날 급변하는 부동산 시장은 우리를 기다려주지 않는다. 따라서 시장을 좇아 가서는 승산이 없다. 시장을 앞서 나가야 한다. 종자돈을 마련한다고 하면서 수많은 기회를 날려 버리는 우를 범해서는 안 된다.

부동산 투자는 돈이 많아야만 할 수 있는 것은 아니다. 금액의 크고 작음은 부동산 투자 대상이나 방법이 달라지는 것을 의미하는 것이지 부동산 투자 자체를 결정짓는 요인은 아니다. 강남구 삼성동 **22)**아이파크 195㎡를 57억 원에 구입하나 강원도 오지의 임야를 570만 원에 구입하나 모두 부동산 투자다.

아이파크를 57억 원에 구입해서 1년 만에 60억 원으로 되팔아 3억 원의 시세차익을 올릴 것과 강원도 임야를 570만 원에 구입해서 870만 원에 팔아 300만 원을 벌었다면 누가 투자를 잘한 것일까?(세금은 논외로 하고). 금액 대비로는 3억 원이 300만 원의 100배이지만, 투자수익률은 임야가 52.6%로 아이파크의 5.26%보다 10배 많다.

부동산 투자를 망설이는 진짜 이유는 '돈이 없어서'가 아니라, 바둑을 두어야 하는 데서 오목을 두려 하기 때문이다. 소액 투자는 바둑처럼 변과 귀에서 출발해서 중원으로 나아가야 성공 가능성이 높은데, 오목과 같이 중앙에서 시작하면 '백전백패' 하기 십상이다.

또한 시행착오나 과정 없이 '한 방에' 좋은 지역의 편안한 내 집을 마련하려는 사람들이 많다. 요즘처럼 집값이 많이 오른 시점에서는 장기적

22) 현대산업개발 옛 사옥부지에 지어진 초고층 주상복합아파트로 2008년 4월 195㎡가 57억 원에 거래돼 2006년 실거래가 신고제도가 실시된 이후 최고가를 기록했다. 3.3㎡ 당 9,660여만 원이나 한다. 이 아파트의 2001년 9월 분양가는 11억 5,990만 원이었다.

인 계획 하에 작은 집부터 출발하는 '착안대국, 착수소국' 의 지혜가 필요하다.

오산의 재건축 가능 아파트를 망설이다 놓친 S양의 케이스는 바로 '발상의 전환' 이 얼마나 중요한지를 웅변한다. 미혼인 S양은 전세 6,000만 원짜리 원룸에서 혼자 살았다. 젊은 나이에 편안하게 6,000만 원짜리 돈다발을 깔고 살 필요가 없다며, 전세 1,000만 원에 월세 50만 원짜리로 옮기거나 결혼한 언니 집에 얹혀살고 5,000만 원의 투자금을 마련하라고 충고했지만 결심을 하지 못했다.

대지 지분이 커 납부할 추가부담금 없이도 전용 85㎡의 재건축 아파트를 분양받을 수 있는 아파트는 고객을 기다려주지 않는다. 어렵게 구한 이 아파트는 곧바로 다른 사람에게 넘어갔고, 그로부터 두 달 후 '동탄2신도시' 발표로 이 아파트 가치는 급등했다.

족집게과외

▶ 돈을 깔고 앉으면 돈이 보이지 않는다.

▶ 돈이 없는 사람은 바둑처럼 귀에서 출발하는 '소액투자' 를 택한다.

▶ 요즘처럼 집값이 많이 오른 시점에서는 장기적인 계획으로 '착안대국, 착수소국' 의 지혜가 필요하다.

높이 나는 새가 멀리 본다

리처드 버크의 《갈매기의 꿈》에는 조나단 리빙스턴이라는 평범한 갈매기가 등장한다. 그는 발상의 전환을 통해 '가장 높이 나는 새가 가장 멀리 볼 수 있다'는 진리를 깨닫고 자유를 위해 힘차게 비상한다.

투자 상담을 하다 보면 두 가지 유형의 사람이 있다는 걸 알게 된다. '돌다리도 두들기는' 형과 '모험지향적'인 형이다. 모험지향적인 사람은 결정이 빠르지만 실패할 수도 있다는 점에서 위험적인 요소가 있다. 반면 돌다리도 두들기는 형은 신중하며, 투자 물건에 대해 확신이 설 때까지 꼼꼼히 체크하기 때문에 실패할 확률이 적다.

투자를 권유하는 입장에서는 돌다리 형보다는 모험 형이 한결 편하다. 돌다리 형은 하자 없는 물건이 아니라는 사실을 충분히 인지하고도 시시콜콜한 사항까지 묻고 또 확인하기 때문에 솔직히 몹시 피곤한 게 사실이다.

그런데 하자 없는 물건이 아니라는 사실을 충분히 인지했음에도 아무

이유 없이 투자를 포기하는 사람도 있다. 돌다리를 두들겨 보고 건너는 것이 아니라 돌다리를 두들겨 보고도 건너지 않는 사람이다. 투자를 권유하는 입장에서는 가장 맥 빠지는 사람이다.

이런 사람 중 대부분은 '투자 마인드'가 없는 사람이다. 아무리 좋은 투자 대상이 나타나도 괜히 불안하고 두려워서 투자를 못하는 것이다. 이런 사람들은 돈 벌 자격이 없다.

투자 마인드는 모험이 아니라 과학적인 견지에서 출발한다. 정확한 분석과 미래 가치를 예측하는 능력을 갖는 것이다. 따라서 투자 마인드는 경험도 중요하지만 정확한 근거에 입각한 판단력이 관건이다. 그 판단력은 꾸준한 연마에서 나온다.

:· 동네 아줌마도 아는 투자는 하지 말라

어떤 투자 물건에 대해 열심히 설명해주고 본인도 충분히 좋다는 것을 인지했음에도 '주위 사람에게 물어보니 하지 말라'고 해서 하지 않겠다는 사람도 많다. 그 주위 사람이 부동산으로 큰돈을 번 사람이 아니라면 들을 필요가 없다. 누구나 다 아는 투자는 더 이상 돈이 되지 않는다. 동네 사람들도 모르는 걸 해야 돈을 번다.

부동산 투자에서 가족이나 친지는 참 묘한 존재다. 아무리 내가 좋다고 판단해도 이들의 찬성 없이 결행하는 건 곤란하다. 사이가 멀어질 수도 있고 신뢰관계가 깨질 수도 있기 때문에 이들의 승낙은 절대적이다. 그런데 이들 대부분이 부동산에 정통하지 않기 때문에 이들의 의견은 사실 귀기울일 필요가 없다. 그럼에도 많은 사람들이 투자를 결행할 때 주위의 반대가 강하면 포기하게 된다. 악순환의 굴레를 벗어나는 방법은 본인 스스로 부동산을 보는 안목을 키우는 길뿐이다.

:· 불안감은 무지에서 오는 것, 모르면 공부해라

부동산 투자 중에서 가장 쉬운 것이 주택이고, 가장 어려운 것이 토지다. 주택은 판단할 수 있는 자료가 많기 때문에 부동산을 잘 모르는 사람도 결정을 내리기가 그리 어렵지 않다. 그러나 토지는 눈에 보이지 않는 가치를 가지고 판단해야 하기 때문에 막연한 감이 있다. 게다가 주택과는 달리 토지 이용 제한이나 규제도 많고 용도지역과 용적률 등을 따져봐야 하는 등 복잡한 요소가 많아 부동산에 어느 정도 지식이 없으면 판단하기가 쉽지 않다.

그럼에도 토지가 매력적인 투자 대상인 것은 수익이 그 어느 부동산보다 크기 때문이다. '묻지마 투자'는 금물이지만 그렇다고 막연한 불안감 때문에 매력적인 투자 대상을 회피하는 것은 불쌍한 일이다. 막연한 불안감은 무지에서 온다. 무지를 극복하면 투자 마인드가 생긴다.

:· 소문에 사고 뉴스에 팔아라

신도시 등의 개발계획이 발표되면 주변 땅값이 급등한다. 그러나 발표가 난 후 땅을 사는 것은 소위 '상투 잡기'에 불과하다. 가격은 이미 오를 대로 올랐고, 그나마 사는 것조차 힘들다. 고수들은 그런 발표가 나면 집에서 혼자 가만히 웃는다. 그런 발표가 있을 것이라고 정확히 예측하고 땅을 사두었기 때문이다.

개발 계획을 앞서서 판단할 수 있는 것은 감이 아니라 실력이다. 그 실력은 여러 상황을 종합해서 정확히 분석한 결과이다. 지금 대운하 주변이나 수도권 시가화예정용지 주변, 제2영동고속도로 나들목 주변 땅 사면 과연 얼마나 벌 수 있을까? 재개발이나 재건축, 뉴타운 등으로 지정 고시된 지역의 주택을 구입하면 그렇게 수익성이 좋을까?

:· 돈이 없으면 투자를 못한다는 생각은 버려라

대부분의 사람들이 '돈이 돈을 번다'고 생각한다. 또한 부동산에 투자하려면 종자돈이 있어야 한다고 믿는다. 돈이 있어야 투자를 할 수 있는 것은 당연하다. 그러나 돈이 적다고 해서 투자를 못하는 것은 아니다. 적은 돈으로도 할 수 있는 투자는 얼마든지 있다. 초기투자비용이 적으면 투자기간을 길게 잡아야 하고 도심을 벗어나 지방으로 눈을 돌려야 한다. 금액의 크고 작음은 투자 방법이나 대상에 영향을 주는 것이지 투자 자체를 좌우하는 것은 아니다.

:‣ 투자마인드는 정확한 분석에서 출발

부동산 투자에서의 금기는 눈앞의 이익을 좇는 것이다. 부동산은 리스크가 큰 만큼 장기적인 안목을 가지고 접근해야 성공 가능성이 높다. 최소한 5년, 길게는 10년 후를 봐야 하는 것이다. 미래 가치를 보는 안목을 키우려면 부동산 정책과 국토이용계획, 정부의 각종 개발 계획 등을 종합적으로 살피고 분석하는 능력을 배양해야 한다.

높이 나는 새가 멀리 보듯, 멀리 보는 사람이 많이 번다.

족집게과외

▶ 투자 마인드는 모험이 아니라 과학적인 견지에서 비롯된다. 의심부터 하기 전에 사실을 파악하는 데 주력해야 한다.

▶ 동네 사람도 아는 건 이제 더 이상 투자가치가 없는 것이다.

▶ 부동산은 리스크가 큰 만큼 장기적인 안목을 가지고 접근해야 성공 가능성이 높다.

돈이 흘러가는 물줄기를 파악하라

성북구 동소문동에 10년 째 살고 있는 후배 S가 2007년 여름 경 "왜 여기 강북 집값은 강남이나 분당, 수지 등 수도권 이남에 비해 시세가 낮게 형성되나요?"라고 물어본 적이 있다. 이런 질문 들을 때마다 나는 "물이 높은 곳에서 낮은 곳으로 흐르듯 부동산의 돈도 흐름이 있는데, 대체적으로 미래가치가 점점 더 좋은 쪽으로 흘러간다"고 말한다.

한마디로 말하면 소비성향이 높은 동네가 미래가치가 높은 곳이다. 젊은 부부가 많이 사는 곳, 주변에 백화점 등 편의시설이 잘 들어선 곳, 고급 레스토랑이나 쇼핑몰이 많은 곳이 돈이 흘러가는 물줄기가 된다. 돈이 흘러가는 곳에 위치해 있기 때문에 그런 대형 상점이 진을 치고 있는 것이다. 대기업은 돈 냄새를 맡는 데 귀신이다. 신세계 백화점이 죽전에 대형 이마트와 백화점을 괜히 만든 게 아니다.

그 후배는 곧바로 수지나 죽전의 아파트를 알아봤지만 이사 가기를 포기했다. 동소문동의 132㎡대 아파트를 팔아도 수지나 죽전의 99㎡대 아파트를 구입할 수 없었기 때문이다. 실의에 잠긴 나날을 보내던 K에게 강북 탈출의 기회가 왔다. 2007년 겨울로 들어서면서 강북 아파트의 강세가 시작된 것이다. 거의 2,3년간 꿈쩍 않던 S의 아파트 값은 불과 6개월 사이에 70% 이상 급등했다.

K가 전화를 걸어왔다. "갑자기 집값이 요동치니 이상합니다. 어떻게 해야 합니까?"라고 묻기에 "뭘 어떻게 해? 꼭지점에 다다르기 전에 팔고 강북을 탈출해야지. 강남북 간 집값 격차가 많이 준 지금이 탈출할 찬스일 것 같은데?"라고 대답해 주었다.

사실 뉴타운 사업이 진행되면서 강남북 간 집값 격차가 다소 줄 것이라는 건 예견됐던 일이었다. 강남을 비롯한 버블 세븐의 가격에는 거품이 많이 끼어 있고 강북은 상대적으로 저평가돼 있는데다 뉴타운 사업에 따른 이주 수요로 강북의 전세값 상승은 예정됐던 수순이었기 때문이다.

그러나 K는 탈출할 수 있는 절호의 기회를 놓쳤다. "조금만 더"를 외치다가 꼭지점을 넘어서 버린 것이다. 가격이 급등한 강북의 집은 2008년 6월이 지나면서 거래가 잘 이루어지지 않고 있다. 2008년 하반기에도 기회가 아주 없는 것은 아니나 가격을 조금 내려서 내놓아야 양도가 가능할 것이므로 K가 그런 결단을 할 수 있을지는 미지수다. K가 사는 동네가 뭐 그리 나쁜 곳은 아니다. K의 말 대로 시내도 가깝고 물가도 비싸지 않아 중산층이 살기는 좋다. 그러나 부동산의 돈이 흘러가는 물줄기는 아니라는 점이다.

፦ 내가 좋아하는 곳보다 남이 좋아하는 곳을 택한다

89년 초부터 내가 다니는 신문사의 몇몇 동료들은 들떠 있었다. 마침내 분당과 일산 등 1기 신도시의 청약이 시작되는 해였기 때문이다. 그들의 관심은 분당이냐, 일산이냐였다. 대부분의 동료들이 일산을 택했다. 단지 광화문에 있던 회사와 출퇴근하기가 편하다는 이유에서였다. 분당을 택한 사람은 극소수, 그들도 선견지명이 있었던 것은 아니고 성남 등 주변 지역에서 오래 거주했던 인연 때문이었다.

23)일산을 택한 사람들 중 그 후 한강 이북을 벗어나 한강 이남으로 건너간 사람은 거의 없다. 나날이 벌어지는 강남북 간 집값 격차 때문이었다. 지금 일산 신도시 시세는 평균적으로 분당 신도시의 70% 수준이다.

부동산을 택할 때는 돈이 흘러가는 곳이 어디인지를 최우선적으로 살펴야 한다. 종착역인 강남으로 흘러가는 물줄기가 중간에 지나가는 곳이 바로 내가 부동산을 구입해야 할 곳이다. 옷차림이 남루하고 생활에 지친 사람들이 많이 사는 곳, 젊은 사람보다 나이 든 사람들이 많은 곳, 주변에 백화점이나 대형 쇼핑몰 등이 없는 곳 등은 돈이 흘러가는 곳이 아니다.

그러나 많은 사람들이 아직도 자기가 좋아하는, 회사 출퇴근하기 편한 곳을 우선 대상으로 꼽는다. 내가 살기 좋다고 해서 남도 반드시 살기 좋다는 법은 없다. 평생 가지고 갈 주택이라면 몰라도 중간에 팔고 더 나은 곳으로 이사 가기 위해선 나보다 남이 더 좋아하는 주택을 구입해야 한다.

부동산 재테크에서는 "내가 이 동네에서 낳고 자랐다" 거나 "20년 이상을 살아서 이 동네가 너무 정들었다" 고 자랑하는 사람들은 인정받지 못한다. 그 동네에서 오래 살아서 통장이나 동대표는 할 수 있겠지만 가족을 위해 보다 나은 삶을 가꾸는 데는 실패할 확률이 높다. 그 동네를 정 떠나기 싫으면 그 동네서는 전세 살고 미래가치가 높은 곳에 전세 끼고 아파트를 하나 사두면 된다. 서울과 과천, 분당 등 5대 신도시만 아니면 3년 보유만 해도 비과세가 되므로 갈아타면서 재산을 불릴 수도 있다.

한강을 사이에 두고 서울의 집값은 많은 차이를 보인다. 나라 발전 차원에서는 불행한 일이지만 부동산이 재산 증식에서 차지하는 비중이 거의 대부분인 우리나라로서는 집값 차이를 불평하기 전에 순리를 따르는 것이 도리다.

한강 이북보다는 무조건 한강 이남이 낫다. 한강 이남 중에서는 한강에 가까운 곳이 낫다. 한강 조망권의 프리미엄은 앞으로 더욱 빛을 발할 것이다. 공원 조망권도 주택의 가치를 빛낸다. 강북은 강북 강변로에서 멀수록 불리하다는 점을 명심한다. 상암이나 용산, 뚝섬, 마포, 왕십리, 행당, 자양 등은 강북 강변로에서 가까운 곳이다.

지금 당장 동네를 한 바퀴 돌아보라. 늘씬하고 멋진, 치장에 신경을 많이 쓴 20~30대 직장인이 눈에 쉽게 띄지 않는다면 이사를 고려해야 할 곳이다.

족집게과외

▶ 부동산의 돈도 흐름이 있다. 미래가치가 낮은 데서 높은 곳으로 흘러간다.

▶ 출퇴근하기 편한 곳, 오래 살아 정든 곳보다는 돈이 흘러가는 곳을 택해야 한다.

▶ 지금 동네를 둘러봐서 멋쟁이 젊은 부부가 눈에 띄지 않으면 그곳은 돈이 흘러가는 곳이 아니다.

매도와 매수의
타이밍은 감각이다

부동산으로 그동안 재미를 보지 못한 사람들은 지금 가만히 과거를 음미해 볼 시간이다. 팔고 나면 갑자기 오르고, 사고 나면 그때부터 오르지 않았던 적이 대부분이었을 것이다.

재수 없는 사람은 뒤로 넘어져도 코가 깨진다고, 한동안 집값이 정체돼 있는 침체기에 꼭 집을 팔아야 할 사태가 생긴다. 한참을 내놓아도 집이 나가지 않다가 갑자기 팔린다고 좋아하면, 어랏 팔고 난 이후부터 계속 오른다. 미치고 환장할 노릇이다.

내가 잘 아는 선배는 88년 동작동(당시에는 갯마을이라고 불렸다)의 단독주택을 팔았다. 2,3년 간 침체기여서 7,800여만 원밖에 받지 못했다(그 집은 1년 후 두 배로 뛰었다). 단독주택을 판 선배는 송파동 한양아파트 132㎡ 대를 전세 5,000만 원에 구하고 남는 돈 2,000여만 원을 주식 등에 투자했다. 그런데 전세로 들어간 지 한 달도 되지 않아 집주인이 갑자기 미국으로 전근 가게 됐다며 전세금 외 2,500만 원만 더 내고 구입하라고 했다. 그 선배 부부는 충분히 그 집을 구입할 능력이 됐음에도 구입하지 않았고, 결국 주인은 6개월 후 그 집을 제3자에게 1억 1,500만 원에 매도했다.

선배가 동작동 집을 팔고 송파동으로 전세간 지 몇 개월도 되지 않아 노태우 정부는 1기 신도시 발표를 했고 그때부터 집값은 천정부지로 뛰었다. 그 선배는 결국 이사 간 지 2년 만에 오른 전세금을 마련하지 못해 인근의 낡은 아파트 99㎡ 대로 이사 가야 했다.

그 선배는 불과 2년 사이에 1억 원 이상을 날린 셈이었다. 동작동 단독주택 집을 팔지 않거나 송파동 한양아파트를 샀다면 그 선배는 부동산 자산이 최소한 2억 원은 됐을 것이다. 그러나 그 타이밍을 놓치는 바람에 그는 결국 전세금 5,000만 원과 주식 2,000여만 원에서 한 걸음도 더 나아가지 못했다. 선배는 결국 우여곡절 끝에 3년 후 집을 마련했지만 매도와 매수 타이밍을 놓쳐 5년 간 총 손해 본 금액은 무려 3억 원에 달한 것으로 판명났다.

아무리 미래가치가 좋은 입지를 선점했다고 해도 매수와 매도타이밍을 놓치면 '남는 게 없어' 허당이다. 가령 타워팰리스를 쏙지점에 샀다면 저점에 산 사람과 비교할 수 없을 정도로 수익 차이가 난다.

만일 지금 돈이 급해 내놓아야 한다면 부동산 시장이 불황일 때는 잘 팔리지도 않지만 팔린다 해도 가격에서 많은 손해를 봐야 할 것이다.

따라서 매도와 매수 타이밍을 잡는 건 '화룡점정' 과도 같다. 부동산의 수익을 극대화시키는 핵심이자 마무리이기 때문이다.

:· 갈아타는 전략은 매도자 위주 시장일 때가 유리하다

부동산 시장은 경기 상황에 따라서 매도자 시장과 매수자 시장으로 나눌 수 있다. 부동산 값이 전반적으로 오르는 상황일 때는 매도자가 유리한 시장이기 때문에 팔기는 쉽지만 구매하기는 어려울 수 있다. 반면 부동산 시장이 침체돼 있는 상황이라면 매수자가 유리한 시장이기 때문에 매물은 넘쳐 나지만 정작 구입하려는 매수자는 적다.

새로 집을 마련하려는 무주택 자나 투자 목적으로 집을 사려는 사람은 매수자 위주의 시장일 때 움직이는 것이 좋다. 반면 집을 팔려는 사람들은 매도자 위주의 시장을 기다려야 할 것이다. 다만 '허리에 사서 어깨에 팔라' 는 부동산 격언대로 더 오를 여지가 있을 때 다소 손해 본다는 마음가짐으로 매도 혹은 매수해야 한다. 욕심을 부리고 '좀 더' 를 외치다 손 쓸 사이도 없이 타이밍을 놓칠 수도 있기 때문이다.

타이밍을 저울질하기 힘든 측은 갈아타려는 전략을 세운 1주택 보유자들이다. 팔고 사고를 반복해야 하기 때문이다. 갈아타는 것은 대체적으로 매도자 위주 시장보다는 매수자 시장일 때 여러모로 유리하다. 특히 자금 여력이 있는 사람들은 매수자 시장에서 급매물에 관심을 가지면 성공할 확률이 높다. 이때는 소유 중인 집을 파는 것이 관건이 된다. 집을 사는 것은 어렵지 않으나 팔기가 어려운 시장이기 때문이다. 남보다 먼저 팔려면 매수자 위주의 시장 진입기에 현 시세보다 5~10% 싸게 내놓는 게 좋다.

최근 몇 년 전부터는 전반적으로 주택 경기가 등락하는 것이 아니라 지역별로 국지 장세를 보이는 경우도 있다. 2008년 상반기 강북의 소형주택

통상적으로 개발 호재가 반영될 때 가격이 가장 많이 오르는 때는 개발 계획 발표 직후다. 이 호재는 개발이 진행되는 과정을 따라 단계별로 상승하다가 어느 시점이 되면 멈춘다. 멈추는 시점은 대체적으로 완공 3개월 전인 경우가 많다. 예를 들어 A라는 지역에 지하철역이 신설된다고 가정하자. 가격이 가장 많이 폭등하는 시기는 지하철역이 생긴다는 계획이 발표된 직후다. 따라서 계획을 미리 예상하고 발표 전에 구입한 사람이 가장 돈을 많이 벌 것이다. 그 이후 지하철 공사가 진행되면서 꾸준히 오르다 개통 3개월 전에 오름세를 멈춘다. 소문이 사실로 확인되는 시기가 도래했기 때문에 더 이상의 투자성이 없어진 것이다. 이것은 한 가지 호재에 가격이 반응할 때의 예다. 여러 호재가 동시에 혹은 순차적으로 일어나게 되면 가격 반응은 이와 달라질 수 있다. 하지만 호재가 가격에 반응하는 마감시간이 완공 3개월 전일 가능성이 높다는 사실은 투자 시점을 잡는 데 상당히 유용할 수 있다.

을 중심으로 강북 시장이 활황을 보이고 강남 시장이 약세를 면치 못했던 것이 바로 그 실례다. 이렇게 하위시장이 상위시장과의 격차를 좁힐 때가 바로 상위시장으로 갈아탈 수 있는 기회다. 2008년 상반기에 강북의 집을 팔아 강남으로 이사 간 사람들은 기회를 잘 활용했다고 볼 수 있다. 이런 도강의 기회는 다시 오지 않을 수도 있기 때문에 강북의 가격 거품이 더 빠지기 전에 강북 사람들은 도강을 신중히 고려할 필요가 있다.

시장 변화에 민감하지 못한 사람들은 중개업소를 활용한 전략으로 매도 타이밍을 잡는 방법을 사용할 수 있다. 부동산 경기가 장기적인 침체기에 빠져 거래가 잘 이루어지지 않을 때라도 일단 중개업소 몇 군데에 매도 의뢰를 한다. 이때 현 시세보다 낮춰서 내놓아야 팔린다고 중개업소가 조언해도 현 시세를 고집한다. 당장 팔아서 나가야 할 사람은 이 전략을 사용할 수 없지만 급하게 팔지 않아도 되는 사람들은 절대 서두를 필요가 없다. 한동안 집을 보러 오는 사람이 없더라도 당황할 필요가 없다. 주택 경기는 언젠가 다시 반등하기 때문이다. 한동안 연락이 없다가 내놓은 시세에 집을 보러 오는 사람이 생겼다는 건 부동산 경기 회복의 신호탄일 가능성이 높다. 경기 지표 등 각종 경제 상황을 종합, 신호탄이라는 판단이 서면 연락이 온 중개업소에 조금 더 가격을 올려달라고 요구하면서 다른 중개업소에도 가격을 올리면서 시장 상황에 촉각을 곤두세운다.

침체된 시장이 반등되는 기간은 2~3개월, 길어야 5개월을 넘지 않는 것이 최근의 일관된 상황이다. 최초 연락이 온 시점부터 3개월을 넘지 않은 선에서 줄다리기를 하다가 양도하면 최초 시세보다 더 높은 가격으로 매도할 수 있다.

부동산 경기에 별다른 영향을 받지 않고 쉽게 매도할 수 있는 환금성을 확보하려면 대표지역의 대표브랜드 즉 '블루칩(Blue chip)' 아파트를 구입해야 한다. 살 때 비싼 것은 문제가 아니다. 구입가 대비 높은 시세 차익이 보장되기 때문이다. 앞으로는 똘똘한 집 한 채의 시대, 블루칩 시대이다. 블루칩 아파트는 주택 경기가 큰 폭으로 떨어질 때도 최소한의 낙폭만 기록하며, 주택 경기가 호황일 때는 다른 그 어떤 아파트보다 많이 오른다. 그리고 누구나 원하는 아파트이기 때문에 매도하고 싶을 때 매도할 수 있는 확률이 높다(블루칩 아파트에 관한 자세한 내용은 3장에서 상술할 것이다).

족집게과외

▶ 용을 그릴 때 눈을 그리지 않으면 용이 될 수 없다. 부동산에서도 매도와 매수 타이밍을 잘 잡는 것이 시세 차익을 극대화하는 '화룡점정'이다.

▶ 자금 여력이 있는 상태에서 갈아타려는 1주택자들은 매수자 시장의 급매물을 노리면 수익을 더 많이 올릴 수 있다.

▶ 내놓은 매물이 한동안 팔리지 않다가 매수자가 생기면 부동산 경기 회복의 신호탄일 수 있다. 이때는 가격을 올려 다시 내놓으면서 여러 중개업소와 줄다리기를 펼치며 좋은 가격을 받을 수 있도록 한다.

공시가격의 반란을 인정하자

24) 과세표준의 기준이 되는 부동산 가액을 정부가 정한 것이 기준시가이며, 지방자치단체가 정한 것이 시가표준액이다. 기준시가는 국세인 양도소득세와 상속세 및 증여세의 산정 기준이 되고, 시가표준액은 지방세인 재산세 등의 산정 기준이 된다. 그러나 2006년 이후부터 기준시가와 시가표준액 모두 공시가격을 적용하고 있다. 공동주택공시가격은 국토해양부장관이 평가 공시하고, 개별주택공시가격과 공시지가는 지방자치단체장이 평가 공시한다. 공시가격은 국토해양부 부동산 공시가격 알리미(www.realtyprice.or.kr)에서 열람이 가능하다.

2007년 3월 14일 건설교통부가 2007년 공시가격(안)을 발표하자마자 전국이 술렁거렸다. 특히 버블세븐 지역과 수도권 신도시 등 2006년 집값이 급등한 지역의 공동주택공시가격은 최고 60%까지 올라 재산세 및 종합부동산세 부담이 전년도에 비해 2~3배나 늘어났다.

실례로 공시가격이 6억 원에서 9억 2,000만 원으로 오른 양천구 목동 신시가지7단지 115㎡는 보유세가 148만 8,000원에서 444만 원으로 198.4% 증가한 것으로 분석됐다.

공시가격의 상향 조정은 비단 보유세 부담 증가에만 있지 않다. 1가구 2주택 이상 양도세 중과 대상자의 부담도 커지고, 상속 및 증여세도 대폭 오르게 된다. 상속 및 증여 가액은 매매사례가액이나 감정평가금액이 없는 경우에는 24)기준시가로 신고하도록 돼 있기 때문이다.

많은 시민들이 공시가격 상향 조정에 대해 강력히 반발했지만 정부의 입장은 워낙 강경했다. 노무현 정부는 공시가격의 현실화를 집권 초기부터 외쳤고 결국 실현했다. 노무현 정부의 부동산 규제 중 최고 압권은 '세금 폭탄'이다. 부동산 실거래가 신고제도를 도입했고, 양도세와 취·등록세를 25)실거래가로 산정하게 해 세금 부담을 엄청나게 가중시켰다. 이것도 모자라 다주택자와 비사업용토지에 대해 양도세 중과 제도를 중첩시켰고, 재산세와 종합부동산세, 상속 및 증여세의 기준이 되는 공시가격을 대폭 상향시켰다.

이 세금 폭탄은 분양가상한제와 전매제한, 재건축규제와 맞물린 '그물망 규제'의 주요 축이다. 경기 활성화를 위해 부동산 규제 완화 방침을 밝힌 이명박 정부가 아직도 세금 완화 등 구체적인 규제 완화 방안을 마련하지 못하는 데에는 워낙 촘촘하게 얽힌 규제를 어디서부터 풀어야 할지 헷갈려서이기도 하다.

2008년에 고시된 공시가격 역시 강북을 중심으로 급등해 공시가격의 반란은 진행형이다. 집값 거품이 많이 빠진 버블 세븐은 어느 정도 낮춰졌지만(용인과 목동은 10~15% 정도 떨어졌으나 강남과 송파는 2% 미만 하락에 그쳤다), 강북구(18.1%)와 도봉구(14.2%), 상계뉴타운 등이 기대되는 노원구(13.8%), 시흥시(33.5%), 의정부시(27.1%) 등 수도권 외곽지역들의 공시가격은 큰 폭으로 상향조정됐다.

공시가격의 현실화는 부동산 보유세 부담으로 다가온다. 정부는 주택 외에 상가나 오피스텔, 토지의 공시가격도 현실화시킬 계획이다.

25) 2006년까지는 투기지역과 몇몇 예외사항을 제외하고는 양도세와 취·등록세는 기준시가로 산출이 됐었다. 당시의 기준시가는 시가에 비해 매우 적었기 때문에 세금 부담은 그리 크지 않았으나, 지금은 거래세 부담이 매우 커져서 부동산 거래가 활성화되는 데 장애요소로 작용하기도 한다.

재산세 및 종합부동산세는 6월 1일 현재 소유자를 대상으로 하기 때문에 6월 1일 전에 양도하게 되면 세금을 피할 수 있다. 여기서 매매에 의한 양도일 기준은 잔금청산일과 등기접수일 중 빠른 날이 된다. 재산세는 7월과 9월에 고지서로 부과되며, 종합부동산세 역시 고지서를 발부받아 12월 1일부터 15일까지 납부한다.

재산세는 공시가격의 55%(연도별 적용비율)가 과세표준이 된다. 만일 공시가격이 6억 원이라면 과표는 3억 3,000만 원이 된다. 1억 원 초과는 세율이 0.5%(누진공제 26만 원)이므로 재산세액은 139만 원이 되는 것이다(과표 4,000만 원 이하 세율은 0.15%, 4,000만 원 초과 1억원 이하 세율은 0.3%에 누진공제 5만 원).

그런데 갑작스런 보유세 증가를 예방하기 위해 만든 세부담상한율이란 게 있다. 공시가격 3억 원 이하는 세부담상한율이 105%, 3억 원 초과 6억 원 이하는 110%, 6억 원 초과는 150%다. 즉 올해 공시가격이 6억 원인 주택에 지난해 고지된 재산세가 70만 원이라면, 위에 계산된 139만 원이 아닌 70만 원에 대한 110%인 77만 원만 부과되는 것이다. 따라서 지난해 재산세액을 정확히 파악할 필요가 있다.

26) 재산세의 연도별 적용비율은 2008년부터 5%씩 인상되며, 종합부동산세의 적용비율 역시 2008년 90%에서 2009년이면 100%가 된다.

26) 정부는 물가상승에 따른 소득 저하로 보유세 부담이 가중되자 2008년 55% 적용할 연도별 적용비율을 50%로 1년 더 유예하기로 했다. 2009년에는 55%로 연도별 적용비율이 높아지지만 세율을 줄이고 6억 원 초과 세부담상한율을 50%에서 20-30%로 줄이는 방법으로 보유세 부담을 줄일 방침이다. 그러나 이 정도의 보유세 감면으로 큰 효과를 거두기는 힘들 전망이다.

:· 종합부동산세액 미리 예상해 양도냐 보유냐 따져야

종합부동산세는 세대별로 합산한 주택의 공시가격을 합친 금액이 6억 원 이상일 때 부과된다. 아버지와 아들이 각자 집을 소유하고 있더라도 세대가 같다면 합산된다. 따라서 6월 1일 이전에 세대를 분리하면 합산되지 않으므로 종합부동산세 대상에서 제외될 수도 있다. 배우자는 세대를 분리했어도 같은 세대로 보며, 세대주로 있는 배우자의 주민등록상 등재된 직계존비속 및 형제자매도 같은 세대가 된다는 점에 유의하자.

세대별 합산 주택공시가격이 10억 원이라면, 6억 원을 제외한 4억 원이 과세표준이 된다. 이 금액을 세율별(1~3% 등 4단계)로 과세표준을 나누어 연도별 적용비율인 80%와 종합부동산세 세율을 순차적으로 곱해 계산한다.

간편법으로 계산해보면, (4억 원×1.5% - 150만 원)×70% = 360만 원이다(3억 원 이하는 세율 1%, 3억 원 초과 14억 원 이하 세율은 1.5%에 누진공제 150만 원, 14억 원 초과 94억 원 이하 세율은 2%에 누진공제 850만 원, 94억 원 초과는 세율 3%에 누진공제 1억 250만 원).

종합부동산세 산출세액(간편법)

= (과세표준×세율-누진공제액)×연도별 적용비율

그런데 위에 산출된 종합부동산세액 중 초과 4억 원에 대해서는 재산세도 과세돼 있기 때문에 이중과세된 재산세 중복분을 제외해야 한다.

즉 4억 원에 재산세 연도별 적용비율인 55%를 곱한 금액 2억 2,000만 원에 재산세 세율인 0.5%에 해당하는 110만 원이 중복분이다. 따라서 315만 원에서 110만 원을 뺀 205만 원이 종합부동산세액이 된다.

만일 같은 해 납부한 재산세액이 세부담상한율에 의해 조정된 것이라면, 중복분 계산이 좀 복잡해진다. 이런 경우에는 가까운 세무사나 관할 세무서에 문의하는 것이 편하다.

그러나 종합부동산세 역시 세부담상한율이 있기 때문에 한 번의 과정을 더 거쳐야 한다. 올해 재산세와 종합부동산세를 합한 금액이 지난해 재산세와 종합부동산세를 합한 금액보다 200%(3배)를 넘을 수가 없다. 200%가 넘는다면 200%까지만 적용된다.

∴ 1가구 2주택 중과 대상자는 4월 30일 이전 처분해야

매년 3월 경 발표되는 공동주택 및 개별주택 공시가격은 주택 소유자들의 의견청취를 거쳐 4월 30일부터 공시된다(기준일은 매년 1월 1일임). 따라서 1가구 2주택 이상 소유자 중 한 채의 지난해 공시가격이 1억 원이 되지 않았는데, 올해 1억 원이 넘게 된다면 4월 30일 이전에 양도를 고려해 볼 만하다. 1가구 2주택 중과 대상이라 해도 수도권 소재 주택의 기준시가가 1억 원 이하라면(정비구역으로 지정고시된 지역은 중과 대상임. 단 주거환경개선사업으로서 사업시행자에게 양도하는 기준시가 1억 원 이하 주택은 중과 대상에서 제외됨), 중과 대상이 아니어서 27)일반세율로 과세되고 장기보유특별공제

27) 보유기간에 따라 1년 미만은 50%, 2년 미만은 40%, 2년 이상은 과세표준액이 1,000만 원 이하이면 9%, 1,000만 원 초과 4,000만 원 이하이면 18%, 4,000만 원 초과 8,000만 원 이하는 27%, 8,000만 원 초과는 36%의 누진세율로 적용된다.

적용을 받을 수 있기 때문이다.

가령 1가구 2주택자로서 기준시가가 8,000만 원(6년 보유, 양도차익 5,000만 원)인 주택을 먼저 팔면 양도세가 630만 원이 되지만, 기준시가가 1억 원을 초과하게 되면 양도세가 무려 2,375만 원이나 된다. 중과세로 50%가 적용되는 데다 장기보유특별공제(양도차익의 15%)를 받을 수 없기 때문이다. 여기서의 양도일 기준 역시 잔금청산일과 등기접수일 중 빠른 날이 된다.

한편 개별공시지가는 국토해양부장관이 매년 2월 말 경에 공시하는 표준지공시지가를 기준으로 관할 시장·군수·구청장이 조사하여 산정한 개별토지의 단위면적(㎡)당 가격을 말한다. 전국 244개 시·군·구는 중앙토지평가위원회 등의 심의를 거쳐 표준지 공시지가를 기준으로 5월 31일까지 국·공유지 중 도로 등 공공용 토지 등을 제외한 약 2,750만 필지의 개별공시지가를 산정해 공시한다.

족집게과외

▶ 공시가격을 시가의 일정비율로 현실화함에 따라 시가가 오르면 공시가격도 상향 조정돼 보유세 부담이 가중된다.

▶ 수도권 소재 주택 2채 보유한 1가구 2주택 중과 대상자들 중 한 채의 공시가격이 1억 원 이하일 때는 매년 4월 30일 공시가격이 상향 조정되기 전 양도를 고려한다. 공시가격이 1억 원 이하이면 양도세가 중과되지 않기 때문.

▶ 주택 값이 과거처럼 큰 폭으로 상승하지 않는다면 보유세 부담과 양도세 중과 때문에 다주택자들은 실익이 점차 적어진다.

지금 **필요**한 건 **뭐?**
포트폴리오 재편성

부동산 시장이 앞으로 좋아지든 나빠지든 상관없이 지금은 그동안 가졌던 부동산에 대한 사고방식을 바꾸고 포트폴리오를 재편성해야 할 때다. 부동산 투자의 패러다임이 직접투자에서 펀드나 리츠 등 간접투자 방식으로 바뀌고 있고, 과거처럼 '묻어만 두면 돈이 됐던 부동산 전성시절' 은 이제 옛 영화가 되고 있기 때문이다. 오히려 수익부동산을 제외하고 주택이나 비사업용토지를 다수 보유하면 종합부동산세와 재산세 부담이 가중되고 향후 양도할 때 중과세 대상이 돼 실익이 낮다는 사실을 알아야 한다.

:· 유주택자는 투자 대상에서 주택 제외해야

유주택자들은 큰 평수나 블루칩 아파트로 갈아타기 위한 것이 아니라 투자 목적이라면 더 이상 주택 소유를 하지 않는 것이 현명하다. '그래도 집값은 오를 것이다'는 의견도 만만치 않지만 주택 전망을 불투명하게 만드는 여러 확실한 요인이 상존하는 한 불확실한 선택은 피하는 것이 바람직할 것이다.

2주택 이상을 보유하면 향후 양도할 때 50%나 60%의 세율을 중과하는 부담도 크지만 재산세와 종합부동산세 부담이 더 클 수 있다. 재산세는 인별로 공시가격에 따른 세율을 적용해 부과하는데, 2007년까지는 공시가격의 50%만을 과세표준으로 인정했다. 재산세 부담을 완화하기 위해 연도별 적용비율을 50%로 한정했던 것이다. 그러나 2008년부터는 매년 5%씩 늘어나 2017년에는 100%가 된다.

예를 들어 공시가격이 2억 원인 주택의 재산세는 2008년에는 29만 원에 불과하지만 2017년에는 74만 원이 된다. 게다가 공시가격을 시가의 80%까지 끌어올린다는 게 정부의 입장이어서 해마다 공시가격이 큰 폭으로 오르고 있어 재산세 부담은 가중될 전망이다.

주택과 28)토지(종합합산토지)는 세대별로 공시가격이 각각 6억 원을 초과하면 종합부동산세 대상이 된다. 종합부동산세의 연도별 적용비율 역시 해마다 10%씩 올리고 있어서 2007년 80%였으나 2008년 90%, 2009년 100%가 된다. 종합부동산세의 부과기준을 9억 원으로 상향조정하려는 움직임이 있으나 반발도 많아 여의치 않은 실정이다.

따라서, 이미 발 빠른 투자자는 똘똘한 집 한 채만 남겨두고 상가, 오피스텔 등 수익형 부동산으로 눈을 돌리고 있다. 특히나 노후재테크가 현대인들의 중요한 화두로 대두되면서 수익형 부동산들의 관심이 높아지고 가

28) 재산세 과세 대상 토지는 종합합산, 별두합산, 분리과세 세 종류로 분류된다. 종합합산과세 대상 토지는 나대지나 잡종지, 기준 초과 토지 등 주로 비사업용 토지를 대상으로 한다.

격 상승폭 또한 심화되고 있다. 하지만 수익형 부동산 투자는 일반인들이 실행에 옮기기 어려운 점이 많아 컨설팅 업체의 도움을 얻거나 앞으로 활성화될 리츠 등 간접투자를 고려하는 것이 좋을 듯하다.

정부가 보유세 완화 방침을 밝힌 대로 재산세와 종합부동산세 부담이 현행보다 줄어들 수도 있다. 그러나 감면 폭이 크지 않는 한 감면 효과는 예상보다 적을 수 있으며, 연도별 적용비율과 공시가격을 동결시키지 않는 한 보유세 부담 가중은 불가피하다.

:· 1가구 다주택 양도세 중과 대상자는 한 채 처분해야

1가구 다주택 보유자는 먼저 자신이 양도세 중과 대상자인지를 판정해야 한다. 수도권(읍면 소재 제외) 소재 주택이나 기타 지역 기준시가 3억 원 초과 집을 두 채 이상 보유하고 있다면 양도세 중과 대상이다. 정부는 2008년 8월 21일 부동산 규제 완화 대책을 발표하면서 인천광역시를 제외한 지방광역시의 주택을 기준시가 3억 원을 초과해야 중과 대상 주택 수에 포함시킨다고 밝혔다. 2주택 중과 대상자와 3주택 중과 대상이 되면 양도세율이 각각 50%와 60%가 된다. 2주택 중과 대상자라 해도 수도권 소재 기준시가 1억 원 이하 집(정비구역으로 지정 고시된 곳의 주택은 제외)을 양도할 때는 중과를 하지 않으나, 3주택 중과 대상자는 기준시가 1억 원 이하라도 중과 대상이다 (1가구 2주택 및 3주택 중과 대상자 판정 방법과 절세 방법은 10장 세테크 편에서 상세히 다룰 것이다).

양도세 중과 대상자는 적절한 시기를 선택해서 한 채를 처분하는 것이 지혜롭다. 당장에는 과중한 양도세가 부담이 되겠지만, 보유세가 매년 가중될 것을 감안하고 그 돈으로 다른 부동산에 투자한다면 나중에 '잘한 선택'으로 판명될 것이다. 처분할 주택은 세금과 미래가치, 자금 운용 계획 등을 따져 본 뒤 결정한다.

이명박 정부가 양도세 인화 방침을 밝히고는 있지만 이 또한 1주택자에 국한시킬 가능성이 높으며, 다주택자의 양도세 완화는 투기수요를 근절시킨다는 방침 때문에 실현되기는 힘들 것으로 보인다.

:· 무주택자의 내 집 마련은 청약 전략과 장기적인 소액 투자에서 해법

무주택자들은 청약 통장에 의한 분양을 기대할 필요가 있다. 공공택지는 물론이고 재개발이나 재건축 등 민간택지에도 분양가상한제가 적용되기 때문에 분양가가 전반적으로 내릴 것으로 전망된다. 공공물량을 분양받을 수 있는 청약저축 가입자는 납입횟수와 저축종액이 많을수록 낭첨 확률이 높고, 청약예금과 부금 가입자는 무주택 기간과 부양가족수, 세대주 연령 등에 따른 가점이 많을수록 유리하다.

가점이 낮은 가입자와 갈아탈 전략을 세우고 있는 1주택 보유자는 추첨제(전용면적 85㎡ 이하는 25%, 이상은 50%)에서 운을 기대해야 한다. 청약 전략이 여의치 않은 무주택자들은 재개발 및 뉴타운 예정지역의 소형 빌라나 연립 주택 구입도 유력한 방법이다. 소액으로 초기 투자가 가능하고 향후

99㎡ 대를 분양받을 수 있기 때문이다.

　재개발 예정주택 투자에서는 분양자격이 있는지, 사업 진행이 얼마나 걸리는지, 사업성이 있는지의 여부 등을 면밀히 분석해야 한다. 또한 지분 쪼개기가 심한 곳이나 프리미엄이 과도하게 형성된 곳의 매물은 피해야 한다. 소액 투자자들은 가급적 장기적인 안목으로 기본계획이 잡히기 전의 재개발예정지역을 공략하는 것이 현명하다(청약과 재개발 지분 투자로 내 집 마련하는 전략에 대해서는 제4장과 제5장에서 상세히 다루기로 한다).

∴ 아이 있는 신혼부부는 '신혼부부 주택' 청약을 공략

　2008년 7월 15일부터 정부는 소형 분양주택의 30%를 저소득층 신혼부부들에게 공급하기로 했다. 이에 따라 2008년 하반기에 1만 4,000채, 2009년부터는 연간 5만 채가 '신혼부부 주택'으로 공급된다. 공급대상은 전용면적 60㎡ 이하 주택이며, 공공임대주택에는 10년 임대, 국민임대, 전세임대주택이 있다. 기존 청약통장(청약저축, 예부금) 가입자 가운데 결혼 5년 이내의 저소득 무주택 신혼부부로서 출산 이후 청약할 수 있다. 결혼은 혼인신고일, 출산은 출산신고일 기준으로 하되 재혼과 입양도 포함된다. 통장 가입기간은 12개월 이상이며 2008년 말까지는 6개월 이상 12개월 미만인자도 청약자격을 주기로 했다. 소득수준은 연 소득 3,085만 원으로, 맞벌이 부부는 연 소득 4,410만 원 이하로 제한했다. 국민임대와 전세임대는 현 소득 기준이 그대로 적용된다. 전매제한이나 지역거주 요건은 기존 주택의 일반적 공급제도와 동일하게 적용된다.

결혼 연차에 따라 1순위는 결혼 3년 이내, 2순위는 결혼 5년 이내로 정해 초기 신혼을 우대키로 했다. 동일 순위 내 경쟁 시 자녀수가 많은 자에게 우선 공급되며, 자녀수가 같은 경우 추첨으로 입주자를 가린다.

지역 우선순위를 활용하는 방법도 생각해볼 만하다. 같은 순위 내에선 해당 지역에 사는 사람에게 우선적으로 입주 기회가 주어지기 때문이다. 이를 위해 인천 청라지구나 송도국제도시 등 공급물량이 많이 나올 것으로 예상되는 지역이나 뉴타운 등 재개발을 통해 소형면적 일반분양 물량이 나올 지역으로 미리 주소지를 옮기는 방법이 있다. 소득이 낮고, 종자돈이 부족하다면 임대주택도 노려볼 수 있다. 연간 공급되는 물량이 3만 5,000채 정도로 전체 신혼부부 주택 공급의 70%나 되기 때문이다.

:· 토지 보유자는 사업용 토지 전환으로 활로 찾아야

부동산 투자의 꽃은 역시 토지다. 이 때문에 토지에 돈을 '묻어 놓은' 사람들이 예상 외로 많다. 하지만 2007년 1월 1일부터 양도하는 비사업용 토지는 양도세율이 60%나 중과된다. 일반세율이 9~36%인 것과 비교하면 엄청난 차이다. 농지(전·답·과수원)는 일정 기간의 재촌과 자경, 임야는 일정 기간의 재촌을 갖추지 못하면 예외 규정에 해당되지 않는 한 비사업용 토지가 된다. 나대지와 잡종지는 소수의 경우를 제외하곤 모두 비사업용 토지다. 따라서 자신이 보유한 토지가 비사업용인지 사업용인지를 판정하고, 현재 비사업용 토지라면 양도하기 전까지 사업용 토지로 전환할 수 있는 방법을 강구해야 한다(비사업용 토지를 사업용 토지로 전환하는 요령에 대해서는 8장에서 상세히 다루게 된다).

:‣ 유동성을 확보하고 부동산이 전 재산에서 차지하는 비중 줄여야

경기 침체가 가속화되고 있는데도 인플레이션이 심화되는 것을 스태그플레이션이라고 한다. 스태그플레이션이 일어나면 경기가 장기간 침체될 수 있다. 경제 전문가들은 최근의 현상을 바로 잡지 못하면 스태그플레이션으로 치닫는 최악의 사태가 일어날 수도 있음을 경고하고 있다.

이런 불황일 때에는 부동산 등 고정자산에 돈을 묻기보다는 유동성을 확보해놓는 것이 좋다. 경기가 장기적으로 침체하면 부동산 값의 낙폭이 예상 외로 커질 수 있다. 거품이 많이 끼어 있는 우리나라 부동산 지표는 의외의 변수에 의해 허물어질 수 있는 위험을 안고 있다.

IMF 때에 우리는 부동산을 많이 가진 사람이 쪽박 차고 현금 동원력이 좋은 사람들이 당시 싼 값에 부동산을 구입해 지금 상당한 시세 차익을 거둔 사실을 목격했다. 기초체력이 그때보다 나아졌기 때문에 당시와 같은 상황은 일어나지 않겠지만 그래도 자신의 전재산에서 부동산이 차지하는 비중은 점점 줄일 필요가 있다.

우리나라 사람들의 재산에서 부동산이 차지하는 비중은 80%가 넘는다는 것이 통설이다. 일본이 40%, 미국이 20%에 불과한 것과 비교하면 큰 차이다. 일본이 부동산 버블이 붕괴됐던 시점에 부동산이 전 재산에서 차지하는 비중이 60%를 넘지 않았다는 사실을 유념할 필요가 있다.

그렇다고 해서 보유중인 1주택을 팔아 전세로 살면서 다른 투자 대상을 물색하는 것은 위험천만한 발상이다. 아직 우리나라에서는 부동산은 거주 공간이면서 가장 투자성이 높은 상품이며 가격 또한 언제 큰 폭으로 오를지 알 수 없는 상품이다. 1주택을 비과세로 양도하고 좀 더 나은 주택으로 갈아타는 전략을 세워야지 무주택자가 되는 전략은 절대 금물이다.

또한 포트폴리오 전략을 세운답시고 얼마 되지 않는 재산을 분산투자하는 것은 실익을 거두기 어렵다. 우리나라처럼 부동산 가격이 높게 형성돼 있는 곳에서는 어지간한 월급쟁이로서는 똘똘한 집 한 채 가지기도 힘들다. 따라서 가치가 떨어지는 부동산을 여러 개 보유하는 것보다는 비싸더라도 미래가치가 높은 부동산 하나를 택하는 것이 더 낫다. 즉 자산이 6억 원을 넘지 않는 사람들은 포트폴리오보다는 '몰빵' 전략에 매진하는 것이 더 현명하다.

족집게과외

▶ 1가구 2주택 이상 보유한 사람은 똘똘한 집 한 채를 남겨두고 수익형 부동산으로 갈아타는 전략을 세워야 한다.

▶ 비사업용 토지 소유자는 사업용 토지로의 전환을 모색해야 한다.

▶ 재산이 적은 사람들은 가치가 적은 부동산의 포트폴리오보다는 가치가 높은 부동산에 '몰빵' 하는 전략이 더 낫다.

| 새로 생기는 지하철9호선과 도시철도는 부동산 돈줄 |

| 신분당선과 분당선 연장선을 주목하라 |

| 더블 역세권? 이제는 트리플, 쿼드러플 역세권이다 |

| 경전철 개통으로 지역 판세가 바뀐다 |

| 서울 접근성이 좋아지면 지방 땅값은 당연히 상승한다 |

| 한강 조망권은 영원한 프리미엄 |

미래가치를
선점하라

초고층 주상복합아파트 단지로 변신할 용산역 전면지구 2, 3구역의 재개발 지분 값은 3.3㎡ 당 최고 1억 8,000만 원까지 치솟았다. 이곳은 과거 용산역에서 내리면 만나는 '빨간 등불 아래' 의 집장촌이었다. 이곳이 돈이 될 줄 누가 알았으랴.

2003년도에 3.3㎡당 3,000만 원일 때도 많은 사람들이 비싸다고 외면했다.

2005년에도 3.3㎡당 6,000여만 원일 때도 '상투' 라며 포기한 사람들이 대부분이었다. 부동산은 미래가치와의 싸움이다. 미래가치를 누가 더 잘 예측하느냐가 관건인 셈이다.

새로 생기는 **지하철 9호선**과 **도시철도**는 부동산 돈줄

나는 하루에도 몇 번씩 지도를 펴놓고 특정 지역을 살피는 것이 취미이자 낙이다. 워낙 돌아다니기를 밥 먹는 것보다 더 좋아하는 나로서는 지도를 보다 보면 어느새 그 지역을 헤집고 다니는 착각에 빠지곤 한다. 하지만 그 착각은 돈이 생기는 즐거움을 주기도 한다. 지도에 나 있는 길을 따라가다 보면 돈을 줍는 일이 왕왕 발생하기 때문이다. 요즈음에는 광역전철 노선도(5678서울도시철도)를 자주 들여다본다. 지하철 5,6,7,8호선 승강장에 비치돼 있는 지도가 마음에 들어 지도 제작업체에 주문했더니 이틀 후 택배로 부쳐준 것이다.

이 지도에는 지하철 8호선까지의 노선도는 물론이고 현재 공사중이거나 공사예정인 전철경의선(용산역-문산역), 공항철도(인천국제공항역-김포공항역-서울역), 9호선(개화역-송파구 방이동), 신분당선(용산역-강남역-정자역-호매실역), 분당선 연장(선릉역-왕십리역, 보정역-수원역), 전철수인선, 경전철용인선 등의 철도 노선이 상세히 수록돼 있다. 또한 기존 도로 외에 신설될 도로 노선도 담겨 있어 서울 시내와 외곽의 교통 체계를 한 눈에 알아볼 수 있다.

교통은 사람들의 이동을 편리하게 해준다. 교통이 좋아 사통팔달이 되면 그곳은 자연히 사람들이 몰리고 유동인구가 많아지게 된다. 찾는 사람이 많아지면 지가는 자연히 상승하게 된다. 길이 부동산의 돈줄인 것이다.

현재 공시지가가 우리나라에서 가장 비싼 곳은 5년 연속 서울 충무로1가의 파스쿠찌 전문점이다. $3.3m^2$ 당 2억 1,120만 원으로 어지간한 집 한 채 값이다. 반대로 공시지가가 가장 낮은 땅은 경북 영덕군 지품면 소재 임야로 $3.3m^2$ 당 245원이다.

충무로1가의 땅은 왜 그렇게 비싸고 영덕군 임야는 왜 이리 쌀까? 그 이유를 이렇게 분석할 수도 있다. 충무로1가의 공시지가를 1년 365일로 나누면 57만 8,630이 되고, 영덕군 임야는 0.67이 된다. 충무로 1가의 땅 앞에는 하루에 57만 8,630명이 다닌다는 뜻이고, 영덕군 임야는 이틀에 한 명 정도 사람 코빼기를 볼 수 있기 때문에 이런 공시지가가 산정된 것은 아닐까? 웃자고 한 얘기지만 땅의 가치는 용적률과 이동하는 인구의 수에 따라 결정된다는 것을 은연중 보여주는 실례라 할 수 있다.

재미있는 사실은 우리나라 공시지가 상위 10위 토지 중 강남 토지는 하나도 없다는 사실이다. 10위까지 모두 명동과 충무로가 차지했고, $3.3m^2$ 당 2억 원을 넘는다. 강남에 비싼 땅은 모두 아파트 등 주택용지다. 주거용지 중 가장 비싼 땅은 동부센트레빌이 위치한 대치동 670번지로 $3.3m^2$ 당 3,993만여 원으로 충무로 땅과는 하늘과 땅 차이다.

∶▪ 전철경의선 노선도

문산역 - 봉암역 - 월동역 - 금촌역 - 금릉역 - 운정역 - 탄현역 - 일산역 - 풍산역(신설) - 백마역 - 곡산역 - 대곡역(3호선 환승) - 능곡역 - 행신역(KTX 환승) - 화전역 - 북수색역(신설) - 성산역(신설, 6호선, 공항철도 환승) - 가좌역 - 홍대입구역(2호선, 공항철도 환승) - 서강역 - 공덕역(5호선, 6호선, 공항철도 환승) - 효창역 - 용산역(1호선, KTX, **29)**중앙선 복선전철, 신분당선 환승)

전철경의선은 기존의 단선 경의선을 복선으로 전철화하고 새로 역을 몇 개 추가해서 완성된다. 이 노선이 완성되면 용산과 문산까지 50분대에 주파가 가능해 파주 운정지구를 비롯 일산, 탄현, 화전 주민들의 서울 접근성이 몰라보게 좋아진다. 문산 - 성산 구간은 2009년 6월 개통되며, 성산 - 용산 구간 중 가좌역-공덕역은 지하 공사인데다 공항철도 공사와 맞물려 2010년 경 개통될 예정이다.

경의선이 완공되면 최대의 수혜자는 파주 신도시를 비롯 일산, 탄현, 화전, 수색 지역이다. 용산역에서 강남역을 거쳐 정자, 수원호매실역까지 연장되는 신분당선이 완공되면 일산 주민들이 강남까지 1시간 10분, 분당까지 1시간 30분이면 도달할 수 있게 된다. 또한 환승역이 되는 대곡, 홍대입구, 공덕역 역세권은 그 지역의 중심으로서 더욱 발전하게 된다.

인천국제공항역 - 공항화물청사역 - 운서역 - 검암역 - 계양역(인천1호선 환승) - 김포공항역(5호선 환승) - 디지털미디어시티역(6호선. 경의선 환승) - 홍대입구역(2호선, 경의선 환승) - 공덕역(5호선, 6호선, 경의선 환승) - 서울역(1호선, 4호선, KTX 환승)

이 공항철도는 중간에 역이 별로 없는 노선이라 인천국제공항에서 서울역까지 급행은 40분, 일반은 50분이면 주파한다. 외국에서 여행 온 외국인이 인천국제공항에 내려 이 공항철도를 이용해 서울역에서 KTX로 갈아타고 부산까지 가는 데 4시간도 채 걸리지 않는 시대가 곧 도래하는 것이다. 현재는 인천국제공항에서 김포공항까지만 개통돼 있으나 2010년이면 전 노선이 개통될 예정이다.

이 노선이 개통되면 디지털미디어시티역, 즉 수색역 부근이 많은 발전을 하게 될 것이다. 특히 이 지역 일대는 재정비촉진지구로 지정돼 있어 낡은 주택들을 헐고 새 아파트단지로 정비해 인근의 상암동과 연계해 서북생활권의 부도심으로 새롭게 형성될 전망이다. 수색 일대는 그동안 지가 상승에서 많이 소외된 지역이라 아직도 저평가된 지역이 많이 있어 발품을 팔다 보면 의외의 수확을 올릴 가능성이 높다.

개화역 - 김포공항역(5호선, 공항철도 환승역) - 공항시장역 - 신방화역 - 마곡나루역(공항철도 환승) - 양촌향교역 - 가양역 - 증미역 - 등촌역 - 염창역 - 용왕산역 - 선유도역 - 당산역(2호선 환승) - 국회의사당역 - 여의도역(5호선 환승) - 샛강역 - 노량진역(1호선 환승) - 노들역 - 흑석역 - 동작역(4호선 환승) - 서릿개역 - 신반포역 - 고속터미널역(3호선, 7호선 환승) - 사평역 - 신논현역(신분당선 환승, 2009년 개통 예정) - - 종합운동장역(2단계 공사, 2013년 개통 예정) - - 송파구 방이동(2016년 개통 예정)

9호선은 일명 '골드라인'으로 불린다. 노선색이 골드(gold)로 결정된 이유도 있지만, 지하철 노선 중 최고의 요지만을 골라 이어져 있기 때문에 라인을 잘 살피면 부동산 금맥을 캘 가능성이 크기 때문이다. 서남부에서 강남권 한복판까지 직접 연결하는 1단계(25.5km)는 2009년 5월 개통될 예정이다. 1단계가 개통되면 강남 접근성이 다소 미흡했던 목동, 당산 등 서울 서남부권과 여의도, 노량진, 흑석동 지역 등이 큰 수혜를 보게 된다.

9호선은 완행과 급행이 함께 운용된다. 총 37개의 정거장 중에서 13개의 정거장이 급행역으로 운영될 예정이다. 1단계 구간 김포공항역에서 신논현역(교보타워사거리)까지 갈 경우 완행을 타면 52분이 걸리지만 급행을 타면 31분에 주파한다.

강남과의 접근성이 집값 척도의 바로미터가 되는 현실을 감안할 때 30분 안에 강남의 중심으로 갈 수 있다는 사실은 9호선 역세권의 미래가치가 매우 높다는 점을 알려준다. 게다가 특급광역철도로 운행될 신분당선이 완

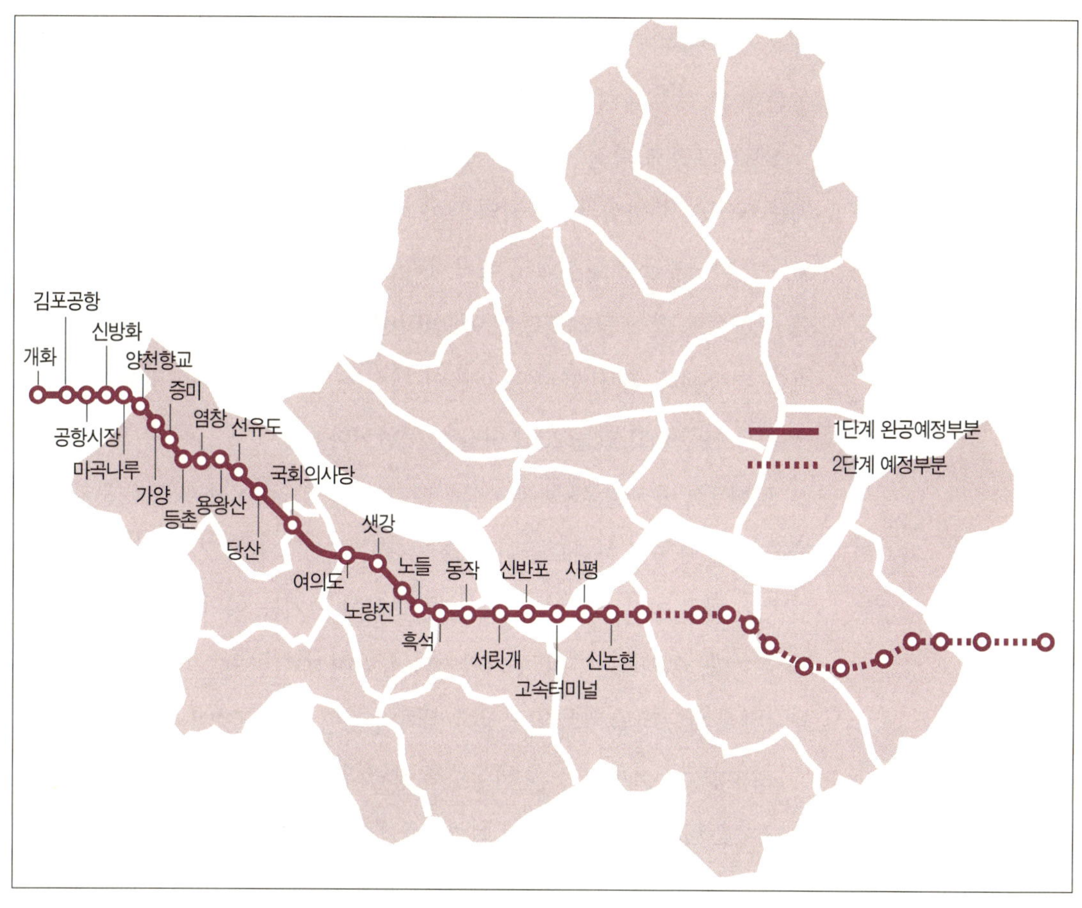
개화
김포공항
신방화
양천향교
공항시장
증미
마곡나루
염창
선유도
가양
용왕산
등촌
국회의사당
당산
여의도
샛강
노량진
노들
흑석
동작
서릿개
신반포
고속터미널
사평
신논현
1단계 완공예정부분
2단계 예정부분

전 개통되면(용산역-신논현역-강남역-정자역-호매실역) 김포공항에서 9호선을 타고 신논현역에서 환승, 신분당선으로 갈아타고 수원까지 가는 데 1시간 30분이 채 걸리지 않게 된다.

9호선 1단계 라인 중 가장 눈여겨볼 곳은 2호선과의 환승 정거장이 생기는 당산역 주변이다. 이 지역은 아파트뿐 아니라 상가도 활기를 띨 것으로 보인다. 지금도 도시철도 취약지역인 부평, 일산 등지의 사람들이 당산역 주변으로 많이 몰려드는데 9호선이 개통되면 유동인구가 더 늘어날 것으로 전망된다. 당산역 주변 상권의 핵심은 양평동 사거리 방향의 1번 출구 쪽과 마주하고 있는 2001 아울렛 주변이다.

또한 당산동과 문래동에는 삼성래미안 4차를 비롯 문래자이, 문래 현대 홈타운 등 블루칩 아파트들이 속속 들어서 있어 고급 주거단지로서의 발전 가치도 매우 높다. 5호선과 9호선 환승역이 생기는 여의도 지역도 재평가될 것이다. 여의도는 고급주거단지와 상업시설의 공존으로 훌륭한 입지를 보유했음에도 강남에의 접근성이 떨어져 저평가된 경향이 짙었다.

하지만 9호선의 등장은 여의도를 강남 못지않은 주거와 상업의 일류 복합단지로 탈바꿈시킬 확률이 높다. 여의도 통일주차장 부지에 특급호텔·쇼핑몰 들이 함께 어우러진 첨단 복합단지 파크원이 2010년께 완공될 예정이며, 재건축 규제가 완화되면 여의도의 낡은 아파트단지들이 최첨단 아파트단지로 변모할 것이기 때문이다.

이미 미주아파트와 백조아파트는 주상복합아파트로 재건축되어 롯데캐슬아이비와 롯데캐슬엠파이어로 화려하게 재기했고, 한성아파트는 여의도의 랜드마크로 우뚝 설 주상복합아파트 여의도자이로 재건축되어

2008년 5월부터 입주를 시작했다.

여의도 재건축 대상 아파트들은 재건축 규제 완화 움직임을 지켜보며 구입을 저울질할 좋은 매물들이다. 여의도 재건축 단지들은 일반상업지역과 일반주거지역 내 단지들로 나뉘는 것이 특징이다. 일반상업지역에는 서울, 공작, 수정, 진주, 초원 등 5개 단지 1,427가구가 들어서 있으며 일반주거지역에는 시범, 한양, 미성, 광장, 삼부, 목화, 대교, 장미, 화랑, 삼익 등 12개 단지 7,000여 가구가 입주해 있다. 일반상업지역 내 단지들은 재건축 시 용적률을 최대 800%까지 받을 수 있기 때문에 개발밀도가 높아 사업성이 뛰어나다.

일반상업지역 내 단지들 중 서울과 수정아파트는 추진위원회 승인까지 받은 상태로 사업속도가 가장 빠르고 나머지 단지들은 아직 재건축 움직임을 보이지 않고 있다. 일반주거지역 내 단지들은 현재 용적률이 최소 145%(시범)에서 최대 250%(한양)를 이루고 있다. 이 단지들 중 시범은 현재 추진위원회 승인을 신청한 상태이고 삼부와 미성은 주민들이 직접 재건축 추진위원회 구성을 준비하고 있다. 여의도에서 가장 오래된 삼부아파트는 리모델링을 추진하다 이명박 정부가 들어선 후 재건축 사업으로 방향을 바꿨다.

1호선과의 환승 정거장이 생기는 노량진역 주변과 한강 조망권을 가졌음에도 교통이 불편해 소외됐던 흑석동도 9호선 개통 효과가 기대된다. 이 지역들은 이미 뉴타운사업이 추진되고 있어 과거 단독주택 밀집지역에서 신흥 아파트단지로 거듭나게 된다.

주변 재개발 지역의 몸값이 더 올라갈 전망이며 학원가가 밀집돼 있는 주변 상권도 더 활기를 띨 것으로 보인다. 여기에 다리 하나만 건너면 강북 개발의 핵심인 용산이어서 더욱 관심의 대상이 되고 있다.

족집게과외

▶ 매일 지도 보는 것을 낙으로 삼으면 돈줄이 보인다. 땅의 가치는 용적률과 그 앞을 지나 다니는 사람 수에 따라 결정된다.

▶ 경의선 전철이 복선화되고 공항철도가 생기면 생기기 전과는 분명 땅값, 집값 차이가 난 다. 생기기 전에 어느 지역의 어느 아파트값이 오를지를 예측하는 것이 바로 미래가치를 선점하는 것이다.

▶ 지하철 9호선은 한강변을 따라 강남을 잇는 노선이라 가장 돈이 되는 '골드라인' 이다.

신분당선과 분당선 연장선에 소액 투자 해법이 있다

지하철 9호선이 한강을 따라 서울 시내의 돈줄을 알려 주고 있다면 신분당선과 분당선 연장선은 수도권의 판세 변화를 예언하고 있다는 점에서 특히 젊은 사람들이 관심을 가져야 할 노선이다. 소액으로 투자할 만한 지역을 알려주고 있기 때문이다.

신분당선은 용산역 - 강남역 - 분당 정자역 - 수원호매실역으로 이어지는 광역특급노선이라 서울 강남북을 연결함은 물론 분당과 용인, 수원을 1시간 이내로 연결하게 된다. 이 신분당선이 전면 개통되는 2019년이면 용인과 수원은 강남권에 들어갈 정도로 접근성이 좋아져 이곳의 지가는 크게 상승할 것으로 보인다. 분당선 연장선은 현재 선릉역-보정역 구간에 선릉역-왕십리역 구간과 보정역-수원역 구간이 추가로 늘어나는 노선이다. 이 노선 역시 강북 U턴 프로젝트의 두 축 중의 하나인 뚝섬과 강남을 연결하고, 용인과 수원을 분당, 판교권에 포함시키게 된다.

결국 신분당선과 분당선 연장선의 최대 수혜자는 강남과의 접근성이 양호해지는 강북 개발의 두 축인 용산과 뚝섬, 판교와 분당, 용인, 수원이라는 사실에 주목해야 한다.

:- 신분당선 노선도

용산역(1호선, KTX, 중앙선, 전철경의선 환승) - 이촌(중앙선, 4호선 환승)-- 서빙고(중앙선 환승) - 신사(3호선 환승) - 논현(7호선 환승) - 신논현(9호선 환승) - 강남(2호선 환승) - 양재(3호선 환승) - 매헌 - 청계 - 판교 - 정자(분당선 환승) - 동천역 - 수지역 - 성복역 - 상현역 - 가산천역 - 광교역(2014년 개통 예정) - 북문역 - 신안동역 - 화서역 - 호매실역(2019년 개통 예정)

신분당선의 핵심 구간인 강남역과 분당 정자역 구간은 2010년 하반기에 개통된다. 이 구간이 개통되면 분당은 물론 수지, 죽전, 상현, 동천, 성복, 신갈, 구갈 등 용인의 강남 접근성이 지금과 비교할 수가 없을 정도로 좋아진다. 신분당선은 광역특급철도이기 때문에 정자역에서 강남역까지 불과 다섯 정거장 16분밖에 걸리지 않는다.

그 이전 정자에서 분당선으로 강남역까지 가려면 선릉에서 갈아타고 1시간이 넘게 걸렸다. 강남역과 신사역 구간은 2011년, 신사역과 용산역을 연결하는 구간은 2015년 이후 개통될 예정이다. 분당 정자역과 호매실역을 잇는 구간은 1단계로 분당 정자역과 광교역은 2014년에 개통 예정이며, 광교역과 수원 호매실역까지의 구간은 2019년 개통이 목표다.

신분당선의 가치는 강남역과 용산역을 연결하는 구간이 완성되는 2015
년 가장 빛을 발할 것으로 보인다. 강남역과 용산역을 연결하는 7개 역 모
두 환승역이 되기 때문에 신분당선의 등장은 서울을 그물망처럼 얽어매는
마지막 연결 고리가 된다. 용산역 역세권은 이때쯤 강남을 능가할 수도 있
는 상업지역으로 우뚝 서게 되며, 신분당선 개통은 화룡점정이 될 것이다.

신분당선 개통으로 가장 주목받을 지역은 역시 용인과 수원 광교 신도
시다. 2014년이면 분당 정자역에서 광교역까지의 구간이 개통되어 이 지
역 주민들이 강남역까지 출근하는 데 30분이 채 걸리지 않게 된다. 강남생
활권에 편입되는 순간이라 해도 과언이 아니다.

이 중에서도 최대 수혜지역은 용인 수지구 동천·성복·상현·신봉동
일대가 될 것이라는 데 이견이 없다. 이곳은 2009년께 개통되는 서울-용인
고속도로가 성복동 일대를 지나가게 돼 강남 진입이 더욱 수월해지는 장점
도 있다.

용인 수지구 일대 중에서는 동천동이 가장 좋은 입지를 자랑한다. 판교
신도시와도 가깝고 수지중·수지고 등 학군도 좋다. 동천동에는 2007년 9
월 3.3㎡ 당 1,730만 원이라는 고분양가에도 불구하고 최고 197대1, 평균 7
대1의 경쟁률을 기록한 동천래미안이 2010년 입주하게 된다. 동천래미안
은 2개 동의 출입구를 마치 호텔 로비처럼 하나로 통합한 '허브형 로비' 라
는 최고급 커뮤니티 시설로 유명한데, 이 로비에는 휘트니스, 헬스케어룸,
실버라운지, 헤스티아 라운지 등을 블록별로 다양하게 배치해 단지에 들어
서면 마치 5성급 고급호텔 라운지에 들어선 것 같은 느낌을 주도록 설계됐
다. 또한 인근의 성복지구를 비롯 상현지구, 신봉지구 등에 힐스테이트와

자이 등 고급아파트들이 속속 들어설 예정이어서 판교 이남의 대규모 고급 아파트 주거단지로 거듭날 것이 확실하다.

하지만 2008년 8월 현재 분당과 용인의 기존 아파트 시장은 시장 침체 영향으로 전반적인 거래 실종 상태에 있다. 가격 역시 많게는 20%까지 떨어진 곳도 있으나 이는 2006년 하반기 급등한 거품이 일정 부분 빠진 것이지 가치 하락 때문은 아니다.

이 지역은 입지가 워낙 좋고 개발 호재가 다양하고 지속적으로 전개되고 있어 침체기를 지나면 개발 가치를 회복할 것이 분명하다. 따라서 주택 구입 계획이 있는 분들은 2008년 하반기부터 거품이 많이 빠져 있는 매물 위주로 구입에 나서도 괜찮다는 판단이다. 소액으로 집을 마련할 계획이라면 재개발예정구역으로 기본계획에 발표된 수원의 재개발 예정주택을 장기적인 안목으로 구입하는 것도 한 방법이다.

:· 분당선 연장선 노선도

왕십리역(중앙선, 2호선, 5호선 환승) - 성수역 - 청담역 - 강남구청역 - 삼릉역 - 선릉역(2호선 환승) - 기존 노선 - 보정역(추가역1로 대체) - 신갈 - 추가역2 - 기흥(구갈역, 경전철 환승) - 상갈 - 영통 - 영덕 - 방죽 - 매탄 - 수원시청 - 매교 - 수원(1호선 환승)

분당선 연장선은 현재 운행중인 선릉역과 보정역을 연장해서 왕십리역과 수원을 잇는 노선이다. 분당선 연장선이 완전 개통되면 성수동과 왕십리에서 30여분 강남이 불과 10여분으로 단축된다. 또한 용인과 수원 일대의 강남 접근성이 양호해짐은 물론 분당, 판교와 같은 생활권으로 권역이 재편되게 된다. 왕십리역과 선릉역 구간은 2011년 말 개통 예정이며, 보정역과 수원역 구간은 2013년을 개통 목표로 삼고 있다.

분당선 연장선의 최대 수혜자는 왕십리다. 왕십리는 지금 트리플 역세권임에도 저평가돼 있는 지역이다. 이는 제대로 된 것 하나가 빠졌기 때문이다. 그러나 분당선 연장선이 개통되면 그 위상은 달라질 것이 분명하다 (왕십리에 대해서는 다음 '더블 역세권? 이제는 트리플, 쿼드리플 역세권이다' 에서 상술할 것이다).

왕십리 다음으로 눈여겨볼 역세권은 강남구청역과 삼릉역이다. 이 역은 모두 환승역이 된다. 강남구청역은 7호선 환승, 삼릉역은 2013년 개통 예정인 9호선과 환승된다. 강남구청과 삼릉 주변의 아파트 단지들은 강남의 여타 아파트에 비해서는 가격이 그리 높지 않은 편이다.

이 지역에는 오래 된 단독주택이나 30)근린생활시설(일명 근생)들이 많다. 리모델링이 가능한 건물을 구입해서 분당선 연장선 개통에 발맞춰 리모델링한 뒤 임대수입을 업그레이드하거나 시세 차익을 남겨 양도하는 것도 유력한 방법이 될 수 있다. 특히 삼릉지역의 단독주택이나 근린생활시설은 지하철 환승역세권이라는 장점 외에 녹지공간도 가까이 있어 가치가 극대화될 것으로 전망된다.

분당선 연장선 보정역-수원역 구간 중 가장 관심의 대상은 구갈역 부근이다. 구갈역은 2009년 하반기 개통 예정인 용인 경전철(구갈역 - 전대역)의 시발점으로서 분당선과 환승역으로 탈바꿈된다. 따라서 구갈역세권은 용

30) 동네 골목길에서 흔히 보는 세탁소나 수퍼마켓, 미용실 등의 건물이 바로 건축법 상 건축물의 한 종류인 근린생활시설이다. 1,2층은 상점으로 쓰고 3,4층은 가정집이 들어선 상가주택도 대부분 근린생활시설이다.

인 남부의 핵심 상권으로 부상할 것이다. 구갈 인근 신갈오거리는 용인의 원주민들이 사는 동네다. 낡은 단독주택과 근린생활시설들이 다닥다닥 몰려 있어 향후 재개발될 가능성이 매우 높다. 신갈 주공아파트는 이미 재건축 사업이 추진되어 조합설립 인가를 마치고 사업시행 인가를 준비중이다. 이 지역의 다세대주택이나 연립주택은 전세를 끼면 1억 미만 현금으로 구입이 가능하다. 최소한 10년 정도의 장기적인 계획이라면 충분히 승산 있는 투자가 될 것이라고 믿는다. 분당선 연장선이 개통하는 시점에는 여기서 서울까지 출퇴근도 불편하지 않게 된다. 구갈역에서 분당선을 타고 정자역에서 신분당선으로 환승하면 강남역까지 채 40분이 걸리지 않기 때문이다.

한편 구갈동 234 일대 토지 34만 2,000여㎡ 소유주들이 이 지역을 역세권으로 개발하기 위해 2007년 말 용인시에 해당 지역에 대한 도시개발구역 지정을 신청한 사실도 주의를 기울일 대목이다. 토지소유주들은 이 지역이 도시개발구역으로 지정될 경우 개발조합을 결성한 뒤 사업시행자를 자체적으로 선정, 주상복합 시설 등이 들어서는 상업지역으로 개발한다는 계획이다.

구갈지역은 향후 용인시의 대표적인 상업지역이 될 수 있는 조건들을 충족하고 있기 때문에 도시개발구역 지정 가능성도 배제할 수 없다. 따라서 경전철 개통 시기와 지정 여부 등에 대해 관심을 가질 필요가 있다.

또한 경전철 역세권을 중심으로 신규 개발지역도 크게 확대될 전망이다. 용인 도시기본계획에 따르면 개발예정지 중 상당수가 용인 경전철 역세권 주변에 몰려 있다.

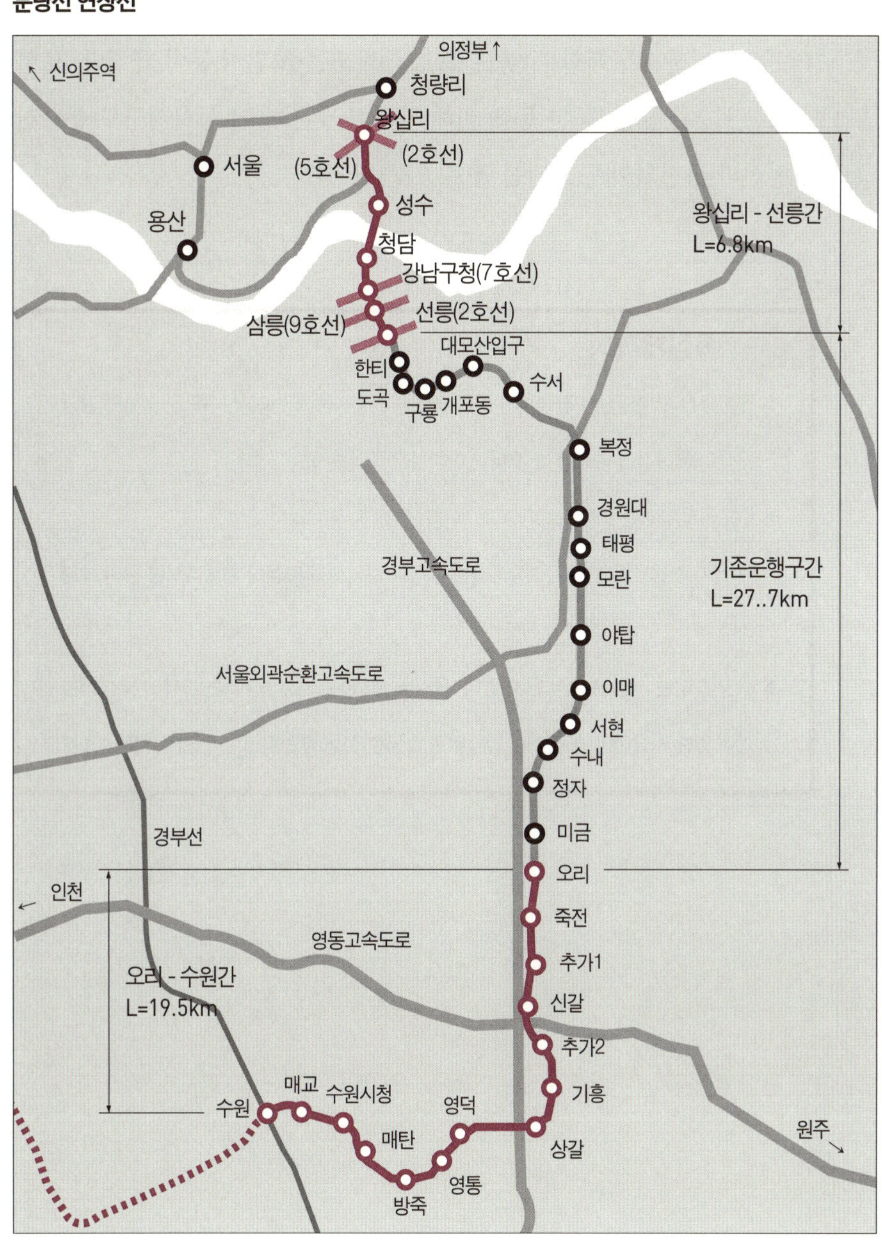
신의주역↑
의정부↑
청량리
왕십리
(5호선)
(2호선)
서울
성수
용산
청담
강남구청(7호선)
왕십리 - 선릉간
L=6.8km
삼릉(9호선)
선릉(2호선)
대모산입구
한티
도곡 구룡 개포동
수서
복정
경원대
태평
경부고속도로
모란
기존운행구간
L=27..7km
야탑
이매
서울외곽순환고속도로
서현
수내
정자
미금
경부선
오리
인천
죽전
영동고속도로
추가1
오리 - 수원간
L=19.5km
신갈
추가2
매교 수원시청
영덕
기흥
수원
매탄
원주→
방죽
영통
상갈

구갈역 다음으로는 행정타운 배후 상업기능을 맡게 될 시청·용인대역, 공장 이전지가 복합주거타운으로 개발되는 고진역 등이 꼽힌다. 또한 아직은 수지, 상현, 동천 등에 비해 가격이 낮은 용인 동백지구도 분당선 연장선과 경전철 개통 효과를 볼 수 있는 단지다.

족집게과외

▶ 신분당선과 분당선은 강남과 수도권 남부를 연결하는 노선이다. 수도권 남부의 강남 접근성이 좋아지면 수혜를 볼 지역이 어디인지 찾아보자.

▶ 수도권 남부에는 아직도 소액으로 투자할 만한 지역이 많다.

내 집 마련을 꿈꾸는 젊은이들은 신분당선과 분당선을 열심히 들여다보면 돈이 보일 것이다.

▶ 구갈을 아는 사람은 아직 많지 않다. 구갈을 현재 알고 있다면 그는 재테크에 상당한 관심이 있는 사람이다. 구갈에서 강남역까지 40분 정도 걸린다면 살 만한 지역이 아닌가?

더블 역세권? 이제는 트리플, 쿼드러플 역세권이다

2015년이 되면 서울의 지하철 노선은 그물망처럼 얽히게 돼 교통이 더할 나위 없이 편리해진다. 이 시기가 되면 싱글 역세권은 명함을 내밀지 못한다. 더블역세권도 유동인구가 많고 주변 상권에 따른 퀄러티를 따져야지 무조건적인 관심을 끌지 못할 것이다. 따라서 부동산 투자를 고려중인 사람들은 앞으로 트리플(3중) 혹은 쿼드러플(4중) 역세권으로 개발되는 지역에 관심을 기울여야 한다. 이 지역들이 앞으로 서울에서 가장 유동인구가 많은, 즉 지가 상승력이 가장 강한 역세권으로 발전할 것이기 때문이다.

∴ 용산역 – 퀄러티 최고, 퀸튜플+α, 주변은 강북 최고 상권이 될 것

역세권만 따진다면 앞으로 우리나라에서 용산역을 따라올 지역은 없을 것이다. KTX와 전철경의선, 중앙선, 신분당선의 시발역인데다 1호선이 지나간다. 4호선도 지적이다. 국내 유일의 퀸튜플(5중) +α다. 용산역은 교통의 요지일 뿐만 아니라 향후 초고층빌딩이 운집한 국내 최고의 초대형 복합단지가 된다는 점에서 강남을 능가할 것으로 점치는 사람들도 많다. 강북 U턴 프로젝트의 핵으로 용산역 앞 전면지구, 국제업무지구, 국제빌딩 특별구역, 한남뉴타운 등 크게 4개의 축으로 개발이 진행된다. 용산 가족공원이 개발되면 한강과 더불어 환경적으로도 쾌적한 상업 중심 지역이자 고급주택단지가 된다.

여유가 있는 사람들이라면 용산에 아파트나 상가, 오피스텔 투자에 관심을 가져야 한다. 가격이 너무 많이 올라 있어서 '상투'라는 말도 있지만 신경 쓸 필요가 없다. 용산만 가격이 폭락하는 대사태가 온다면 모르겠으나 용산보다 더 비싼 땅이 앞으로 나오기 힘들다는 것을 감안한다면 비싸게 주고 산다 해도 대수로울 게 없다. 항상 부동산 시장의 최선두에서 가격이 형성될 것이기 때문이다. 용산과 같은 초대형 복합단지를 또다시 만드는 것이 불가능하다는 희소가치를 감안한다면 용산의 가치는 투자 시점보다 배가할 가능성이 크다.

또한 용산역 일대에는 도시개발사업을 비롯 31)도시환경정비사업, 주택재개발사업이 줄을 잇고 있다. 통상적으로 정비사업에서 사업시행인가 시점이 가격 피크를 이룬다는 점을 감안할 때 사업시행 인가가 임박한 시점에서는 구입을 보류하고 관리처분계획인가 시점에서 구입하는 것이 낫다. 관리처분계획이 인가된 시점에서는 정비사업의 수익성과 추가부담금 내역이 정확히 밝혀지기 때문이다. 분양가상한제가 적용되는 사업인 경우에

옹달샘 | '상투' 이론에 관한 오해와 진실

부동산 투자에서 흔히 접하는 오류가 바로 '상투 이론'이다. 가격이 너무 많이 오르면 반드시 정점 혹은 '꼭지점'을 찍게 되고 다시 내리기 때문에 정점에서 사면 손해를 본다는 이론이다. 이를 '상투 잡기'라고 한다. 하지만 이 이론은 시장에서 최선두를 이끄는 블루칩에게는 별로 해당이 되지 않는다. 부동산이란 특정 지역의 특정 물건만 가격이 오르고 내리는 법이 거의 없고 전반적인 상승과 하락이 일어나게 된다. 따라서 강남이나 용산 등 부동산 시장의 최선두주자는 항상 부동산 가격의 선두에 서게 되므로 부동산 시장의 폭락이 일어나지 않는 한 '꼭지점'은 존재할 수 없다. 이들보다 더 가격이 상승할 물건이 나오지 않는 한 그렇다. 예를 들어 현재 3.3㎡ 당 값이 최고인 삼성동 아이파크의 가격은 입주 이래 항상 '꼭지점'이라고 했으나 항상 그 '꼭지점'을 갱신해왔다. 강남이나 용산 등 미래가치가 최고인 입지의 부동산은 설사 '꼭지점'이라고 생각될 때 구입한다 해도 투자 대비 수익률이 높지 않을 수는 있겠지만 손해를 볼 일은 거의 없는 안전한 상품이다.

는 일반분양 물량을 받는 것이 리스크를 줄일 수 있는 방법이기도 하다.

그러나 용산 일대에는 아직 기본계획조차 잡히지 않은 곳도 있으며, 뉴타운으로 지정된다는 소문만 무성한 채 '신축지분쪼개기'가 극심해 사업성이 악화된 곳도 많다. 또한 대지 지분 값이 지나치게 폭등해 수익분석을 제대로 하지 않고 구입하면 훗날 손해를 볼 수 있는 지역도 많다.

예를 들어, 국제빌딩특별구역 옆에서 삼각지 쪽의 한강로 업무지구는 아직 개발계획이 잡히지 않은 곳이라 투자하기에는 리스크가 너무 큰 지역이다. 따라서 사업성이 좋고 개발이 확실히 결정된 용산역 앞 전면지구, 국제업무지구, 국제빌딩 특별구역, 한남뉴타운 등에 국한해서 투자해야 한다.

:· 공덕역 – 광화문과 여의도를 잇는 부도심 상업지구, 용산 후광효과도 큰 쿼드러플

용산역 못지않게 눈길을 끄는 곳은 공덕역 부근이다. 이 일대는 이미 삼성물산이 점을 찍어 재개발 물량을 독식하다시피 해 '래미안거리' 로 만들어놓았다. 블루칩 아파트로 명성이 높은 공덕동 삼성래미안3,4차를 비롯해서 래미안1,2차, 신공덕동 래미안1,2,3차, 도화동 삼성 등이다. 공덕역 주변은 사업을 추진중인 도시환경정비구역과 아현뉴타운, 단독주택 재건축구역이 여러 개 돼 향후 개발이 완료되면 고층주상복합단지와 최첨단 아파트단지가 조화를 이루는 부도심으로 더욱 발전될 것이다.

2008년 10월 분양 예정인 신공덕동 주상복합 펜트라하우스는 마포1-52 도시환경정비사업으로 재개발된 분양 물량이다. 대한주택공사가 사업시행자로 476가구 중 107~194㎡ 264가구를 일반분양한다. 서울지하철 5,6호선 환승구간인 공덕역이 걸어서 2~3분 거리로 초역세권 단지다. 마포구 공덕동 385번지 일대(한국산업인력공단 뒤편) 마포로 4,5구역도 도시환경정비사업으로 추진되는 구역이므로 관심을 기울일 만하다. 또한 마포역-공덕역-애오개역까지 이르는 대로변은 모두 마포로 1,2,3 정비예정구역으로 지정돼 도시환경정비사업으로 재정비된다.

이외에도 공덕역 부근의 주거지역은 아현뉴타운으로 선정된 지역이어서 단독주택 밀집지역들이 순차적으로 고급아파트 단지로 탈바꿈하게 된다. 공덕2차와 4차래미안 사이의 공덕동 105-84 번지 단독주택 밀집지역들은 공덕17단독주택재건축지역으로 정비구역 지정되어 재건축 사업이 추진되고 있으므로 재건축 규제 완화 시점에 관심을 가질 만하다(단독주택 재건축사업에 관한 자세한 사항은 제6장에서 자세히 다루도록 한다).

공덕역은 현재 5호선과 6호선 더블역세권이나 전철경의선 복선 공사와 공항철도가 완료되는 2010년이면 쿼드러플 역세권이 된다. 게다가 한 정거장밖에 떨어지지 않은 용산역에 신분당선 광역특급열차가 개통되는 2015년이면 판교, 용인, 수원까지 1시간이면 돌파가 가능하다. 광화문과 영등포를 잇는 교통의 요충지이며, 공덕역에서 마포역까지 도로변은 고층 주상복합단지가 잘 발달된 상업지역으로서 주변의 용산과 여의도, 신촌과 어울려 지역 중심으로서 발전 가능성은 무궁무진하다. 앞으로는 인천국제공항을 이용할 일이 점점 더 많아지는 글로벌 시대다. 인천국제공항과 도심과의 접근성이 중요한 의미로 부각될수록 그 요충지로서의 공덕역 부근은 날개를 달 것이다.

:· 홍대입구역-유동인구 많은 젊음의 상업지역으로 더욱 발전

홍대입구역은 현재 2호선 하나만 정차함에도 젊은이를 비롯한 유동인구가 많아 상권이 매우 발달한 지역으로 꼽힌다. 그러나 공항철도와 경의선이 개통되는 2010년 이후에는 그동안 교통이 불편해 찾아오기 힘들었던 일산 · 파주와 김포 · 마곡 쪽 젊은이들까지 몰려들어 서울에서 가장 젊음이 끓어오르는 거리가 될 것으로 보인다.

한 정거장 거리인 합정역 일대가 균형발전촉진지구로 지정되어 부도심

상업지역으로 재개발될 예정이어서 홍대입구역부터 합정역에 이르는 대로변까지 개발 바람이 불 것이다. 8개 균형발전촉진지구 중 사업진행이 가장 빠른 합정균형발전촉진지구(29만 8,000㎡)는 상암디지털미디어시티와 주변 월드컵 경기장 등과 연계하는 상업 업무 기능을 강화하여 마포구의 중심복합지구로 자리 잡게 된다. 1구역은 머지않아 관리처분인가를 받고 착공에 들어가며, 2~4구역은 기본계획만 설정된 상태, 5~9구역은 계획관리구역이다.

1구역에서 사업진행이 가장 빠른 GS건설의 39층짜리 초고층 주상복합 아파트 서교자이웨스트빌라 538가구는 2008년 7월 분양을 시작했다. 상업·업무시설이 함께 들어서고 서울 지하철 2~6호선 환승역인 합정역이 가깝고, 중층 이상부터는 한강 조망도 가능하다.

한편 홍대입구역 인근 청기와주유소 부근의 서교동 474-3과 480-25번지 일대가 단독주택재건축 예정지역으로 지정돼 있다는 점에 주목할 필요가 있다. 이 일대가 재건축되어 아파트단지가 들어서면 트리플 초역세권 단지로 이 지역의 랜드마크 아파트가 될 것이다.

：• 디지털미디어시티역 – 부도심으로 비약적으로 발전할 상암·수색의 관문

현재 디지털미디어시티역은 없다. 공항철도와 함께 공사중이기 때문이다. 경의선이 정차하는 성산역도 신설 공사중이라 현재는 없다. 지금은 지하에 6호선인 수색역이 있을 뿐이다. 그러나 공항철도와 경의선이 개통되는 2011년이면 지상에 디지털미디어시티역과 성산역이 신설되고, 지하의 수색역과 하나로 통합돼 트리플 역세권이 된다. 명칭은 정해지지 않았지만 인근의 상암DMC를 상징하기 위해 디지털미디어시티역으로 명명될 가능성이 높다.

서울에서 서북생활권은 그동안 가장 발전이 미약했던 곳이었다. 그러나 난지도가 개발되고 월드컵경기장이 들어서면서 최근 몇 년 간 이 지역은 가장 발전한 곳이 되었다. 그 화려한 마무리는 상암DMC와 가재울뉴타운이 될 것이며, 트리플 역세권의 탄생은 영등포 못지않은 부도심으로서 상암·수색을 꽃피울 것이다. 상암동의 월드컵파크 단지는 이미 서북생활권을 대표하는 블루칩 아파트로 각광을 받고 있으며, 인근의 아파트 중에서도 한강과 공원 조망권이 확보된 아파트들은 꾸준한 가격 상승력을 갖게 될 것이다. 이와 함께 가재울 뉴타운의 재개발 예정주택 투자도 관심의 대상이다. 상암DMC의 배후주거단지로서 '직주(職住)근접'이 가능한 곳이며, 용산과 광화문 등 도심의 접근성이 양호하고 주변 환경과 학군도 좋아 미래가치가 우수한 지역으로 손꼽힌다.

:· 서울역－용산과 연계 발전, 동자동과 후암동 재개발 및 재건축 지역 돋보여

서울역은 그동안 교통의 요충지였음에도 푸대접 받은 지역이다. 주변 지역이 노후화되었음에도 재개발이 더디게 진전되어 슬럼화가 오래 진행됐기 때문이다. 하지만 용산이 최첨단 복합단지로 탈바꿈하고 용산 미군기지가 이전함에 따라 용산역과 연계한 개발계획에 따라 서울역 맞은편 동자동 역시 초고층 업무지구로 거듭나게 된다.

동자동 36-17일대 동자동4구역에는 주상복합과 오피스빌딩 총 4개동의 대형복합타운이 조성된다. 4개 건물의 용적률은 980~986%, 업무용 건물은 35층 이하 132.9m 높이로 건설된다. 주상복합아파트는 273가구로 구성되고 저층에는 상업시설이 들어선다. 동부건설은 2008년 10월 이 중 센트레빌 오피스텔을 먼저 분양할 계획이다. 동부건설은 동자동 4구역과 맞닿은 2구역(동자동 15-1번지 일대 1만 533㎡)에 호텔을 짓는 사업도 검토하고 있다. 동자동4구역과 2구역이 연계되면 일본 롯본기힐스와 같이 주거와 상업, 업무, 숙박시설이 결합한 대형 복합타운이 되는 셈이다.

이 업무단지는 서울역과 인천국제공항이 공항철도로 연결됨에 따라 외국인이 즐겨 찾는 비즈니스 센터로 발전 가능성이 높다. 인천국제공항을 통해 입국한 외국인들이 가장 편하게 머무를 수 있는 곳인데다 용산을 비롯해 강남과의 접근성도 양호하기 때문이다.

후암동 단독주택 재건축예정지역은 앞쪽에0 동자동 업무지구와 재개발지역, 뒤쪽으로 남산, 옆쪽으로 용산민족공원이 들어설 예정이어서 향후 고급주거단지가 될 것으로 기대를 모으는 곳이다. 후암시장과 구 수도여고 사이에 위치해 있는 후암동142-4번지 일대는 남산 경관에 따른 지구단위계획구역이어서 용적률과 층고제한을 받게 된다. 투자 대비 수익률은 높지 않으나 장기적으로는 서울에서 손꼽히는 저밀도 고급주택단지가 될 것이어서 실거주 목적이라면 구입을 고려할 만하다. 용산구청은 최근 후암동과 동자동 서측 전부(브라운스톤 제외)를 재개발 특별계획구역으로 변경하는

미래의 블루칩을 선점하는 부동산 투자 성공 방정식

주민공람을 시작했다. 확정되면 후암동길 30m도로 확충, 후암시장길 20m 도로 확충이 예정되며, 용적률 170~230%에 건폐율 60%, 5층 이하로 재개 발된다.

:· 왕십리역–저평가된 트리플 역세권, 분당선 시발역으로 쿼드러플 되면 상전벽해

강북 'U턴 프로젝트'의 핵심은 용산과 뚝섬이다. 이 두 곳은 향후 강남 못지않은 상권으로 비약적인 발전을 할 것이다. 이 두 상권의 영향을 받아 강북에서 용산과 뚝섬 다음으로 발전할 곳이 바로 공덕과 왕십리다. 두 지역 모두 쿼드러플 역세권으로 승격되고 주변에 주상복합아파트들이 대거 들어서는 복합상업단지가 될 것이기 때문이다. 그래서 나는 이 두 지역을 '좌왕십리, 우공덕'이라 부른다. 왕십리역은 2017년 이후 경전철인 동북 선이 개통되면 퀸튜플 역세권이 된다. 동북선은 제기동~미아삼거리~드림 랜드~월계역~하계역~은행사거리를 잇는 경량전철이다.

왕십리역의 주변 블루칩 아파트는 마장동 금호어울림이다. 이 아파트 의 2008년 8월 KB시세는 105㎡가 5억 5,000만 원으로 3.3㎡당 1,700여만 원이다. 이는 인근의 행당동에 비해 3.3㎡당 100만~200만 원 낮은 시세 다. 왕십리와 비교되는 공덕역 부근의 105㎡ 아파트 시세는 공덕동 래미안 4차가 3.3㎡당 2,350만 원, 도화동 삼성이 2,060만 원이다. 왕십리 일대의 아파트 시세는 분당선이 개통되고 뚝섬 개발이 가시화되는 시점이면 공덕동 수준으로 근접할 것으로 전망된다. 분당선을 타면 선릉까지 다섯 정거장이다. 공덕보다 강남 접근성이 더 뛰어나다. 왕십리뉴타운은 은평, 길음과 함께 선정된 시범뉴타운이나 도심형으로 개발돼 공동주택과 주상복합이 동시에 들어서게 된다. 성동구 상왕십리동 일대 33만 7,200㎡를 주민협의를 통해 3개 구역으로 나눠 정비사업이 추진되고 있다. 대림산업·삼성물산·GS건설·현대산업개발이 컨소시엄으로 진행하는 왕십리 뉴타운 1구역과 2구역의 2,800여 가구가 2008년 11월중에 공급될 예정이다.

1구역에는 83~179㎡ 1,702가구 중 570가구가, 2구역에는 79~191㎡ 1,136가구 중 500여 가구가 일반분양된다. 2구역의 경우 조망권이 가장 뛰어난 입지로 청계천 조망이 가능하다. 3구역에는 대우건설과 삼성물산이 컨소시엄으로 2009년 상반기 분양을 앞두고 있다. 79~231㎡로 중소형에서 대형까지 평형이 다양하며, 2101가구 중 800가구만 일반 분양한다.

왕십리 뉴타운은 직주근접형이며 녹지율이 최고 30%에 달해 자연 친화적인 고급주택단지로 변모한다. 또한 왕십리 민자역사 개발도 추진되고 있어 개발이 완료되면 쿼드러플 왕십리역은 대형상권 밀집지역으로 거듭나게 된다.

:· 고속터미널역 – 강남 최고상권 변모, 인근 반포2,3 단지 재건축 물량에 관심

고속터미널역 부근은 이미 강남 최고 상권 중의 하나다. 고속터미널을 비롯 백화점과 호텔, 지하상가 등에는 하루 수십만명이 북적거린다. 고속터미널 역세권은 상권이 발달한 지역 중 대형 배후주거단지가 가장 가까운 지역이란 점이 눈길을 끈다. 건너편의 한신 단지와 주변의 반포1,2,3단지 사람들은 쇼핑을 위해 굳이 멀리 갈 필요가 없다. 도보로 5분이면 강남의 최고 상권을 만날 수 있기 때문에 고속터미널 상권은 불황을 모르는 것으로 잘 알려져 있다. 고속터미널역은 현재는 더블 역세권이나 9호선이 개통되는 2009년 5월이면 트리플이 된다.

9호선의 등장은 그동안 강남 접근성이 열악했던 여의도와 당산, 김포 쪽 사람들에게 고속터미널역이 새로운 시장으로 열렸음을 의미한다. 고속터미널역 부근의 유망 아파트로는 재건축되는 반포자이와 반포래미안을 꼽을 수 있다. 또한 고속터미널 맞은편의 한신아파트를 비롯한 거의 모든 아파트가 재건축이 가능한 아파트여서 재건축 규제 완화 시점을 보며 구입을 고려할 만하다. 마침 2008년 하반기는 강남의 거의 모든 아파트 값이 약세를 면치 못하고 있는 시점이어서 실수요 목적이라면 값이 떨어지고 있을 때 구입을 신중히 검토할 필요가 있다.

반포자이는 반포주공3단지를 재건축한 아파트로 2008년 6월 일반분양 됐고 12월부터 입주를 시작한다. 84~301㎡ 3,410가구로 구성됐으며 강남권의 요지인 만큼 116㎡ 매매가가 10억 8,000만~13억 원, 전셋값은 3억 2,000만 원 안팎으로 시세가 형성되고 있다. 반포자이는 총 44개동 지하2층, 지상 23~29층 규모의 대규모 단지로서, 모든 세대가 개방감을 확보하기 위해 타워형 배치로 이루어져 있다. 최근 단지의 가치를 상승할 수 있는 요소로 자리매김하고 있는 주민 공동시설(자이안센터)은 약 9,000㎡로서 규모면에서는 단연 국내 최고이다. 자이안센터 내부에 들어서는 시설로는 골프연습장(스크린골프 포함), 수영장, 고급 휘트니스센터, 사우나, 어린이 노인을 위한 독서실, 실버룸 등이다.

현재 마무리 공사가 한창인 반포래미안(반포주공2단지 재건축)도 2009년 3월 입주가 예정돼 있다. 85~268㎡로 구성됐으며 총 2,444가구다. 반포자이를 마주보고 강남터미널 남서쪽에 위치하며 112㎡의 분양권이 11억~13억 원 수준이다. 1층에 호텔식 로비를 갖췄고 발코니 난간을 없앴으며 주상복합과 같이 강화유리를 이용해 미려한 외관으로 꾸몄다. 아파트의 층고도 2.8m로 일반아파트보다 10cm정도 높여 개방감을 높였다. 1층부터 최상층인 33층까지 스프링쿨러를 설치해 화재시 피해를 최소화했고 전 가구에 천정 매립형 에어컨을 설치한 것이 특징이다. 426가구가 일반분양되며 2008년 하반기에 분양될 예정이다.

 **족집게과외**

▶ 더블역세권은 가라, 앞으로는 역이 최소한 3개 이상은 돼야 명함을 내밀 것이다.

▶ 용산과 뚝섬만 강남 못지않은 곳이 되는 게 아니다. '좌왕십리, 우공덕'을 주목하라, 쿼드러플 역세권이다.

▶ 민자역사도 주목의 대상이다. 민자역사는 지역의 대형사업시설로 유동인구를 흡수할 것이다. 영등포, 수원, 서울, 용산역이 바로 민자역사다. 청량리, 왕십리, 창동, 노량진역이 민자역사로 거듭나게 된다.

경전철 개통으로
지역 판세가 바뀐다

경전철은 그동안 교통의 사각지대로 고생하던 지역 위주로 설치되기 때문에 경전철의 등장은 주변 지역의 지가를 상승시킬 호재로 작용할 것이다. 교통이 불편한 것만 제외하면 의외로 거주환경이 좋은 지역도 많아 소액 투자자들은 경전철 개통 주변 지역을 중심으로 내 집 마련 전략을 세울 필요가 있다. 2007년부터 이 지역의 집값이 계속 오르고는 있지만 아직도 저평가된 지역들이 많기 때문이다. 경전철 역 주변 상권도 많이 바뀔 것으로 보인다. 유동인구가 늘어나면서 새로운 상권을 형성할 경전철 역세권도 생길 것이다. 서울시는 경전철 1일 이용객 수가 60만 명에 달할 것으로 예상하고 있다.

2017년까지 서울 시내에 경전철 7개 노선이 차례로 생기고 용인·의정부·김포·수원·광명·고양시 등 수도권 곳곳에도 2014년까지 8개 노선의 경전철이 만들어질 예정이다. 경전철은 객차가 3~5량 정도로 지하철에 비해 길이가 짧고 10㎞ 내외의 단거리 구간을 운행한다. 기존 지하철과 곧바로 환승되기 때문에 대중 교통수단으로서의 능력이 뛰어나다.

서울에 생길 7개 경전철 노선의 길이는 총 63.9㎞다. 동북선(노원구 은행사거리~성북구 월계동~성동구 왕십리역 12.34㎞), 면목선(동대문구 청량리역~중랑구 면목동~신내동 9.05㎞), 서부선(은평구 새절역~서대문구 신촌~영등포구 여의도~동작구 장승배기 12.05㎞), 목동선(양천구 신월동~신정동~ 당산역 10.87㎞), 신림선(영등포구 여의도~관악구 서울대 8.22㎞) 등이 각각 개별 사업으로 진행된다. 이미 사업이 진행 중인 우이~신설 경전철은 우이~방학(3.53㎞) 구간이 덧붙여져 방학~우이~신설노선으로 연장된다. 상암동 DMC 안에도 단지 내를 순환하는 6.6㎞의 경전철이 들어선다.

서울시는 2007년 6월 7개 노선의 경전철 건설 계획을 발표하고 11월 국토해양부에 기본계획승인 신청을 마쳤다. 기본계획승인은 2008년 하반기에 이뤄질 계획이다. 서울시 경전철 사업은 민간사업자가 사업제안을 해야 추진할 수 있는 민자사업이다. 현재 7개 노선 모두 사업제안이 들어온 상태지만 기본계획승인이 나는 2008년 말에야 사업자 선정(우선협상대상자) 등 본격적인 사업 추진이 가능하다. 서울시는 7개 노선 모두 늦어도 2017년까지는 마무리한다는 방침이나 사업 진행이 원활한 지역은 이르면 2015년에도 개통될 수 있다.

2007년 서울시가 발표한 노선이나 역사 위치 등은 따라 다소 바뀔 가능성도 있다. 민간사업자의 사업제안과 사업자 선정이 끝나야 확정되기 때문이다. 따라서 서울시가 밝힌 노선이나 역사 위치를 그대로 믿고 투자하는 것은 바람직하지 않다. 경전철의 경우 노선이 길지 않아 큰 변화는 없을 것

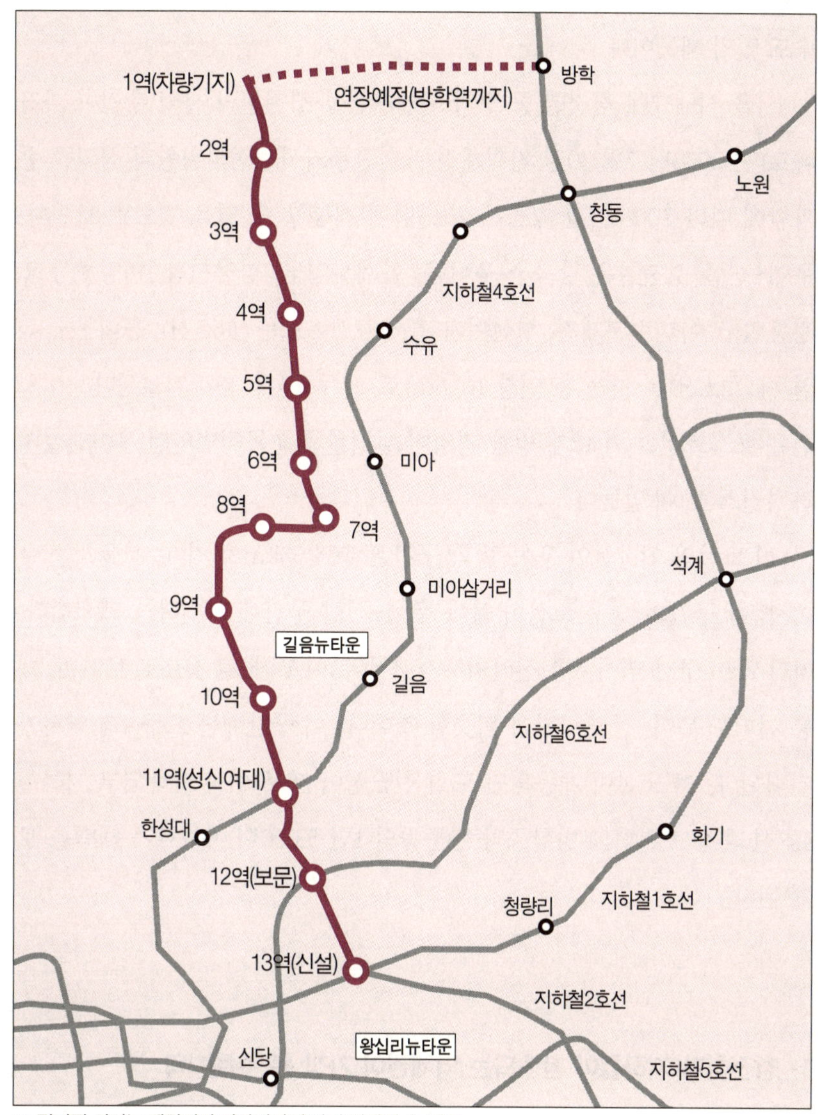

※ 정거장 위치는 예정이며 민간제안에 따라 변경될 수 있음

으로 예상되지만 역사 위치 등이 바뀐다면 투자 수익률은 예상보다 낮아질 수도 있기 때문이다.

서울 시내 7개 경전철 중 방학~우이~신설 경전철의 사업 추진이 가장 빠르다. 2008년 7월 30일 기획재정부 민간투자사업심의위원회 심의를 통과함에 따라 2008년 말 착공해 2013년에 개통할 수 있을 것으로 보인다. 우이~신설 경전철은 강북구 우이동, 화계사입구, 삼양시장, 미양초등교, 정릉입구, 아리랑고개길, 성신여대입구(4호선), 보문역(6호선), 동대문구 신설동(1, 2호선)을 잇는 총 연장 10.7km로, 모두 13개 역이 건설된다. 이 노선은 포스코건설 외 16개 민간 기업이 설립한 특수목적법인인 우이신설지하경전철(주)이 맡는다.

이 노선의 연장선인 우이~방학 구간은 총 3.53km 거리다. 서울시는 우이~방학 구간의 경우 노선이 짧아 우이~신설 구간에 붙인다는 계획이다. 따라서 이 구간 역시 우이신설지하경전철(주)이 맡게 될 것으로 보이며, 개통 시기도 우이~신설 구간과 비슷할 것이다. 이 구간에는 모두 4개 역사가 건립된다. 이 노선이 개통되면 도심 접근성이 30분 이상 단축되고 지하철 4호선 혼잡도 완화돼 방학동과 쌍문동의 1만 5,000여 아파트가 혜택을 보게 된다.

:· 경전철과 지하철이 환승되는 역세권이 가장 큰 수혜지역

동북선은 지하철 분당선 연장선 시발역이 되는 왕십리역에서 제기동~

미아삼거리~드림랜드~월계역~하계역~은행사거리까지 운행되며 14개 역사가 들어선다. 노원구~성북구~성동구를 횡단하는 동북선이 개통되면 강북구 번동, 노원구 월계동 등 지하철이 닿지 않던 곳이 최대 수혜지역이 된다. 번동 일대 아파트들은 동북선 경전철과 드림랜드 공원화 계획 호재로 최근 1년 간 50% 가까이 급등했다. 동북선이 개통되면 주공1단지가 초역세권이 된다.

역사가 12곳이 건립될 예정인 면목선은 청량리역에서 1호선과 환승되고, 면목역에서 7호선으로 갈아탈 수 있다. 신내역에서는 6호선과 연결된다. 면목선 개통하면 동대문구 전농동과 중랑구 면목동, 상봉동, 신내동, 망우동 일대 교통 환경이 좋아진다. 전농동 전농SK, 상봉동 태영데시앙·건영1차, 신내동 중앙하이츠·경남아너스빌 아파트 등이 역세권 단지가 된다.

은평구와 신촌, 여의도를 잇는 서부선은 12개 역이 생긴다. 서울시 내 대표적인 대중교통 소외지역으로 꼽혀온 은평구와 서대문구에게는 단비와 같은 존재가 될 것이다. 신사동을 비롯, 응암동 일대와 서대문구 연희동 지역은 지하철 이용이 불편한 게 약점으로 작용, 그동안 집값 약세를 면치 못했던 곳이다. 목동선은 신월동 공수부대4거리가 종점이고 신월4거리, 정수장 앞 곰달래길 입구, 국과수 4거리, 328종점을 지나 신정동 트럭터미널, 신트리 사거리를 거쳐 목동 단지 내로 연결된다. 지하철 5호선 오목교역과 2호선 당산역을 환승역으로 이용할 수 있다. 목동선이 개통되면 양천구 내 소외지역으로 꼽혔던 신월동의 주거환경이 크게 개선될 것이다. 목동과 신정동에 있는 목동 신시가지 단지도 수혜 대상이다. 목동 단지 인근에만 5개 역이 생기기 때문이다. 목동 단지는 지하철 5호선 목동역과 가까운 7단지와 8단지가 다른 지역에 비해 지하철 프리미엄으로 인해 아파트값이 더 비싸다. 지하철 이용이 상대적으로 불편했던 9~11단지의 혜택이 가장 클 것이다.

신림선은 9호선 여의도역과 대방역, 보라매역, 신림역 등 환승역만 4개를 지나가게 된다. 신림선의 가장 큰 수혜지역은 신림동으로, 신림동 일대는 길이 좁고 구불구불해 2호선 신림역으로 나오기 위해 마을버스를 타는 일이 적잖게 불편한 지역이다. 출퇴근 시간에 마을버스를 이용해 신림역까지 나가는 데 15분 이상이 걸리는 점을 감안하면 경전철의 개통으로 교통불편이 상당히 해소될 전망이다. 동작구 대방동과 영등포구 신길 6,7동도 경전철을 가까이 이용할 수 있고 편해진다. 상암지구 인근에는 수색역과 월드컵경기장역이 있지만 걸어서 이용하기에는 부담스런 거리였다. 따라서 상암단지 순환선이 개통되면 상암지구의 가장 큰 단점인 교통여건이 크게 보완되기 때문에 집값에 꽤 큰 영향을 미칠 것이다.

:· 수도권 경전철은 2009년 용인선 개통을 필두로 매년 하나씩 생겨

수도권에선 용인 경전철이 가장 먼저 생긴다. 구갈1,2지구~구갈3지구~동백지구~행정타운~명지대~공설운동장~보평~전대(에버랜드)까지 이어진다. 총 길이는 18.4km이고 15개 역이 생긴다. 2009년 개통 예정이다. 용인 경전철 개통의 수혜지역은 앞서도 밝혔듯이 구갈지구와 동백지구다. 구갈지구에는 구갈역과 강남대역이 들어서며 동백지구에는 어정역, 동백역, 초당역 등 3개 역이 들어서 교통환경이 대폭 개선된다. 특히 구갈, 동백지구는 모두 분당선 연장구간이어서 분당선 구갈역을 이용하면 강남역까지 40~50분 내에 도착이 가능하다.

의정부 경전철도 2011년 개통된다. 장암지구~회룡역(환승)~시청~터미널~금오지구~용현지방산업단지~송산지구~고산동 차량기지를 잇는 11.1km 길이며 역수는 15개다.

김포 신도시에서 서울 김포공항까지 이어지는 23.0km의 김포경전철은 김포 신도시 입주 예정시기에 맞춰 2012년 말 개통될 예정이다. 6년간 표류하던 광명경전철 사업도 본격화된다. 광명시와 고려개발이 건설 계약을 체결함에 따라 2008년 1월 착공해 2012년 완공한다. 전철 1호선 관악역~KTX 광명역~지하철 7호선 철산역까지 이어지는 10.3㎞구간이다. 수원시는 수원 경전철을 2009년 착공, 2013년 완공이 목표다. 세류역~버스터미널~시청~월드컵경기장~종합운동장~정자·천천지구~성대역을 경유하는 18.7㎞에 22개 역이 들어설 예정이다. 국철 1호선 화서역과 분당선 광교·수원시청 앞 역과도 연계된다.

경기도 성남 판교신도시와 여주군 여주읍을 연결하는 성남~여주 복선전철 사업도 예산 문제가 해결됨에 따라 사업 추진에 탄력이 붙고 있다. 한국철도시설공단이 2007년 11월 말 사실상 착공에 들어갔으며, 2008년 하반기에 토지보상을 거쳐 2010년 완공될 예정이다.

성남~여주 복선전철은 총 연장이 53.8km에 달한다. 신설되는 전철역은 상동·광주·대쌍·곤지암·신둔·이천·부발·능서·여주 등 9곳

명칭		구간	거리
서울 시내	동북선	노원구 은행사거리~성북구 월계동~성동구 왕십리역	12.34km
	면목선	동대문구 청량리역~중랑구 면목동~신내동	9.05km
	서부선	은평구 새절역~서대문구 신촌~영등포구 여의도~동작구 장승배기	12.05km
	목동선	양천구 신월동~신정동~ 당산역	10.87km
	신림선	영등포구 여의도~관악구 서울대	8.22km
	방학-우이-신설	방학~우이동~화계사입구~삼양시장~미양초등교~정릉입구~아리랑고개길~성신여대입구~보문역~신설동	14.23km
	상암동 DMC	단지 내 순환	6.6km
수도권	용인선	구갈1,2지구~구갈3지구~동백지구~행정타운~명지대~공설운동장~보평~전대(에버랜드)	18.4km
	의정부선	장암지구~회룡역(환승)~시청~터미널~금오지구~용현지방산업단지~송산지구~고산동 차량기지	11.1km
	김포선	김포 신도시~서울 김포공항	23.0km
	광명선	관악역~KTX 광명역~철산역	10.3km
	수원선	세류역~버스터미널~시청~월드컵경기장~종합운동장~정자 · 천천지구~성대역	18.7km
	성남선	성남~판교신도시~미금역~광주~곤지암~이천~여주	53.8km
	파주선	파주출판단지~교하신도시~운정역	미정
	고양선	식사지구~풍동지구~킨텍스	미정

이다. 개통되면 여주에서 판교까지 30분, 서울 강남까지 50분이면 출퇴근이 가능해 여주와 이천 일대 토지 값과 아파트 값이 큰 폭으로 올랐다. 하지만 이천과 여주 등지의 아파트는 서울에 비해 많이 싸기 때문에 소액으로 내 집을 마련하려는 사람들은 관심을 가질 만하다.

입지여건상 분당신도시에 가까운 광주시는 꾸준히 부동산 투자자들의 관심을 끌었던 곳이다. 그런데 복선전철 호재로 이 지역에 투자자들의 발걸음이 빨라지고 있다. 전철이 뚫리면 광주에서 판교까지는 10분대, 서울까지는 20~30분대에 오갈 수 있게 된다. 전철역 예정지에 분양되는 물량이 주목의 대상이다. 이 밖에 파주와 고양시도 경전철 건설을 추진 중이다. 파주시는 파주출판단지~교하신도시~운정역을 잇는 노선이 유력하다. 고양시는 식사지구~풍동지구~킨텍스 노선을 채택할 것으로 보인다.

 **족집게**과외

▶ 경전철이 지나가는 지역의 대부분은 그동안 교통이 매우 불편했던 지역이다. 이런 지역의 주택 값은 서울 시내 평균치에 한참 미치지 못하므로 관심을 가질 만하다.

▶ 경전철도 지하철과 환승되는 역세권을 여럿 탄생시킨다. 이 역세권도 주목의 대상이다.

▶ 수도권 경전철은 2009년 용인선을 필두로 매년 개통된다. 서울로의 출퇴근 시간이 단축되는 지역의 역세권 분양 물량에 눈독을 들인다.

서울 접근성이 좋아지면 지방 땅값은 당연히 상승한다

우리나라는 워낙 땅덩어리가 작기도 하지만 그마저도 산이 많은 탓에 개발이 가능한 땅은 그리 넓지 않다. 강원도는 전국 광역자치단체 가운데 면적은 가장 넓지만 개발 가능한 면적은 전국 평균에 미치지 못한다. 강원도의 도시지역 비율은 5.9%인 956.26㎢로 전국 도시지역 비율(15.4%)의 3분의 1 수준이다.

강원도에는 자연환경보전지역 등 개발이 거의 불가능한 지역이 많은데다 각종 규제가 중첩돼 토지 이용이 극도로 제한돼 있기 때문이다. 다른 광역자치단체들도 강원도보다 조금 사정이 낫다 뿐이지 개발 가능한 땅은 전체 면적에 비해 20%를 넘는 곳이 없다.

이렇게 개발 가능한 땅이 적기 때문에 우리나라에서는 토지에 투자하면 무조건 돈을 벌 수 있다. 시간이 지날수록 개발이 가능한 땅의 가치가 높아질 수밖에 없기 때문이다. 그런데도 토지 투자로 돈을 벌었다는 사람보다는 손해를 봤다는 사람이 더 많다. 참으로 이해할 수 없는 일이다.

아마도 거의 대부분의 사람들이 개발이 불가능한 땅을 샀기 때문에 손해를 본 것이 아닌가 싶다. 특히 '싼 게 비지떡'이라고 가격이 싼 땅을 덥석 산 사람 중에 이런 경우가 많다. 우리나라는 토지이용 규제가 매우 심한 나라여서 토지이용계획확인서를 발급받거나 관할관청에 문의해 토지이용 제한 상태 등을 반드시 확인해야 한다. 번거롭고 힘든 일이지만 토지이용 규제가 심하기 때문에 오히려 토지이용 규제가 없는 땅을 사면 땅 투자로 절대 실패하지 않는다.

또 하나, 괜찮은 땅을 샀다고 해도 너무 비싼 값에 사면 결국 손해를 보게 된다. 싼 땅을 잘게 쪼개 10배, 20배 이상 '뻥튀기' 해서 팔아먹는 악덕 기획부동산업체의 덫에 걸리거나 사기꾼들의 농간에 넘어가는 사람들이 의외로 많다.

토지는 아파트처럼 가격이 단기간에 오르는 물건이 아니어서 비싼 값에 사면 상당한 개발 호재가 있지 않는 한 제값에 팔기조차 힘들다. 좋은 토지를 고르려면 무엇보다 서울과의 접근성이나 주변 대도시와의 접근성을 최우선으로 고려해야 한다. 전원주택을 짓든 공장을 짓든 시골 토지의 가치 역시 왕래하기 편해야 높아지기 때문이다.

수도권의 접근성이 지하철에 크게 좌우된다면 시골 토지는 도로와 국철에 의해 좌지우지된다. 따라서 서울을 중심으로 새로운 도로 건설과 국철이나 경전철 개통 계획을 살펴보는 것 역시 돈줄을 잡는다는 의미에서 중요하다.

용산(1호선, KTX, 전철경의선, 신분당선 환승) - 이촌 - 서빙고 - 한남 - 옥수 - 응봉 - 왕십리 - 청량리 - 회기 - 중랑 - 신상봉 - 망우 - 양원 - 구리 - 도농 - 양정 - 덕소 - 도곡 - 팔당(현재 개통 운행중) - 능내 - 양수 - 신원 - 국수 - 아신 - 양평 - 원덕 - 용문 - 지평 - 석불 - 구둔 - 매곡 - 양동 - 판대 - 서원주 - 남원주

중앙선 덕소~원주 간 90.4km 단선을 복선전철화하는 공사가 한창이다. 이 공사가 완료되면 남원주에서 청량리까지 급행으로 1시간 10분, 용산까지 1시간 32분이면 주파한다. 원주에서 서울까지 출퇴근하는 데 별 무리가 없다. 원주 집값이 상승한 데는 이 호재가 밑받침이 됐다. 현재는 경기 침체와 공사 지연으로 상승세가 한풀 꺾여 있지만 공사 추진 속도에 따라 가격은 다시 상승할 것으로 분석된다.

현재 용산~청량리~덕소~팔당구간은 개통됐으며 팔당~양평은 2009년 말경, 양평~용문은 2010년 말 개통될 예정이다. 소액 투자자들은 양평과 용문 인근에 분양되는 물량에 관심을 기울여볼 만하다. 용문~남원주 간은 원래 2010년 말 개통예정이었으나 예산 확보 어려움으로 2012년이 돼야 개통될 것으로 보인다.

과거에는 고속국도와 같은 도로 개통이 지가에 가장 큰 영향을 미쳤으나 최근에는 고유가와 도로 체증으로 인해 철도 개통이 지가를 가장 많이 상승시키는 요인으로 작용하고 있다. 특히 수도권으로 통하는 광역특급철도나 복선전철의 개통은 출퇴근을 용이하게 해주기 때문에 수혜 지역의 소

형 아파트 가격을 상승시킨다는 점에 주목할 필요가 있다. 중앙선 복선전철은 완행과 함께 급행도 운행되기 때문에 원주와 횡성, 둔내까지 서울의 출퇴근 가능지역으로 편입시킬 것이다.

:· 경춘선 복선전철 노선도

　망우(중앙선 환승) - 신내 - 갈매 - 별내 - 퇴계원 - 사능 - 금곡 - 평내·호평 - 마석 - 대성리 - 청평 - 상천 - 가평 - 경강 - 백양리 - 강촌 - 김유정 - 남춘천 - 춘천

　망우~춘천 간 81.4km 단선을 복선전철화 하는 공사는 2010년 말 완전 개통될 계획이다. 총 2조 5,955억 원이 투입되는 경춘선 복선화 사업은 당초 2009년 개통을 목표로 1999년 12월 착공했으나 예산 부족 등으로 공사가 지연돼 왔다. 2008년 6월 말 기준 공정률은 53% 수준. 하지만 한승수 국무총리와 이명박 대통령의 조기 완공 지시에 따라 한국철도시설공단은 2008년 7월 16일, 경춘선 복선전철에 예산을 집중 투입해 2010년 말 조기 개통하기로 했다고 밝혔다.

　한국철도시설공단이 밝힌 계획에 따르면, 신내·갈매·퇴계원·사능·금곡 등 광역구간 5개 역사와 김유정·남춘천·춘천 등 일반구간 3개 역사는 2009년 착공하며, 이중 최근 신설이 확정된 신내역은 2010년 통과역으로 임시 개통한 뒤 2011년 완공할 계획이다. 망우~금곡 17.2㎞ 구간은 광역철도로, 금곡~춘천 64.2㎞ 구간은 일반철도로 건설한다. 평내 호

평, 가평, 경강, 백양리, 강촌, 남춘천 등 6개 역은 이설할 계획. 경춘선 복선전철이 개통되면 열차 운행수가 하루 편도 30회에서 101회로 늘어나며 2시간 이상 걸리던 서울~춘천이 1시간 30분 이내로 단축된다. 이 발표 직후 춘천의 소형아파트 가격이 급등세를 보이고 있고 매물 품귀 현상이 나타나고 있다.

경춘선 복선전철 역세권에 분양 예정인 물량에도 많은 관심이 쏠리고 있다. LIG건영은 2008년 하반기에 망우동과 평내동에 일반 분양한다. 중랑구 망우동에서는 108~161㎡ 380가구를 공급하며, 남양주시 평내동에서는 80~156㎡ 700가구를 공급한다. 평내역이 걸어서 10분 거리다. 특히 이 가운데 전용 60㎡ 이하가 146가구로 신혼부부용 대상 주택이다. 금호건설은 2008년 하반기에 구리시 교문동에서 115 · 204㎡ 299가구 중 17가구를 일반 분양하며, 남양주시 퇴계원면에서도 113 · 148㎡ 320가구를 하반기에 분양할 계획으로 있다.

이밖에 서울로의 접근성을 향상시킬 고속국도 신설계획에도 관심을 가져야 한다. 고속국도는 철도에 비해서는 가격 상승폭이 약하지만 IC 부근과 물류센터 유력 입지 등은 도로 개통으로 큰 수혜를 입을 수 있다. 또한 춘천과 같이 전철과 함께 고속국도도 개통되는 지역은 상승 효과가 배가된다.

총 연장 150km의 동서고속국도는 서울~춘천~양양을 잇는 노선이다. 강일IC - 미사IC - 와부IC - 남양주 톨게이트 - 화도JCT - 화도IC - 서종IC - 청평IC - 강촌IC - 남춘천IC - 동산 톨게이트 - 춘천JCT - 동홍천IC - 양양

JCT. 이 중 이르면 2009년 서울-춘천 구간이 개통돼 남양주·가평을 비롯 춘천 등 영서지역의 지가에 영향을 미치게 될 것이다. 민자사업으로 추진 중인 제2영동고속국도도 2008년 하반기 중 착공해 2013년 개통될 계획이다. 제2영동고속국도는 경기도 광주시 초월면 선동리에서 강원도 원주시 가현동을 연결하는 총 연장 57.4㎞ 4차선이다. 초월IC - 홍천IC - 대신IC - 동양평IC(양평군 양동면) - 서원주IC. 총 1조5418억원의 사업비가 소요되며, 기존 영동고속국도와 비교해 거리는 15㎞, 주행시간은 28분이 각각 단축될 전망이다.

족집게과외

▶ 수도권 주변의 땅 값은 서울 접근성이 가치를 판별하는 기준이다. 도로보다 복선전철 개통이 지가를 더 상승시킨다. 서울 출퇴근이 용이해지는 지역은 소형아파트의 가격 상승폭이 크다.

▶ 중앙선 복선 전철 개통은 원주, 횡성, 둔내 등지의 지가 및 펜션 등의 가치를 올려주는 데 일조할 것이다.

▶ 교통이 불편했던 춘천은 서울~춘천 간 고속국도와 경춘천 복선전철이 완공되는 2010년이면 교통 사각지대에서 완전히 탈피한다.

한강 조망권은
영원한 프리미엄

집을 살 때 한강에서 멀리 떨어지지 않은 곳만 고집하는 사람들이 있다. 한강 조망권 프리미엄 때문에 절대 집값이 떨어지지 않는다고 믿기 때문이다. 서울처럼 주거 환경이 좋지 않은 곳에서는 한강처럼 탁 트인 전망이 보장된 곳의 집값은 그렇지 않은 지역보다 높을 수밖에 없다. 이 때문에 한강 조망권이 보장된 아파트는 지역과 브랜드와 상관없이 영원한 블루칩일 수밖에 없다.

한강 조망권을 돈으로 환산하면 얼마나 될까. 2007년 분양된 암사동의 한 아파트 106㎡ 분양가는 한강이 보이지 않는 층은 5억 6,200만 원인 반면, 보이는 층은 7억 4,200만 원이었다. 같은 동이라도 한강 조망권의 프리미엄을 1억 8,000만 원으로 책정한 것이다. 가격이 비싸더라도 한강 조망권이 보장된 매물은 늘 선호의 대상이며 이 때문에 가격 상승력도 더 높다. 따라서 해를 거듭할수록 한강 조망권의 프리미엄은 분양 당시보다 더 상승하는 것이 일반적인 현상이다. 한강 조망권이 보장된 층이라도 높을수록 가격이 더 높게 책정된다. 또한 같은 한강 조망권이라도 강북보다는 강남의 프리미엄이 항상 더 높다.

최근 한강이 바라다 보이는 자양동의 한 아파트를 구입한 지인은 "구입 당시에는 몇 억씩이나 더 주고 사서 손해 보는 느낌이 아닌가 했으나 낮에는 탁 트인 전망에 가슴이 시원해지고 밤이면 환상적인 야경을 바라보며 아내와 커피 마시는 흥취에 구입하길 잘했다고 생각한다" 고 말했다.

용산구 이촌동의 GS한강자이는 같은 214㎡라도 한강이 보이는 곳과 보이지 않는 곳의 가격 차이는 무려 6억 4,500만 원이나 된다. 한강 조망이 가장 좋다고 알려진 109동 261㎡은 2008년 8월 KB시세로 36억 2,500만 원에 거래되고 있다. 재건축단지로 큰 인기를 끌고 있는 원효로의 산호아파트가 높은 시세를 자랑하는 이유도 바로 한강 조망권 때문이다. 마포구 하중동에 한강밤섬자이 등 최고급아파트가 신축되는 것도 한강과 밤섬이 한꺼번에 조망되기 때문이다. 하중동은 향후 이촌동보다 더 고급아파트 주거지역으로 발전할 것이 분명하다.

앞으로는 용산 민족공원 등 공원 조망권이나 골프장이 바라다 보이는 조망, 산 조망이 가능한 곳도 한강 못지않은 프리미엄이 보장될 것이다. 용산의 시티파크와 파크타워가 분양 당시부터 엄청난 프리미엄이 붙었던 것은 한강 외에 용산 민족공원의 조망이 가능하기 때문이었다. 2008년 상반기까지 번동의 아파트 값이 급등한 이유도 드림랜드 자리에 대형 친환경녹지공원이 조성된다고 발표됐기 때문이었다. 오류동 올림픽선수기자촌 아파트 단지는 인근의 올림픽공원 덕분에 그 인기가 식을 줄 모른다. 주택을 구입하려는 사람들은 앞으로도 남산녹지축을 비롯 녹지공원 조성이 계획돼 있기 때문에 녹지공원 조성 주변지역에 관심을 가져야 할 것이다.

은평구 불광동 북한산현대홈타운이 완공 전임에도 블루칩 아파트로 각광받는 것은 뒤로는 북한산이, 앞으로는 인왕산이 보이는 천혜의 입지 때문이다. 북한산 자락이 한눈에 펼쳐지는 110동의 110㎡는 2008년 8월 KB 시세로 5억 7,500만 원까지 상승해 있다. 중구 신당동 남산타운이 총 5,150가구의 대형단지이면서도 블루칩으로 인정받는 이유 중에는 남산 조망이 가능하기 때문이다. 또한 단지 내에 남산의 축소판이랄 수 있는 쌈지공원이 조성돼 있기도 하다.

한성CC가 한눈에 펼쳐지는 용인시 보정동 동아솔레시티의 경우 161㎡는 7억 원으로 주변 시세에 비해 1억 2,000만 원 이상 높게 거래된다. 태광골프장이 정원처럼 내려다보이는 용인 흥덕지구 역시 인기가 높은 아파트 단지다. 용인시 남동 소재 은화삼 골프장 내의 샤인빌은 골프장 내에 정식으로 허가받은 타운하우스 단지다. 18홀 골프 코스 페어웨이 옆에 마련된 샤인빌은 정원이 골프장인 셈이여서 조망은 물론 전원생활까지 즐길 수 있어 인기를 끌고 있다. 198㎡~356㎡ 96가구로 구성돼 있는데, 10억 원대의 높은 분양가임에도 물량이 나오자마자 소화되고 있다. 용인시 기흥읍 골드CC 내 아펠바움 역시 골프장 조망권이 가능한 타운하우스다.

2002년에 분양된 용평리조트 내의 32)버치 힐 별장형 콘도는 분양가에서 2배 이상 가격이 올랐으며, 2007년에 분양한 용평리조트 내 포레스트 레지던스 역시 2,000만 원 대의 높은 분양가임에도 성황리에 분양이 완료됐다. 타운하우스 형식의 리조트 내 별장형 콘도는 조망권은 물론이고 편

32) 버치 힐은 112㎡~247㎡ 450실로 구성된 타운하우스 형태의 단독형 별장으로 2002년에 3.3㎡ 당 평균 1,000만 원임에도 절찬리에 분양됐다. 2008년 8월 현재 3.3㎡ 당 2,000만 원대에 시세가 형성돼 있으나 매물이 귀해 구입하기가 쉽지 않다.

의시설과 체육시설까지 편리하게 이용할 수 있어 최근 인기를 끌고 있다.
동계올림픽이 유치되면 개폐회식이 열릴 알펜시아 리조트 단지 내에도
평당 2,000만 원 대의 단독형 별장이 부유층들에게 관심을 끌며 분양되고
있다.

족집게과외

▶ 한강 조망권은 영원한 프리미엄을 자랑한다. 아파트는 많지만 한강이 보이는 곳은 정해

져 희소가치가 높기 때문이다.

▶ 탄천이나 양재천, 중랑천도 프리미엄이 되며 골프장이나 공원, 산 조망권도 앞으로 큰

관심의 대상이 될 것이다.

▶ 앞으로는 리조트 단지 내의 조망권이 보장된 타운하우스나 별장형 콘도들이 더 큰 프리

미엄을 누릴 것이다.

| 이제는 똑똑한 집 한 채 시대, 블루칩을 확보하라 |

| 청약도 전략을 세워야 당첨확률이 높다 |

| 송파(위례)·광교·판교 신도시 분양 전략 |

| 4순위 청약의 경제학 |

| 최고의 재테크는 양도세 비과세, 비과세 시점에 갈아타라 |

내 집 마련 ABC 및 갈아타기 전략

한국에서는 내 집 마련을 하는 것이 최선의 재테크다. 간혹 비싼 전셋집에 살면서 돈을 모아 집을 산다는 사람들이 있다. 하지만 이는 매우 위험한 생각이다. 아직은 주택 값 상승이 돈을 모으는 것보다 더 빠르게 현실이다. 대출금을 많이 끼고 사는 것은 자제해야 할 일이나 비싼 전셋집에 사는 분들은 불편하고 작더라도 내 집부터 마련하거나 청약통장을 활용해 아파트를 서둘러 분양받는 것이 현명하다.

이제는 **똑똑한 집 한 채** 시대,
블루칩을 **확보**하라

당산동 삼성래미안4차 아파트 109㎡의 2008년 8월 KB시세는 7억 3,500만 원으로 3.3㎡ 당 2,230여만 원이다. 서초동의 방배래미안1차 105㎡의 값이 7억 5,000만 원이므로 강남의 웬만한 아파트와 맞먹는 수준이다. 당산동의 인근 아파트 시세가 3.3㎡ 당 1,200여만 원에서 1,700만 원에 형성돼 있는 것과 비교할 때 차이가 많이 나는 금액이다.

당산동이 강남과 견줄 대상이 되지 못함에도 삼성래미안4차의 집값이 강남 수준에 근접한 것은 순전히 이 아파트의 존재 가치 때문이다. 삼성래미안4차(1,391가구)는 입주(2004년 1월)와 동시에 지역 주택시장에서 지존의 자리에 올랐고, 시장 침체에도 불구하고 수요가 꾸준해 어지간해서는 가격이 떨어지는 법이 없다.

강남맨션을 재건축한 삼성래미안4차는 전 동이 피로티 구조이며 지상에 장애인 주차장 몇 곳을 제외하고 전체가 지하주차장에 주차하도록 돼 있다. 사람과 차의 진입로를 달리했고, 조경이 우수해 대단위 단지임에도 잘 정돈돼 있다는 느낌을 받는다. 단지 내에 울창한 나무들이 자리한 공원을 비롯 분수대와 정자시설 등 주민휴식시설이 곳곳에 설치돼 있고, 게이트볼장, 테니스장, 농구장, 경로당 등 주민편의시설도 다양하다. 블루칩 아파트의 요건인 교육, 교통, 편의시설도 잘 갖추어져 있다. 특히 9호선이 개통되면 당산역이 환승역이 돼 교통여건은 더 좋아지게 된다.

아파트에도 주식처럼 블루칩이 있다. 뛰어난 입지와 교육환경, 수준 높은 주민커뮤니티, 최첨단 주거시설 등을 두루 갖춘 게 공통적인 특징이다. 또한 거의 모두 500세대 이상 대단지이며 평지의 '잘 생긴 땅' 에 지어져 있다. 그래서 집값이 오를 때 가장 먼저 오르고 상승폭도 제일 크다. 집값 하락기에도 가격이 쉽게 떨어지지 않는다. 그래서 평소 매물도 귀한 편이고 공급에 비해 수요가 높아 지역의 '대표브랜드' 로서의 위상을 정립하고 있다.

과거에는 주택을 여러 채 보유하고 있는 것이 부동산 재테크의 유력한 방법으로 각광 받았지만 몇 년 전부터 똘똘한 집 한 채, 즉 블루칩 아파트 보유 여부가 재테크의 핵심으로 부상하고 있다. 차별화된 고급아파트 단지가 출현해 그 지역의 랜드마크로 인정받는 시대가 된 탓도 크지만 보유세 및 양도세 부담의 증가와 주택 경기 불투명으로 '사두기만 하면 오른다' 는 주택 불패신화가 퇴색되고 있기 때문이다.

예를 들어 당산동 삼성래미안4차 109㎡를 구입할 수 있는 7억 3,500만 원으로 3억 원 짜리 거주할 집을 마련하고 나머지 4억 3,500만 원으로 다른 아파트를 구입하거나 재개발 예정주택이나 토지 등에 분산투자하는 것이 과거의 대세였다. 하지만 블루칩 아파트를 한 채 보유하는 것이 투자 수익적인 측면에서 더 낫다는 분석이 우세를 보이고 있다. 무엇보다 좋은 거주환경으로 삶의 질이 높아진 데 따른 즐거움은 돈과 바꿀 수 없는 소중한 가치가 될 것이다.

:· 주변 집값까지 끌어올리면서 지역의 지존으로 군림

블루칩 아파트로는 강남구 삼성동 아이파크를 비롯해서 대치동 동부센트레빌, 도곡동 도곡렉슬과 타워팰리스, 광진구 자양동 더샵 스타시티, 구로구 신도림동 대림e-편한세상4차, 도봉구 창동 북한산 아이파크, 동작구 상도동 포스코더샵, 마포구 공덕동 삼성래미안3,4차, 상암동 월드컵파크단지, 용산구 시티파크1,2단지, 은평구 북한산 현대홈타운, 분당신도시 정자동 파크뷰, 용인시 동천래미안, 수지 삼성래미안6차, 성복 CJ성복나무엔 등이 꼽힌다. 이 아파트들은 최첨단 설계와 고급 내장재, 친환경주거환경과 다양한 편의시설로 전통적인 강호를 제치고 새롭게 블루칩 아파트로 급부상한 신흥 주거단지들이다.

그러나 용산구 이촌동의 한강맨션과 압구정동 현대와 한양아파트를 비롯 반포동 반포1단지, 송파구 잠실동 아시아선수촌아파트와 잠실 주공5단지·오륜동 올림픽선수촌아파트, 광진구 광장동 워커힐, 노원구 중계동 대림·벽산아파트, 동작구 흑석동 명수대현대, 영등포구 여의도동의 공작, 광장, 미성, 삼부, 시범, 서울아파트 등은 오래된 아파트임에도 여전히 블루칩 단지로서 명성을 잃지 않고 있다. 이 아파트들이 향후 재건축된다면 블루칩 아파트로서의 위용은 더욱 빛을 발휘할 것이다.

2007년 3월 서울 광진구 자양동 스타시티(1,177가구)의 입주가 시작되기 전부터 부동산을 잘 아는 사람들은 지역 내 대표 단지가 바뀌는 신호탄으로 받아들였다. 스타시티는 주변 집값까지 끌어올리면서 능동로 일대를 강북권 신흥 주거지로 발돋움하게 한 주역이 됐다. 이 아파트 매매가는 광진구 일대 아파트들보다 3.3㎡당 평균 70% 이상 비싸다. 지하철 5, 6호선의 환승역인 공덕역에서 걸어서 3분 걸리는 마포구 공덕동 삼성래미안3차도 2004년 8월 입주 이후 주변 집값 상승을 선도하면서 대표브랜드가 됐다. 이 단지 105㎡는 2008년 8월 KB시세로 7억 1,500만 원(3.3㎡ 당 2,234만 원)으로 공덕동 전체 아파트 평균 매매가(3.3㎡당 1,772만 원)와 비교가 되지 않는다. 2005년 11월 대로변 건너편에 입주한 삼성래미안4차 역시 같은 블루칩 아파트로 3차보다 약간 더 높은 시세를 형성하면서 1,2위를 다투고 있다.

블루칩 아파트의 흠이라면 비싸다는 점이다. 때문에 좋은 것을 알면서도 구입하기 어려운 사람들이 많다. 그렇다고 해서 요즘처럼 경기가 침체돼 있고 금리 인상이 지속되는 시기에 대출금을 많이 끼고 구입하는 것은 금물이다. 그런 분들은 일단 준 블루칩 아파트를 선택한 뒤 다음 기회를 노리면 된다. 준 블루칩 아파트 역시 일반 아파트에 비해 미래가치가 높기 때문이다.

족집게과외

▶ 같은 지역의 아파트라도 단지 시설과 규모, 지명도 등에 따라 가격이 큰 폭으로 차이가 난다.

▶ 비싸더라도 가급적 지역의 랜드마크가 돼 있는 블루칩 아파트를 구입한다.

▶ 블루칩 아파트는 불황일 때는 다른 아파트에 비해 가격이 덜 떨어지고 호황일 때는 훨씬 많이 오른다.

수도권 지역별 블루칩 아파트 현황

지 역	블루칩 아파트
강동구	암사동 프라이어팰리스 강동현대홈타운, 고덕동 고덕주공2단지, 길동 GS강동자이, 둔촌동 둔촌주공
강남구	삼성동 아이파크, 대치동 동부센트레빌, 대치동 은마, 도곡동 도곡렉슬, 압구정동 구현대, 압구정동 한양, 청담동 동양파라곤, 일원동 대우, 일원동 현대, 역삼동 아이파크, 논현동 동양파라곤, 개포동 주공1단지
강북구	미아동 미아동부센트레빌
강서구	내발산2동 우장산현대홈타운, 화곡동 화곡2주구, 화곡동 우장산롯데캐슬, 화곡동 푸르지오, 가양동 강나루현대1차, 등촌동 아이파크, 방화동 동부센트레빌2차, 염창동 한화꿈에그린
관악구	봉천동 관악동부센트레빌, 봉천동 관악푸르지오, 신림동 신림푸르지오
광진구	광장동 워커힐, 광장동 11차현대홈타운, 광장동 12차현대홈타운, 자양동 더샵 스타시티, 자양동 10차현대홈타운, 자양동 이튼타워리버Ⅱ, 구의동 현대프라임, 노유동 광진트라펠리스
구로구	구로동 신도림태영타운, 신도림동 대림e-편한세상4차, 오류동 금강수목원, 항동 그린빌라
노원구	공릉동 태릉현대홈타운스위트1단지, 중계동 건영3차, 중계동 대림 · 벽산
동대문구	장안동 현대힐스테이트, 청량리동 미주
동작구	대방동 대림, 사당동 롯데캐슬(1차), 상도동 포스코더샵, 흑석동 명수대현대
마포구	공덕동 삼성래미안3,4차, 도화동 삼성, 상암동 도시개발공사, 상암동 월드컵파크, 염리동 LG마포자이, 용강동 삼성래미안, 창전동 쌍용스윗닷홈2차, 하중동 한강밤섬자이, 현석동 강변현대홈타운,

서대문구	연희동 성원쌍떼빌팰리스(2차), 현저동 독립문극동, 홍제동 홍제원현대(3지구)
서초구	반포동 반포1단지, 방배동 방배3차e-편한세상, 서초동 아크로비스타, 잠원동 신반포(한신2차)
성동구	금호동 금호삼성래미안, 마장동 금호어울림, 성수동 서울숲힐스테이트, 성수동 강변건영, 옥수동 한남하이츠, 응봉동 대림강변타운, 하왕십리동 풍림아이원, 행당동 삼부
성북구	길음동 래미안길음3차, 하월곡동 월곡래미안
송파구	가락동 가락삼성래미안, 문정동 올림픽훼밀리타운, 방이동 올림픽선수기자촌, 송파동 한양2차, 신천동 롯데캐슬골드, 오금동 현대(2,3,4차), 오륜동 올림픽선수촌아파트, 잠실동 아시아선수촌아파트, 잠실동 주공5단지
양천구	목동 신시가지2,3,4,5,6,7단지, 하이페리온Ⅱ
영등포구	당산동4가 현대3차, 당산동5가 삼성래미안4차, 문래동 현대홈타운, 문래동 문래자이, 여의도동 공작, 광장, 미성, 삼부, 시범, 서울, 여의도자이, 영등포동 당산푸르지오
용산구	서빙고동 신동아, 용산동 파크타워, 용산동 시티파크, 원효로 산호, 이촌동 대림, 이촌동 한강맨션, 이촌동 LG한강자이, 청암동 청암자이, 한남동 하이페리온1차
은평구	불광동 북한산현대홈타운
종로구	무악동 인왕산아이파크
중구	신당동 푸르지오, 신당동 남산타운
중랑구	묵동 브라운스톤태릉, 상봉동 한일써너스빌
인천광역시	청라지구 A14 A18 A20 호반베르디움, 송도지구 자이하버뷰, 송도동 송도해모로, 송도동 아이파크송도
고양시	장항동 호수3단지유원, 장항동 호수4단지롯데, 대화동 현대아이파크, 일산동 후곡9단지 LG · 롯데, 주엽동 문촌(17단지신안)
과천시	부림동 주공7단지, 별양동 주공6단지
광명시	철산동 주공13단지
구리시	수택동 금호2차, 토평동 대림 · 영풍
성남시	수내동 파크타운롯데, 이매동 이매촌동부, 이매촌코오롱, 야탑동 아이파크, 서현동 삼성한신, 현대, 정자동 아이파크분당, 정자동동양정자파라곤, 정자동 미켈란쉐르빌, 정자동 파크뷰, 판교신도시A20-2 블록 대우프루지오 · 신구휴엔하임
수원시	광교신도시 A-21 블록 울트라참누리
안양시	비산동 삼성래미안, 평촌동 꿈마을, 호계동 목련
용인시	동천동 래미안, 보정동 죽현마을아이파크1차, 상현동 힐스테이트, 성복동 CJ성복 나무엔, 수지동 삼성래미안6차, 신봉동 신봉마을LG자이, 죽전동 성현마을반도보라빌
하남시	덕풍동 하남자이, 신장동 에코타운

청약도 전략을 세워야 당첨 확률이 높다

주변 시세보다 20% 이상 싼 분양가상한제 아파트 분양이 늘어나면서 청약에 대한 관심이 새삼 급증하고 있다. 당첨만 되면 '대박' 이랄 수 있는 송파(위례) 및 광교신도시 등 미래가치가 높은 아파트 분양이 기다리고 있는 점도 희소식이다. 내 집을 마련하려는 무주택자들이나 좀 더 큰 평수로 갈아타려는 1주택자들은 가급적 청약통장을 이용해 아파트를 분양받는 것이 기존 주택을 매입하는 것보다 유리하다.

그러나 아직도 청약에 대한 기초지식조차 없어 아까운 기회를 놓치는 사람들이 의외로 많다. 결혼을 계획 없이 하면 낭패 보듯 청약도 전략 없이는 성공할 수 없다. 아직 청약통장이 없는 사람들은 지금이라도 당장 만들어야 한다. 부동산 재테크의 시작은 청약통장에 가입하는 순간부터라 해도 과언이 아니다. 청약통장은 가입 기간이 길수록 유리하기 때문에 하루라도 빨리 가입하는 것이 좋다.

	서울 · 부산	기타광역시	특별시 · 광역시 제외
전용면적 85㎡ 이하	300	250	200
102㎡ 이하	600	400	300
102㎡ 초과 135㎡ 이하	1,000	700	400
135㎡ 초과	1,500	1,000	500

　무주택 세대주만 가입할 수 있는 청약저축은 가입 후 2년이 경과하고 매월 정해진 날에 저축한 납입인정금액이 전용면적 85㎡ 이하 지역별 청약예금 예치금액(표1 참조) 이상이면 국민주택(공공임대 포함)과 민간건설중형국민주택에 1순위로 청약할 수 있다.

　반면 청약부금과 청약예금은 유주택자나 세대주가 아닌 사람도 가입할 수 있다. 다만 유주택자는 가점제에서는 1순위 청약이 제한되며, 입주자모집공고일 현재 세대주가 아닌 사람은 투기과열지구에서 청약 시 1순위로 청약할 수 없다.

　청약부금은 가입 후 2년이 경과하고 매월 정해진 날에 저축한 납입인정금액이 전용면적 85㎡ 이하 지역별 청약예금 예치금액 이상이면 전용면적 85㎡ 이하 민영주택과 민간건설중형국민주택에 1순위 청약이 가능하다. 청약예금은 일시불 납부식이므로 가입 후 2년이 지나면 민영주택과 민간건설중형국민주택에 1순위로 청약할 수 있다.

:· 청약저축은 저축총액이 높아야, 청약예금과 부금은 가점이 높아야 유리

주공 등 공공물량에 청약자격이 주어지는 청약저축 가입자는 같은 1순 위라도 저축총액과 납입횟수가 많아야 유리하다. 최인기지역인 경우는 저축총액이 1,000만 원은 넘어야 명함을 내밀 수 있을 정도이다. 따라서 가입 기간이 짧은 청약저축 가입자들 중 부양가족 수가 많고 무주택 기간

〈표 2〉 가점제 항목과 점수

무주택 기간(전체 32점)		부양가족 수(전체 35점)		가입 기간(전체 17점)	
		0명	5	6월 미만	1
1년 미만	2	1	10	6월~1년	2
1년~2년	4	2	15	1년~2년	3
2년~3년	6	3	20	2년~3년	4
3년~4년	8	4	25	3년~4년	5
4년~5년	10	5	30	4년~5년	6
5년~6년	12	6명 이상	35	5년~6년	7
6년~7년	14			6년~7년	8
7년~8년	16			7년~8년	9
8년~9년	18			8년~9년	10
9년~10년	20			9년~10년	11
10년~11년	22			10년~11년	12
11년~12년	24			11년~12년	13
12년~13년	26			12년~13년	14
13년~14년	28			13년~14년	15
14년~15년	30			14년~15년	16
15년 이상	32			15년 이상	17

본인의 해당 무주택기간+부양가족 수+가입기간=청약점수

이 긴 사람들은 청약예금으로 [33]전환해서 가점제(표2 참조)를 택하는 것이
유리하다.

　청약예금과 부금 가입자들은 사전에 자신의 가점(무주택 기간, 부양가족
수, 통장 가입 기간)이 얼마나 되는지를 살펴봐야 한다. 인기지역은 65점 이
상이 돼야 당첨 확률이 있으며, 45점 이상이면 파주나 김포 신도시, 서울의
비강남권 등지에서 승산이 있다. 가점이 낮은 가입자는 추첨제에서 운에
기대야 한다. 전용면적 85㎡ 이하의 추첨제 물량은 25%이지만, 85㎡ 이상
은 추첨제 물량이 50%나 되므로, 가점이 낮은 사람들은 전용면적 85㎡ 초
과 물량에 청약할 수 있도록 [34]평형변경하는 것도 한 방법이다.

:· 1순위라도 제한에 걸려 있지 않은지 확인

　가입 후 일정기간이 경과하고 일정 액수가 되면 누구나 1순위가 되지만
모두 다 1순위로 청약할 수 있는 것은 아니다. 청약하려는 아파트가 투기
과열지구(서울은 전역, 경기도와 인천은 극히 일부 지역만 제외하고 전역)에 속해
있으면, 입주자모집공고일 현재 세대주가 아닌 사람(2002년 9월 4일까지 가
입한 경우는 세대주가 아니더라도 1순위), 분양받으려는 아파트의 최초입주자
모집공고일로부터 과거 5년 간 다른 주택의 당첨자나 당첨자가 있는 세대
에 속한 세대원, 2주택 이상을 소유한 세대에 속한 사람들은 1순위가 제한
되므로 2순위로 청약해야 한다. 분양가상한제 적용 아파트를 분양받은 사
람들은 [35]재당첨제한 기간 중에는 청약조차 할 수 없다.

33) 납입인정금액이 지역별 청
약예금 예치금액 이상인 계좌로
서 납입한 금액 범위 내에서 희
망하는 주택 규모의 청약예금으
로 전환이 가능하다. 청약하고자
하는 아파트의 최초입주자모집
공고 전일까지 전환하면 된다.
청약예금으로 전환하면 청약저
축으로 환원할 수 없다는 점에
유의해야 한다.

34) 청약예금은 가입 후 2년(청
약저축을 청약예금으로 전환한
경우는 전환일로부터 2년), 청약
부금은 가입 후 2년이 경과하고
납입인정금액이 지역별 전용면
적 85㎡ 이하 청약예금 예치금
액 이상이어야 평형변경이 가능
하다. 큰 평형으로 변경하려면
예치금액을 증액해야 하며, 청약
신청일 기준으로 1년이 지나야
변경된 평형으로 청약할 수 있
다. 작은 평형으로 변경 시에는
청약제한 기간 없이 변경 후 평
형 청약이 가능하나, 단 청약하
고자 하는 아파트의 최초입주자
모집공고 전일까지 변경하여야
한다. 평형 변경 후 2년이 경과
할 때마다 횟수에 제한 없이 변
경이 가능하다.

35) 분양가상한제 적용주택에
당첨된 세대에 속하는 자는 당첨
일로부터 일정 기간 재당첨제한
에 걸려 사실상 청약할 수 없다.
전용면적 85㎡ 이하는 수도권은
10년·기타지역은 5년, 전용면
적 85㎡ 초과는 수도권은 5년·
기타 지역은 3년이다.

▶당첨자 선정 방식은?

전용면적 85㎡ 이하는 1순위→지역우선→가점제(75%)→ 추첨제(25%)→2순위 순이다. 가점제에서 낙첨됐을 때는 자동으로 추첨제 대상이 된다. 가점제 대상자가 75%에 미달될 때 나머지는 추첨제로 선정된다. 전용면적 85㎡ 초과는 1순위→지역우선→채권매입예정액→가점제(50%)→추첨제(50%)→2순위 순이다.

전용면적 85㎡ 이상 중대형 평형의 경우, 1차적으로는 채권을 높게 써낸 사람을 당첨자로 한다. 기입한 채권액이 동일할 때는 청약가점으로 당첨자를 가린다. 시세차익이 기대되는 인기지역 아파트는 대부분 채권상한액을 써낼 것으로 예상돼 청약가점이 높은 사람들이 유리하다. 청약가점 경쟁에서 밀린 사람들은 50%의 추첨물량을 놓고 다시 경쟁을 벌일 수 있다.

▶무주택기간 산정 방법은?

입주자모집공고일 현재 세대주 및 세대원 전원이 주택이 없어야 무주택자가 된다. 60세 이상의 직계존속이 주택을 소유하고 있어도 무주택자로 인정된다. 무주택기간은 세대주(가입자) 연령이 만30세(30세 이전에 혼인한 경우, 혼인 신고한 날)가 되는 시점부터 계산해서 입주자모집공고일까지다. 이 기간 세대주(가입자)와 배우자가 주택을 보유했다면 그 기간은 제외한다.

▶집을 갖고 있어도 무주택자로 인정받을 수 있는 경우는?

전용 면적 60㎡ 이하로 공시가격이 5,000만 원을 넘지 않는 주택을 10년 이상 보유했다면 무주택자로 인정받을 수 있다. 만일 보유했다가 처분했다면 보유 기간과 처분하고 지난 기간을 합쳐 10년이 넘으면 된다. 이 경우 2007년 8월 24일 전에 처분했다면 2007년 4월 30일 공시된 주택공시가격을 기준하고 하고, 2007년 8월 24일 이후 처분했다면 분양받으려는 아파트의 입주자모집공고일에 가장 가까운 날에 공시된 주택공시가격을 기준으로 한다.

▶부양가족 인정범위는?

부양가족은 동일한 주민등록등본에 등재된 직계 존·비속(배우자 직계존속 포함)이다. 직계존속(가입자의 부모·조부모 및 배우자 부모·조부모)은 가입자가 세대주로서 3년 이상 같은 주민등록표상에 등재돼 있어야 한다. 직계비속(자녀·손자녀)은 입주자모집공고일 현재 동일한 주민등록등본에 등재된 미혼자녀에 한정해 부양가족으로 인정된다. 미성년 여부는 관계가 없다.

▶배우자와 자녀가 반드시 청약자와 동일한 주민등록등본에 등재돼야 하나?

배우자는 청약자와 세대가 분리돼 있어도 부양가족으로 인정된다. 그러나 자녀는 청약자나 배우자 중 둘 중의 한 사람과 동일한 주민등록등본에 등재돼 있어야 인정된다. 만일 자녀들이 입주자모집공고일 현재 청약자나 배우자 모두와 분리돼 있으면 부양 가족 수에 포함되지 않는다.

▶2002년 9월 5일 이후 청약예금 또는 청약부금 가입자가 세대주가 아닐 때 투기과열 지구 내 1순위 가점제로 신청 가능한가?

입주자 모집공고일 현재 주민등록등본상 세대주가 아니면 1순위 신청을 할 수 없다.

▶유주택자의 1순위 인정 범위는?

가점제에서는 무주택자만 1순위가 된다. 1주택을 보유한 경우에는 2순위로 청약해야 한다. 그러나 무주택 기간 점수가 0점이라 불리할 수밖에 없다. 2주택 이상 보유했다면 2순위 이하에서도 주택 보유량별로 5점씩 감점된다. 추첨제 공급대상 물량은 청약자가 1주택자라도 1순위 청약자격을 인정해 준다. 2주택 이상인 경우는 1순위 청약자격을 배제하고 2순위 이하부터 인정한다.

▶무주택 기간 7년인 세대주로 부친이 68세로 주택 3채를 소유한 경우는?

60세 이상 부모가 소유한 주택은 무주택으로 간주한다. 가점제 청약에서 본인은 무주택 7년 자격을 인정받는다. 다만 60세 이상 직계존속이 2주택 이상을 소유한 경우는 1주택 초과 주택 당 5점씩 감점되므로 총 10점이 감점된다.

문제는 1순위 청약 제한에 걸리는 사람이 그 사실을 모르고 1순위로 청약해도 당첨될 수 있다는 사실이다. 청약자격(1순위 청약제한, 무주택세대주 기간, 거주지역 등)은 은행에서 확인하지 않고, 당첨자에 한하여 주택공급 계약 체결 전 사업주체에서 확인하도록 돼 있기 때문이다. 확인과정에서 부적격자로 판명되면 계약체결이 불가함은 물론 청약통장을 재사용할 수 없게 돼 불이익이 이만저만 큰 게 아니다.

재개발이나 재건축 조합원으로서 관리처분계획인가(2003년 6월 27일부터 2006년 8월 17일까지 재건축사업인 경우에는 사업시행인가일) 당시 입주대상자로 선정된 사람을 비롯해 일정기간 경과 후 분양전환되는 임대주택을 공급받은 자, 국가기관 등이 공무원 · 군인 · 소속근로자에게 공급하는 주택, 주택상환사채를 매입한 자에게 공급하기 위해 건설한 주택, 주택조합이 조합원에게 공급하기 위해 건설하는 주택 등에 사업계획승인일 당시 입주대상자로 확정된 자도 당첨자에 해당한다. 따라서 청약 전에 금융결제원 홈페이지(www.kftc.or.kr)에서 자신의 가점과 당첨 유무를 확인하는 것이 현명하다.

:· 분양권 전매 제한과 일시적 2주택 비과세에 유의

청약에 당첨되면 잔금 완료 전까지는 주택을 취득한 게 아니기 때문에 분양권 상태이다. 공공택지에 분양되는 수도권의 전용면적 85㎡ 이하 분양가상한제적용주택은 10년 간(85㎡ 초과는 7년) 전매가 금지되므로 사전에

옹달샘 | 전매제한 바로 알기

공공택지

공공택지에서 분양되는 아파트는 모두 다 분양가상한제가 적용돼 있다. 파주신도시를 비롯 김포신도시, 용인구성지구, 용인흥덕지구, 인천청라지구 등이 대표적이다.

수도권 전용면적 85㎡ 이하는 10년, 초과는 7년이다. 수도권 이외 기타지역은 1년이다.

※ 2008년 8월 21일 이후 분양 승인을 신청하는 수도권 공공택지 아파트는 전매제한 기간이 완화됐다. 과밀억제권역의 전용 85㎡ 이하는 7년, 초과는 5년이다. 과밀억제권역이 아닌 수도권은 전용 85㎡ 이하는 5년, 초과는 3년이다.

전매 제한은 최초 계약체결 가능일로부터 기산한다. 예를 들어 당첨된 아파트의 계약이 1월 5일부터 시작했고, 본인은 1월 7일에 계약했더라도 1월 5일부터 전매 제한 기간이 시작되는 것이다.

민간택지

분양가상한제가 적용되는 민간택지 물량은 수도권 전용면적 85㎡ 이하는 7년, 초과는 5년이다. 분양이 완료된 은평뉴타운 1,2지구가 민간택지 물량, 지방의 민간택지 전매제한은 2008년 6월 철폐됐다. ※ 2008년 8월 21일 이후 분양 승인을 신청하는 수도권 민간택지 아파트는 과밀억제권역은 전용 85㎡ 이하는 5년, 초과는 3년으로 완화됐다. 과밀억제권역이 아닌 수도권은 투기과열지구이면 3년, 비투기과열지구이면 1년으로 축소됐다.

재개발 및 재건축 등 정비사업으로 건축되는 물량 중 조합원 물량은 전매제한이 없다. 일반 분양 물량만 전매 제한이 있다.

분양가상한제가 적용되지 않는 민간택지는 투기과열지구 여부에 따라 전매 제한 기간이 다르다. 투기과열지구에 속해 있는 수도권과 충청권은 소유권이전등기일까지, 기타지역은 1년 간 전매가 제한된다. 2008년 8월 현재 수도권을 제외하고는 투기과열지구로 지정된 곳이 없다. 따라서 지방의 민간택지 물량은 당첨 후 계약하면 곧바로 전매가 가능하다. 2008년 하반기 분양 예정인 수도권의 민간택지 물량 중에는 분양가상한제 회피 물량이 많다. 이런 물량에 당첨되면 소유권이전등기 경료 후 전매가 가능하다.

자금 운용 상태를 잘 점검해야 한다. 분양 아파트의 취득일은 잔금 선납이면 사용검사필증교부일이나 사실상 사용일이며, 잔금 후납이면 잔금청산일과 등기접수일 중 빠른 날이다.

집이 한 채 있는 상태에서 아파트를 분양받은 사람은 새 주택 취득일부터 1년 이내에 기존 주택을 양도하게 되면 비과세를 받을 수 있다. 단 기존 주택이 3년 보유(서울 과천 분당 일산 평촌 산본 중동은 2년 거주 포함)의 비과세 요건을 갖춰야 하며 양도가액이 6억 원을 초과해서는 안 된다(6억 원 초과 시는 초과분만 과세).

 **족집게**과외

▶ 분양가상한제 아파트 공급 물량이 점차 늘어날 것이므로 청약을 통해 분양받는 것이 가장 저렴하게 내 집 마련할 수 있는 방법이다.

▶ 청약도 머리를 잘 써야 좋은 지역의 아파트를 남보다 더 빨리 분양받을 수 있다. 탁월한 청약 전략은 평소 청약에 대해 잘 알아두는 데서 비롯된다.

▶ 전매제한과 재당첨 제한, 1순위 청약 제한 등을 숙지해두는 것도 애써 분양받고 낭패당하는 일을 예방하는 길임을 명심하자.

송파(위례)·광교·판교 신도시 분양 전략

수도권에 내 집 마련을 하려는 사람들의 최대 관심사는 광교신도시와 [36]송파(위례)신도시, 송도신도시 등이다. 이중에서 위례신도시는 '또 다른 강남'으로, 광교 신도시는 '친환경 명품 주거단지'로 상당한 시세 차익을 거둘 수 있어 초미의 관심사가 되고 있다. 광교 신도시는 2008년 하반기 첫 분양, 위례신도시는 2010년 첫 분양이 예정돼 있으나 2013년 경까지 매년 분양되므로 지금부터 청약전략을 세워도 입성이 가능하다.

위례신도시

특징

①서울 송파구 거여·장지동, 성남시 창곡동, 하남시 학암동 일대 677

[36] 송파신도시는 국토해양부가 2008년 7월 31일 개발계획을 확정·승인하면서 위례신도시로 명칭을 변경했다.

만여㎡ 규모의 위례신도시에 4만 6,000여 채가 공급된다. 단독주택 620채, 공동주택 4만 2,056채, 주상복합 3,324채이며, 공동주택 면적별로는 전용 60㎡ 이하가 1만 1,437채, 전용 60~85㎡ 이하가 1만 1,857채, 전용 85㎡ 초과 1만 8,762채다. 전체 공급물량 중 43%가 임대주택이다.

②공공 물량의 경우, 공정률 60% 이상이 돼야 분양이 가능한 후분양제 지역이다.

③공급 물량의 30%를 지역 거주자에게 우선 공급한다. 그러나 서울은 100% 지역 거주자 우선 물량으로 공급될 예정이어서 경기도민들의 반발을 사고 있다. 입주자모집공고일로부터 1년 이상 거주해야 지역 거주자 우선 물량에 청약할 수 있다.

사업 면적별로 배정할 경우 서울에는 1만 7,460가구, 성남에는 1만 8,868가구가, 하남에는 9,672가구가 각각 배정된다.

④행정구역과 학군이 하나로 통합되지 않고 송파와 성남, 하남 등 세 군데로 갈리면 같은 신도시 내에서도 선호도와 가격에서 큰 차이가 예상된다.

전략

①주택청약통장이 없는 세대주는 지금이라도 청약예금에 가입하되, 청약예금 중에서도 전용면적 85㎡ 초과에 청약할 수 있는 중대형 청약예금에 가입한다. 청약예금 가입 후 2년이 경과하면 1순위 청약자격이 주어진다. 전체 공급 물량의 48%가 중대형 평형이어서 서울 거주자의 경우, 청약예금 600만 원(경기도는 300만 원), 1,000만 원(경기도는 400만 원), 1,500만 원(경기도는 500만 원) 가입자들에게 유리하다.

②청약예금 중 전용면적 85㎡ 이하 가입자(서울의 경우 300만 원, 경기도
는 200만 원)와 청약부금 가입자는 전용 85㎡ 초과에 청약할 수 있는 청약예
금으로 평형변경을 해야 한다. 위례신도시에는 85㎡ 이하 물량은 전량이
공공물량이기 때문에 청약저축 가입자만 청약할 수 있다.

③청약예금 가입자는 청약가점이 높아야 유리하므로 자신의 가점을 체
크할 필요가 있다. 전용면적 85㎡ 초과는 채권입찰제이므로 채권액을 높
게 써 낸 사람이 당첨되지만, 동일한 채권액일 경우 가점으로 순위를 가린
다. 전용 85㎡ 이하 물량의 경우, 가점이 최소 60점은 넘어야 당첨 확률이
있을 것으로 전망된다.

④청약저축 가입자 중 장기가입자에게 위례신도시는 아파트를 분양 받
을 수 있는 호기가 될 전망이다. 전용면적 85㎡ 이하 물량이 전체의 52%나
되기 때문. 이중 전용면적 60㎡ 이하는 전량 임대아파트이고, 85㎡ 이하는
5,000가구가 임대아파트여서 자금조달이 어려운 서민들에게 희소식이 되
고 있다. 판교 주공의 경우 수도권 당첨자의 저축총액이 800만 원 대, 성남
도촌 주공이 1,500만 원 대였음을 감안한다면 위례신도시 당첨권 역시 만
만치 않을 것임을 예상하게 한다.

⑤청약저축 가입자 중 위례신도시 최초입주자모집공고일 현재 무주택
세대주 기간이 3년 미만이고, 납입횟수와 저축총액이 각각 36회, 500만 원
에 미달될 현 가입자들은 위례신도시에 당첨될 확률이 낮은 것이 사실이므
로 전략을 재조정할 필요가 있다. 자금에 여유가 있으면 청약예금으로 전
환해서 위례신도시의 중대형 평형을 노리는 것도 방법이며, 만일 자금에
여유가 없어 굳이 국민주택을 원한다면 위례신도시보다는 다른 신도시를

공략하는 것도 한 방법이다. 다행히도 2009년부터는 위례신도시 외에도 제2기 신도시의 분양물량이 쏟아질 것으로 예상돼 내 집 마련을 위한 기회는 많을 것으로 전망된다.

⑥지역 거주자 우선 물량이 많으므로 지금이라도 하남이나 성남, 서울시로 주민등록을 옮기는 것이 유리하다. 특히 서울 배정 물량 1만 7,460가구는 100% 모두 서울 지역 거주자에게 분양한다.

광교 신도시

특징

①수원시 매탄동, 이의동, 원천동, 하동, 우만동, 연무동 일원과 용인시 상현동, 영덕동 일원 1,128만여㎡ 면적에 아파트 2만 2,469가구, 단독주택 758가구, 연립주택 2,313가구, 주상복합 4,037가구, 업무복합주택 1,423가구 등 3만 1,000가구가 건설된다.

②북측으로 판교신도시, 우측으로 수도권 남부 부촌으로 꼽히는 용인 수지구와 접한다. 영동고속도로, 용인~서울간 고속화도로, 경부고속도로 등 각종 도로망 이용이 편리하고 강남과 용인~수원을 잇는 신분당선이 광교신도시를 관통할 예정이다. 최첨단 행정타운으로 개발되며 녹지율이 41%로 분당 29%, 판교 37%에 비해 한결 뛰어나다. 인구밀도 역시 1ha 당 53명으로 분당 198명, 판교 95명에 비해 쾌적해 수도권 이남에서 가장 살기 좋은 주거 단지가 될 전망이다.

③공동주택 2만 2,469가구 중 44%인 1만 3,500가구를 전용면적 85㎡ 초과 중대형 평형으로 배분했다.

④일반분양물량 2만 2,792가구 가운데 지역 거주자 우선 물량은 전체의 28.7%인 6,550가구로 수원시에 5,764가구, 용인시에 786가구가 우선 배정된다. 나머지 1만 5,286가구는 수도권 청약자에, 국민임대 956가구는 저소득 무주택 거주자에 각각 분양된다.

⑤연도별 분양 물량은 2008년 하반기 2,500가구, 2009년 5,700여 가구, 2010년 1만 9,000여 가구, 2011년에 2,900여 가구 등이 예정돼 있다.

전략

①수원 광교 신도시의 분양가는 분양가상한제 적용으로 인해 85㎡ 이하는 3.3㎡ 당 1,000만 원~1,200만 원, 85㎡ 초과는 3.3㎡ 당 1,300만 원~1,400만 원 사이에 책정될 것으로 예상된다.

②85㎡ 이하는 65점, 85㎡ 초과는 55점 이상이면 당첨 가능성이 높을 것으로 보인다. 청약저축 가입자는 무주택 세대주 5년 이상에 납입총액이 최소한 800만 원은 넘어야 1순위에 낄 수 있을 것으로 전망된다.

③광교 신도시 역시 위례신도시처럼 중대형 물량이 많으므로 가점이 낮은 청약예·부금 가입자는 평형변경을 신청해 85㎡ 초과 물량을 노리는 것이 유리할 수 있다.

④2008년 하반기에 분양 예정인 A-21블록의 울트라 참누리 113~149㎡ 1,188가구는 광교 신도시에서도 가장 좋은 입지에 위치해 있어 광교의 블루칩 아파트가 될 공산이 크다. A-21블록은 신대저수지 조망이 가능하고

영동고속도로와 인접해 있다. 용인지방공사가 2008년 연말께 A-28블록에서 분양하는 113㎡ 700가구는 청약저축 가입자들에게 좋은 기회가 될 것이다.

:• 판교로 가는 마지막 길, 판교 연립은 한국판 '비버리 힐즈'로 각광

앞으로 분양이 예정돼 있는 물량 중 최고의 관심사는 단연 판교 신도시의 중대형 물량이다. 강남을 대체할 만한 판교 신도시에 마지막으로 입성할 수 있는 기회이기 때문이다. 게다가 실질 분양가가 2년 전 수준과 비슷하게 책정될 것이라는 점도 관심을 끄는 이유다. 분양가의 기준이 되는 주변 아파트 값이 그동안 별로 오르지 않은데다 분양가상한제가 적용되기 때문이다.

현재로서는 3.3㎡ 당 1,600만 원에서 1,800만 원 사이에 실질 분양가(분양가+채권입찰액 본인부담금)가 책정될 것이라는 의견이 유력하다. 2007년 용인 동천 래미안의 분양가가 3.3㎡ 당 1,726만 원이었음에도 인기리에 분양됐다는 사실을 감안하면 판교 중대형 물량의 분양가는 분명 매력적이다.

현재 남아있는 판교의 분양 물량은 총 2,480여 가구. 이 중 주상복합 1,200여 가구는 2009년 이후 분양 예정이며, 중대형아파트와 블록형 타운하우스 1,280여 가구가 2008년 하반기에 분양된다. 중대형 아파트는 총 948가구로, 대우건설과 신구건설이 시공하며 A20-2 블록에 123㎡ 204가구, 128㎡ 358가구, 146㎡ 260가구, 172㎡ 122가구, 334㎡(101평형 · 펜트

하우스) 4가구가 들어선다. 동판교의 중심 지역으로 분당 - 내곡 도시고속
도로가 단지 옆을 지나가며, 판교역(신분당선, 2010년 개통 예정)이 단지 한가
운데 자리 잡아 벌써부터 판교의 블루칩으로 손꼽히고 있다.

서판교에 위치한 B5-1,2,3 블록과 B1-1블록에는 타운하우스형 연립주
택이 분양된다. 이중에서 대한주택공사가 분양하는 B5-1,2,3 블록
120~226㎡(36~68평형) 300가구가 부유층들의 최대 관심사. 주공이 판교의
'비버리 힐즈'를 표방하며 국제현상공모를 통해 설계를 진행 중이다. 녹
지가 풍부하고 용적률이 낮아 주거여건이 쾌적하기 때문에 향후 수도권의
대표적인 고급 주택가가 될 전망이다. B1-1블록에는 금강건설이 시공하는
139㎡ 32가구가 건축된다. 또한 2009년 하반기에 서판교 청계산 자락에
108가구의 타운하우스가 분양될 계획이다.

청약예금 가입자만 청약이 가능하다. 서울 거주자는 예금액이 600만
원 이상이어야 하며, 경기도 거주자는 300만 원 이상이어야 한다. 전체 물
량의 50%는 가점 순으로, 나머지 50%는 가점과 상관없이 추첨으로 당첨자
를 가린다. 1주택을 보유한 경우 가점제에서는 2순위가 돼 당첨 확률이 낮
지만, 추첨제에서는 1순위가 되므로 운만 좋으면 당첨될 수 있다. 당첨 가
능권 점수는 60점 내외로 예상하고 있다.

채권입찰제가 적용되기 때문에 채권액을 높게 쓴 순서대로 당첨되게
된다. 그러나 거의 모두 상한액을 써넣을 것이 확실하므로 채권 상한액을
써낸 사람들끼리 치열한 경합을 벌어야 한다. 청약 가점이 높은 사람에게
절반의 물량이 배정되고, 나머지 절반은 추첨 방식으로 입주자를 선정하게
된다.

주공의 연립주택은 분양가가 주변 시세와 같거나 다소 높게 책정될 것으로 예상돼 채권입찰제가 적용되지 않을 수도 있다. 분양가상한제가 적용되는 공공택지이므로 계약체결 가능일부터 5년 간 전매가 금지된다. 또한 당첨자는 향후 5년간 재당첨제한에 걸리게 된다.

족집게과외

▶ 위례신도시를 비롯 광교신도시, 송도신도시, 파주신도시, 동탄신도시 등은 내 집 마련의 호기다. 지금부터 준비해도 늦지 않았으니 치밀한 청약 전략으로 고지를 점령하자.

▶ 가입기간이 짧은 청약저축 가입자와 가점이 낮은 청약예 · 부금 가입자는 전용 85㎡ 초과 물량에 청약할 수 있도록 청약예금으로 전환하거나 평형변경하는 것이 유리하다.

▶ 판교 마지막 분양 물량이 아직 남아 있다. 높은 미래가치에 비해서는 분양가가 그리 높지 않게 책정될 듯하다. 2008년 하반기에 분양 예정인 A20-2 블록 대우푸르지오 · 신구 휴엔하임은 판교신도시의 랜드마크 아파트로 평가받고 있다.

4순위 청약의 경제학

분양시장에서 1~3 순위 청약은 저조하고 4순위 청약이 더 인기를 끌고 있는 기현상이 벌어지고 있다. 미분양 사태가 난 아파트를 선착순으로 분양받으려는 사람들이 몰리고 있는 것이다.

이런 현상은 특히 분양가상한제가 적용되지 않아 분양가가 비싼 중대형 아파트에 두드러지고 있다. 실거주 목적의 청약통장 보유자들 중 상당수가 조금 더 기다렸다가 분양가상한제가 적용돼 주변 시세보다 싼 아파트를 분양받으려고 청약을 보류하고 있기 때문이다. 이에 따라 1~3순위 청약보다 4순위 청약에 마케팅을 집중하는 건설업체들도 늘어나고 있다. 4순위 청약이 1~3 순위 청약보다 과연 유리한 것인가.

4순위 청약은 한마디로 말해 순위가 없는 '무순위'를 통칭한다. 1~2순위는 청약통장이 필요하고 3순위는 청약통장은 없더라도 거주지역 등 청약자격을 갖춰야 하는 것과는 달리, 4순위는 청약통장이 필요 없으며 해당 지역 거주 여부도 따지지 않는다. 청약예금의 경우, 1순위는 가입하고 2년이 지나야 하며, 2순위는 가입하여 6개월이 경과되면 된다. 3순위는 1,2순위가 아닌 경우다.

아파트를 청약할 때 1순위가 마감되면 2순위는 청약할 기회가 없어진다. 1순위가 미달하면 2순위에게도 청약 기회가 생기고, 역시 2순위도 미달하면 3순위도 청약할 수 있다. 이렇게 1~3 순위 모두 미달하면 미분양이라고 한다.

미분양된 아파트는 청약통장을 사용하지 않고도 신청할 수 있는데, 이를 4순위라 하는 것이다. 4순위는 통상 선착순으로 접수를 받았지만, 최근에는 기간을 정해 접수를 받은 후 추첨으로 당첨자를 가리는 업체들이 늘어나고 있다. 그만큼 4순위 신청자가 넘쳐나고 있기 때문이다.

4순위 신청자가 늘어나는 이유는 재당첨제한 및 1순위 청약제한에 걸리지 않는데다, 당첨되어도 자신이 원하는 로열층 등이 아니면 계약을 포기해도 아무런 불이익을 받지 않는다는 점 때문이다. 또한 당첨 확률을 높이기 위해 한 가구에서 여러 명이 신청할 수도 있다.

1~3 순위 당첨자는 당첨된 후 계약을 포기하면 청약통장을 사용한 것으로 간주해 재사용을 할 수 없다. 또한 분양가상한제가 적용된 아파트에 당첨되면 향후 최장 7년간 또 다른 아파트를 분양받을 수 없다. 분양가상한제가 적용되지 않은 아파트라 하더라도 향후 투기과열지구에서 분양하는 아파트에는 자신은 물론 자신과 세대를 같이하는 세대원들까지 5년간 1순위 청약이 제한된다.

그러나 4순위 당첨자는 청약에 의해 당첨된 것이 아니기 때문에 당첨된 아파트를 보유하게 되더라도 자신이 이미 가지고 있는 청약통장을 사용할 권리를 유지하게 된다. 이런 매력 때문에 인기가 없어 미분양된 아파트에 4순위 신청자가 몰리는 기현상이 벌어지고 있는 것이다.

:· 청약통장 필요 없고, 재당첨제한에 걸리지도 않아

건설업체 중에는 모델하우스 개관 날짜를 아예 1~3 순위 청약접수 이후로 잡는 일도 늘어나고 있다. 순위 내 청약이 저조할 것을 예견하고 아예 4순위 마케팅에 초점을 맞추는 전략을 세우고 있는 것이다. 통상적으로 청약률이 치열할 것으로 예상되는 인기단지들만 혼잡을 피하기 위해 모델하우스 개관을 1~3 순위 청약접수 이후로 잡아왔었다.

그러나 미분양아파트 마저 여기에 합세하는 바람에 요즘 1~3 순위 청약자들은 모델하우스를 보는 것조차 어려워지는 역차별에 시달리고 있다. 청약통장에 가입하고 오랫동안 분양일만 기다려온 실수요자들은 자신이 살 집을 보지도 못하고 청약한다고 해서 '깜깜이 청약자' 라는 한탄도 나오고 있다.

4순위 청약은 여러 장점도 있지만 단점도 있는 만큼 덩달아 신청하기 전에 꼼꼼히 따져보아야 할 항목도 많다. 잘만 고르면 로열층 등 괜찮은 아파트를 마련할 좋은 기회가 될 수도 있지만 낭패를 볼 수도 있기 때문이다.

가장 먼저 미분양이 될 만한 이유가 무엇인지를 살펴봐야 한다. 주변에 혐오시설은 없는지, 방향이나 면적은 괜찮은지, 교통이나 학군 등 입지조건은 어떤지, 발품을 팔아서 직접 확인해야 한다.

또 로열층을 선점하기 위해선 사전 예약제를 활용할 필요가 있으며 중도금 무이자, 이자 후불제, 발코니 무료 확장 등의 혜택이 있는지도 알아두면 자금조달계획을 세우는 데 도움이 된다.

주택 마련이 시급하다면 몰라도 로열층 등 입지와 전망이 좋은 동 호수에 배정되지 않는 한 굳이 계약할 필요가 없다. 4순위 청약의 기회를 또 살릴 수 있기 때문이다. 하지만 4순위로 당첨되어 계약을 했더라도 전매제한은 1~3 순위 당첨자와 똑같이 적용된다는 사실에 유념해야 한다. 분양가상한제 적용 주택은 최장 7년까지, 미적용이더라도 수도권 소재 주택은 소유권이전 등기 완료 전까지는 전매가 금지된다.

 **족집게**과외

▶ 4순위 청약은 미분양된 주택을 대상으로 청약통장과 관계없이 분양하는 것이다. 대형 평형이나 고급주상복합 등에 4순위 청약이 성행하고 있다.

▶ 4순위 청약으로 주택을 공급받아도 통장 재사용이 가능하고 재당첨 제한에도 걸리지 않는다.

▶ 당첨된 후 계약하지 않아도 불이익은 없다. 다만 4순위 청약이라도 분양받으면 전매 제한은 똑같이 적용된다.

최고의 재테크는 양도세 비과세, 비과세 시점에 갈아타라

우리나라의 부동산 재테크 중 가장 일반적인 방법은 살던 집을 팔고 좀 더 나은 지역과 큰 평수로 갈아타는 것이다. 이 방법이 효과적인 이유는 일정 요건을 갖추면 1주택자에게 양도세 비과세를 해주는 제도 덕분이다.

1주택자가 3년 보유(서울 과천 분당 일산 중동 산본 평촌은 2년 거주)하고 양도가액이 6억 원 이하이면 양도세가 전액 비과세된다. 부동산실거래신고 제도가 정착되고 실거래가로 과세되는 상황에서 양도세 비과세는 대단한 혜택인 셈이다.

만일 5억 원 하는 주택을 2년 보유하고 팔 때와 3년 이상 비과세로 팔 때의 양도세 차이는 얼마나 될까. 이 주택을 3억 원에 취득해 양도차익이 2억 원이라면 7,000여 만 원의 세금을 부담해야 하는 것이다. 세금 부담이 날로 커지는 현실임을 감안할 때 양도세 비과세만큼 최고의 재테크는 없는 셈이다. 따라서 주택을 갈아타려는 사람들은 비과세 시점이 되는 날을 기준으로 새 주택 구입 전략을 세우는 것이 바람직하다.

:· 보유기간 및 거주기간 제한받지 않는 경우도 있어

1주택자가 양도세 비과세 혜택을 받을 수 있는 방법은 여러 가지가 있으므로 재테크 차원에서도 양도세 비과세에 대해서는 꼭 알아둘 필요가 있다.

보유하던 주택이 재개발 및 재건축 사업으로 헐린 후 조합원으로서 분양받은 아파트가 완공되어 팔더라도 '종전주택의 보유 기간+공사기간+완공된 후 보유기간'을 통산하여 비과세 요건을 갖추게 되면 양도세가 비과세된다. 재개발 및 재건축 조합원입주권(이하 입주권이라 함)을 양도해도 일정 요건을 갖추게 되면 비과세를 받을 수 있다. 종전주택이 관리처분계획인가일과 철거일 중 빠른 날 현재 1세대1주택 비과세 요건을 충족하고, 양도일 현재 다른 주택이 없는 경우이거나 양도일 현재 당해 입주권 외에 1주택을 소유하고 있더라도 1주택을 취득한 날부터 1년 이내에 조합원 입주권을 양도하는 경우다.

1가구 1주택자로서 2년 거주와 3년 보유의 비과세 요건을 갖추지 못했더라도 다음의 경우 양도세를 내지 않을 수 있다.

· 취학, 1년 이상 질병의 치료 및 요양, 근무상 형편으로 1년 이상 살던 주택을 팔고 세대원 모두가 다른 시·군 지역으로 이사를 할 때.

여기서 취학이란 고등학교 이상을 말하며, 초등학교와 중학교 입학 및 편입은 인정되지 않는다. 또한 근무상 형편이란 직장을 옮기거나 발령을 말하며 사업으로 지방으로 이전하는 것은 허용되지 않는다. 다른 시·군으로 이사하는 경우에도 출퇴근하기가 용이하지 않을 정도로 상당한 거리가 떨어진 경우에만 인정된다.

· 해외로 이민을 갈 때나 1년 이상 계속하여 국외 거주를 필요로 하는 취학 또는 근무상의 형편으로 세대 전원이 출국하는 경우로서 출국 후 2년 이내에 양도해야 한다.

· 재개발 및 재건축 사업에 참여한 조합원이 사업시행인가일 이후 취득한 대체주택을 재개발 및 재건축 주택이 완공되어 세대 전원이 이사하는 경우. 다만 이 경우에는 재개발 및 재건축 주택의 완공 전 또는 완공 후 1년 이내에 대체주택을 양도하고, 완공된 주택에서 1년 이상 거주해야 한다는 단서조항이 붙는다.

· 공공용지로 협의매수되거나 수용되는 때. 단 사업인정 고시일 전 취득한 경우에만 해당된다.

· 임대주택법에 의한 건설임대주택을 분양받아 당해 주택의 임차일로부터 양도일까지의 거주기간이 5년 이상인 경우 등이다.

⁝ 2주택자도 양도세를 내지 않는 방법으로 절세

1세대2주택자도 양도세를 비과세 받는 방법이 있다. 양도소득세가 비과세되는 집 한 채를 소유한 사람이 새 집을 [37]취득하고 1년이 지나기 전에 살던 집을 팔면 일시적 2주택에 해당돼 양도세를 내지 않아도 된다. 소

37) 다른 주택을 취득하는 경우에는 별도세대원으로부터 증여, 상속으로 취득하는 경우도 포함된다.

득세법 상 거래되는 주택의 취득일 및 양도일은 잔금지급일과 등기접수일 중 빠른 날이 된다.

집을 한 채 상속받아 2채를 소유하게 됐어도 비과세 요건을 갖춘 일반 주택을 먼저 팔면 양도세가 비과세된다. 그러나 상속주택을 먼저 팔면 양도세를 내야 한다.

60세 이상(여자는 55세)의 직계존속(배우자의 직계존속 포함)을 부양하기 위해 세대를 합쳐 2주택이 됐어도 합친 날부터 2년 이내에 먼저 양도하는 주택(비과세 요건을 갖춘 경우에 한함)도 양도세가 비과세되지 않는다. 또한 각각 1주택을 소유한 남녀가 결혼하여 2주택이 되어도 혼인신고한 날부터 2년 이내에 먼저 양도하는 주택에 대해서도 양도세 비과세 혜택을 주고 있다.

፦ 엉덩이가 무거우면 평생 쪽방 신세, 기동성을 확보하라

3년에 한 번씩 양도세 비과세되는 시점을 이용해 갈아타기 전략을 잘 구사한다면 20년 동안 6번의 이사를 통해 주택 자산을 최소한 5배에서 10배까지 불리는 것이 가능하다. 부모님으로부터 물려받은 유산 없이 40, 50대에 40, 50평형에 거주하는 사람 중 대부분이 이사를 통해 재산을 불린 경우다. 혹 "한 자리에서 오래 눌러 있어도 좋은 자리라면 집값이 많이 오르지 않겠느냐"고 반문할 수도 있다. 그러나 20, 30대 내 집 마련을 하는 사람들 대부분이 서울 변두리나 수도권 외곽에서 시작한다는 점을 감안하면 한 자리에 오래 눌러 앉아 있어서는 좋은 결실을 맺기 어렵다. 왕십리처럼 좋은 입지의 109㎡형 아파트에 오래 산 사람이 삼성동 아이파크로 갈아탈 확률보다는 월세 단칸방에서 시작하더라도 갈아타는 전략을 자주 구사한 사람이 훨씬 유리하다.

갈아타려는 전략을 세운 사람은 다음에 옮길 곳을 찾기 위해 끊임없이 정보를 수집하고 연구하다 자연스럽게 부동산 시장이나 입지에 대해 눈을 뜨게 된다. 반면 갈아탈 전략에 관심이 없는 사람은 엉덩이만 무거워지고 내 지역과 다른 지역과의 가격 차이가 벌어지면서 갈아탈 여력조차 상실하게 된다. 부동산 재테크에 민감한 부부들은 자주 이사 가기 위해 가구나 인테리어에 별 신경을 쓰지 않는다. 집을 잘 꾸미고 살수록 이사 갈 마음이 사라질 수도 있기 때문이다. 20, 30대에는 집이 좁아도 희망이 있기 때문에 부둥켜안고 자도 불편하지 않다. 그러나 50세가 넘어서도 전용면적 60㎡형 이하에 살면 부부 간에 서로 짜증날 뿐만 아니라 큰 평수에서 안락하게 사는 친지로부터 측은한 눈길을 받게 된다.

어떤 지인의 경우 자녀들의 대학 진학을 위해 강북의 아파트를 판 3억 원으로 방배동에 전세를 얻어 들어갔다. 그는 자녀들의 사교육비를 한 달에 100만 원 넘게 지출하느라 노후 준비는 커녕 저축도 제대로 할 수 없는 형편이었다. 내가 저축은 하지 못하더라도 그 돈으로 집이라도 한 칸 마련해야 한다고 설득했지만 막무가내였다. 그에게는 자식 공부가 인생 최고의 재테크인 듯싶었다.

아직도 자녀 공부를 위해 모든 것을 희생하는 부모들이 많다. 강남에 거주하기 위해 비싼 월세까지 감수하며 이사 가는 사람들도 많다. 이들은 자식들이 잘 되어서 돈을 많이 벌면 부모를 돌봐줄 것이므로 그보다 더 좋은 재테크가 어디 있느냐고 말한다. 하지만 이것은 '하나만 알고 둘은 모르는' 바보 같은 생각이다. 2026년이면 한국은 전체 인구 중에서 65세 이상 노인이 차지하는 비중이 20%를 넘는 [38]초고령사회가 된다. 이때가 되면 경제활동인구가 현격히 줄어들어 경제성장이 멈추게 되며, 젊은이들의 수입 중 상당수가 노인복지 관련 세금으로 징수돼 소득이 줄어드는 사회가 된다.

따라서 이 시기의 30, 40대 부부들은 맞벌이를 해야 간신히 3, 4인 가족의 생활을 영위할 수 있을 것이어서 부모님의 생계비까지 책임지기는 곤란하다. 도시에 사는 부부의 한 달 생활비가 최소 200만 원은 있어야(20년이면 5억 원 정도 필요하다) 하기 때문에, 노후 준비를 하지 않은 부모들은 자식에게 큰 짐이 됨은 물론 불화의 원인이 될 수도 있다. 진정 자식을 위한다면 자녀 사교육비보다 본인들의 노후를 준비해야 한다.

젊을 때는 돈이 없어도 멋있어 보인다. 하지만 늙어서 돈이 없으면 정말 추하고 불쌍해 보인다. 자식에게 어떤 부모의 모습을 보일 것인가.

족집게과외

▶ 양도세 비과세는 최선의 재테크다. 비과세 되는 시점에 갈아타기 전략을 세우면 효과를 극대화할 수 있다.

▶ 20, 30대에 엉덩이가 무겁고 집 치장에 신경 많이 쓰면 40, 50대에도 쪽방 신세를 벗어나지 못할 수 있다. 항상 갈아타기를 염두에 둬라.

▶ 진정 자식을 위한다면 사교육비 지출을 아껴서라도 노후재테크를 하라. 본인들의 노후는 아무도 책임져 주지 않는다.

| 재개발 · 재건축 지분 투자로 내 집 마련하기 |

| 재개발 · 재건축 분양자격 |

| 재개발 · 재건축 수익분석 |

| 단독주택 재건축에도 관심 기울여야 |

| 재개발 vs. 뉴타운 vs. 재정비촉진지구 |

재개발·재건축 성공 재테크

젊은 사람들의 집 장만이 점점 어려워지고 있다. 돈을 모아 집을 사기에는 턱없이 집값이 비싸고, 분양받으려고 해도 청약제도는 무주택 기간이 길고 부양가족 수가 많은 중장년층에게 유리하게 돼 있기 때문이다. 청약가점이 낮은 사람들은 재개발이나 재건축 예정지의 주택을 구입하는 것을 고려할 만하다. 초기 투입비용이 적어 비교적 소액투자로 66㎡대나 99㎡대의 공동주택을 마련할 수 방법이기 때문이다. 그러나 장기간 목돈이 묶이는 데다 민간택지의 분양가상한제적용으로 과거에 비해 투자수익이 떨어진다는 점을 감안해 장기적인 안목으로 실수요 차원에서 접근하는 것이 현명하다.

재개발 · 재건축 지분 투자로 내 집 마련하기

재개발 및 재건축 주택 투자는 미래에 완공될 아파트를 미리 사두는 것과 같다. 예를 들어 재개발이나 재건축이 될 것으로 전망되는 소형빌라나 단독주택, 아파트 등을 구입하면, 이 주택들이 향후 재개발될 때 조합원이 되어서 전용 $60㎡$나 $85㎡$, 혹은 이보다 더 큰 중대형 평수의 아파트가 생기는 것이다.

향후 관리처분계획을 수립할 때 조합원 분양가가 정해지게 되고, 이때 추가 분담해야 할 '추가부담금'(정식 법률용어로는 청산금)이 정해지므로(없거나 받을 수도 있음) 가급적 초기 투자비용을 적게 하는 것이 유리하다.

기회비용을 살릴 수 있는 데다 금융비용이 줄어들어 초기투입비용과 추가부담금을 합쳤을 때의 총투자금액이 적어지기 때문이다.

재개발 내 주택 투자는 대지 지분을 사는 것이다. 가령, 1억 원짜리 소형 빌라의 전용면적이 50㎡이고 대지 지분이 33㎡이라면 이 빌라의 3.3㎡당 지분 단가는 1,000만 원이 된다. 재개발 구역 내 주택은 노후 불량한 건물로서 향후 철거되기 때문에 토지 값이 권리가액에서 큰 비중을 차지하게 된다. 따라서 대지 지분에 따라 향후 몇 평을 분양받을 수 있느냐의 자격이 결정되는 것이다.

초기투입비용을 적게 하려면 비교적 재개발 사업 초기의 매물을 구입하거나 3.3㎡ 당 토지 값이 더 비싸더라도 가급적 면적이 작은 토지를 사야 한다. 전용 85㎡를 분양받을 수 있는 대지 지분이 20㎡부터 가능하다면 3.3㎡당 지분 값이 비싸더라도 33㎡를 사는 것보다는 20㎡를 사는 것이 유리하다는 얘기다. 재개발예정구역에서 다세대나 연립이 단독이나 다가구 주택보다 선호도가 높고 가격이 높게 책정돼 있는 것은 초기투입비용을 줄일 수 있기 때문이다.

물론 재개발구역 내 주택은 대지의 위치, 상태, 조건 등에 따라 평가금액에서 많은 차이가 날 수 있지만 같은 조건일 때는 가격이 싼 매물을 구입하는 것이 더 큰 수익을 올릴 수 있다는 뜻이다. 서울시에는 1억 원 이하의 소액 투자 매물이 거의 남아 있지 않지만 수도권에는 전세나 대출을 끼면 5,000만 원에서 8,000만 원 정도의 현금만으로도 투자할 재개발 지분들이 많다.

대지 지분 20㎡ 주택(A)을 3.3㎡당 1,800만 원에 구입한 것과 대지 지분

33㎡(B)를 3.3㎡당 1600만 원에 구입한 것 중 어느 것이 수익성이 더 좋을 지를 살펴보자.

옹달샘 | 초기투입비용에 따른 총투자비용의 실례

(평가 조건이 같다는 전제 하에 권리가액이 3.3㎡당 800만 원이라고 가정. 둘 다 전용 80㎡를 받고 조합원 분양가가 3.3㎡ 당 1,000만 원이라고 가정)

· A(대지 지분 20㎡) : 초기투입비용 1억 909만 원(3.3㎡ 당 지분 값 1,800만 원 × 6.6) + 추가부담금 1억 9,152만 원(조합원 분양가 2억 4,000만 원 - 권리가액 4,848만 원) = 총투자비용 3억 61만 원

· B(대지 지분 33㎡) : 초기투입비용 1억 6,000만 원 + 추가부담금 1억 6,000만 원(2억 4,000만 원 - 8,000만 원) = 총투자비용 3억 2,000만 원

※초기투입비용에 대한 금융비용과 기회비용 등을 추가한다면 총투자비용의 차이는 더 커질 수 있다.

∴ 기간 리스크를 체크

재개발 및 재건축은 정비기본계획 설립 - 정비구역 지정(재건축은 안전진단을 통과해야 함) - 추진위원회 설립 - 조합설립 인가 - 사업시행 인가 - 관리처분계획 인가 - 이주 및 철거 - 건축 - 완공 - 입주 등의 과정을 거친다. 과거에는 단계를 거칠 때마다 가격 상승이 이루어졌으나, 지금은 재개발사업의 경우 기본계획 발표 전후에, 재건축사업은 정밀안전진단 통과 전후에 가장 큰 폭의 상승을 보인다. 따라서 투자를 목적으로 하거나 소액으로 내 집을 마련하려는 사람들은 기본계획 발표 전이나 정밀안전진단 통과 전에 구입해야 한다. 허나 10년 이상 기다릴 수도 있다는 마음가짐이어야 한다.

만일 자금 여유가 있는 실수요자라면 재개발 지분은 사업시행인가 이후 구입하는 것이 유리하다. 사업시행인가가 이루어지면 입주까지 3년이면 가능하고 조합원분양가와 추가부담금의 윤곽이 어느 정도 드러나기 때문이다.

:• 재개발 사업에서 '시간은 돈', 사업 추진 빠른 곳이 수익성도 높다

재개발 지분 투자 시 유의사항 중 하나는 사업추진이 원활한 곳을 선택하는 문제다. 입지도 좋고 사업성도 뛰어난 정비구역이라도 사업추진이 늦어지면 사업소요비용이 증가해 투자수익은 줄어들 수밖에 없으며 장기간 자금이 묶이는 데서 오는 고통을 겪어야 할 수도 있다. 재개발 지분 투자에서 많은 사람들이 실패하는 결정적인 이유가 바로 사업추진이 늦어지는 곳을 택했기 때문이다. 기본계획이나 정밀안전진단 통과 전에 지분 투자를 하려는 사람들은 특히나 이 점에 신경을 써야 한다.

중개업소나 컨설팅 업체의 설명만 전적으로 믿을 수 없기 때문에 자기만의 안목을 갖추는 것이 필요하다.

· 사업성이 좋은 곳이 사업추진이 빠르다. 정비사업은 조합이 조합원의 재산을 출자 받아 공동주택을 건설하는 사업이다. 사업성이 좋으

옹달샘 | 재개발 구역에서는 세입자도 재테크가 가능하다

재개발사업이 추진되면 일정 조건을 충족하는 세입자에게는 임대주택과 주거이전(대책)

비, 이사비 등이 주어진다. 저렴하게 거주할 수 있는 임대주택과 쏠쏠한 목돈이 생기기 때

문에 이왕이면 재개발예정구역에서 세입자로 사는 게 좋다.

정비구역 지정을 위한 공람공고일 3월 전부터 실거주와 전입신고를 필하고 이주로 인한

철거 시까지 계속(중간에 일시퇴거하면 자격 상실) 거주한 세입자는 주거이전비 대상이 되며,

무주택세대주는 임대주택을 공급받을 수 있는 권리도 주어진다.

서울시의 경우 2008년 8월 현재 주거이전비는 1인 681만 여 원, 2인 857만 여 원, 3인

1,084만 여 원, 4인 1,250만 여 원이다. 이외에 소정의 이사비도 지급된다.

그러나 재건축구역의 세입자는 무주택 기간과 당해 재건축사업이 위치한 지역에 거주한

기간이 각각 1년 이상인 범위 안에서 오래된 순으로 임대주택만 공급받을 수 있다. 재개발

사업은 수용권이 인정되는 공익사업이어서 공익사업을위한토지등의취득및보상에관한법

률의 보상 기준이 준용되기 때문이다.

면 추가할 분담금이 적기 때문에 조합원들은 주변 시세에 비해 아주 싼 값으로 공동주택을 분양받을 수 있다(사업성 분석은 다음 편에서 상술하기로 한다).

· 새로 신축된 다세대나 빌라 등이 많은 지역은 피한다. 정비예정구역으로 지정된 곳임에도 신축 다세대나 빌라 등이 많다는 것은 그동안 '신축지분쪼개기' 가 성행했다는 의미다. 이런 지역은 기본계획 발표 당시보다 조합원 수가 많이 증가해 사업성이 크게 떨어진다.

· 전환다세대 주택이 많은 곳도 피한다. 전환다세대란 단독이나 다가구를 준공 이후 다세대로 전환한 주택으로 준공 당시부터 다세대인 원다세대와 구분해 사용한다. 전환다세대는 수인의 분양대상자를 1인으로 보지만 서울시는 2003년 12월 30일 전에 전환한 전환다세대는 조합 정관에 따라 전용면적 60㎡ 이하 공동주택을 분양하거나 임대주택을 공급할 수 있다고 규정하고 있다. 따라서 전환다세대 주택이 많은 지역은 소형 평수가 많은 단지가 될 수 있기 때문에 가치가 반감된다.

지분쪼개기가 심했던 옥수13구역이 바로 이런 경우다. 2007년 7월 정비구역으로 지정된 옥수 13구역의 건축계획에 따르면 전용 115㎡ 규모의 아파트가 전체의 6.8%(원래는 20%까지 가능), 전용 85㎡는 27.5%(원래는 40%까지 가능)에 불과하다. 대신 전용 60㎡가 48%나 되며 전용 43㎡(18평형) 이하도 17%나 되는 소형 위주 아파트 단지가 됐다.

· 추진위원회 외에 비상대책위원회(이하 비대위) 등이 있는 곳은 주민 간 갈등이 많을 확률이 높다. 추진위원회 승인은 조합원 자격이 있는 토지 등 소유자의 절반 이상 동의를 얻으면 가능하다. 추진위원회 승인이 떨어지면 또다른 추진위원회는 설립할 수 없기 때문에 반대의 뜻을 가진 주민들은 비대위를 만들어 추진위원회를 감시하거나 사업 추진에 제동을 걸곤 한다. 2008년 4월 사업시행인가를 받은 가락시영 재건축단지는 조합과 비대위 간에 소송이 걸려 사업 추진이 중단돼 조합원들의 원성을 사고 있다.

옹달샘 | 신축지분쪼개기 철퇴

앞으로 '신축지분쪼개기'가 된 근린생활시설이나 다세대 등을 구입하면 낭패를 당하게 된다. 서울시는 2008년 7월 30일 도시및주거환경정비 조례를 개정, 단독주택 또는 비주거용건축물을 공동주택으로 신축한 경우(기존의 공동주택을 세대수를 늘려 신축한 경우를 포함) 수인의 분양신청자를 1명의 분양대상자로 함으로써 늘어난 세대에 대해서는 입주권을 주지 않기로 했다. 그러나 주거전용면적이 60㎡ 초과 주택으로 신축된 경우에는 입주권을 받을 수 있다.

또한 사실상 주거용으로 사용하고 있는(7월 30일 전에 전입신고가 돼 있어야 함) 근린생활시설이나 상가, 오피스텔 등은 2008년 7월 30일 전에 정비계획 주민공람이 이뤄진 지역은 다른 지역에 주택이 있어도 입주권을 주지만, 이 날 이후 정비구역으로 지정 고시된 지역은 정비구역지정 고시일부터 분양신청기간까지 세대원 전원이 다른 지역에 주택을 갖고 있지 않아야 입주권을 받을 수 있다(만일 다른 지역에 주택을 가지고 있는 조합원은 정비구역지정 고시일 전에 주택을 매도하면 입주권을 받을 수 있음).

그러나 2008년 7월 30일 이후 건축허가를 신청한 근린생활시설이나 상가, 오피스텔 등은 사실상 거주용으로 사용한다고 해도 공동주택 분양자격이 주어지지 않는다. 다만 근린생활시설 등의 권리가액이 분양용 최소규모 공동주택 1가구의 추산액 이상인 경우에는 주택 소유 여부와 상관없이 입주권을 받을 수 있다.

이에 따라 청파동을 비롯한 용산구 일대와 성수동, 마포 등에서 진행되고 있는 수백 곳의 근린생활시설시설 신축 쪼개기 현장은 당장 발등에 불이 떨어졌다. 2008년 7월 30일 전에 완공된 곳은 급히 준공승인을 받아 전입신고를 하면 되지만 공사가 진행 중인 곳은 현실적으로 입주권을 받기가 어렵기 때문이다.

· 주민들의 재개발 추진 열의가 뜨거운 지역을 선택한다. 아무리 입지가 좋고 사업성이 뛰어나도 주민 간 마찰이 많고 반대하는 사람이 많으면 사업이 추진될 수 없다. 추진위원회가 승인되면 정비구역 지정을 신청해야 하는데, 토지 등 소유자의 3분의 2의 동의가 있어야 한다. 또한 조합설립을 하려면 토지 등 소유자의 75%가 찬성해야 한다. 따라서 반드시 주민 여론을 수렴한 뒤 매입을 결정해야 안전하다.

족집게과외

▶ 재개발예정구역 내 주택을 매입할 때는 가급적 초기투입비용을 줄이는 것이 향후 총투자비용을 줄이는 방법이다.

▶ 재개발 및 재건축 지분을 기본계획 발표 전에 매입할 때는 10년 이상 기다릴 수 있다는 장기적인 안목으로 접근해야 한다. 빠른 시일 내에 거주할 집을 마련할 목적이라면 사업시행인가 후 매입하는 것이 좋으며, 이때도 최소 3년 이상은 기다려야 한다.

▶ 아무리 좋은 입지라도 주민들의 개발 열의가 뜨겁고 주민 간 의견이 일치되지 않으면 정비사업은 추진될 수 없다. 시간이 곧 돈이다.

재개발 · 재건축 분양자격

재개발 및 재건축 지분 투자에서 가장 중요한 사항은 분양자격 여부와 수익분석이다. 아무리 좋은 물건을 싸게 매입했다 하더라도 향후 분양자격이 없는 것으로 판명되면 '헛장사' 한 데 따른 괴로움은 상상 이상이다. 또한 실거주 목적이라 해도 이왕이면 시세보다 싸게 사야 하며, 향후 시세 차익 상승으로 투자 대비 수익률이 높을수록 좋다.

하지만 의외로 많은 사람들이 분양자격과 수익분석을 몰라 투자를 망치는 경우가 많다. 분양자격과 수익분석을 모른 채 재개발 지분 투자에 나서는 것은 '장님 문고리 잡기' 와 다를 바 없다.

복잡하긴 해도 이 둘만 제대로 안다면 수천만 원 혹은 수억 원을 아낄 수도, 손해 볼 수도 있다는 점을 명심해야 한다.

:· 재개발과 재건축의 분양자격은 다르다

　　정비사업에서 조합원이 되려면 정비구역 내의 토지 등 소유자여야 한다. 하지만 재개발과 재건축에서의 토지 등 소유자는 다르게 규정돼 있다. 주거환경개선사업과 주택재개발사업, 도시환경정비사업의 토지 등 소유자는 정비구역 안에 소재한 토지 또는 건축물의 소유자 또는 그 지상권자이다. 그러나 주택재건축사업에서는 정비구역 안에 소재한 건축물 및 그 부속토지의 소유자로 규정돼 있다.

　　쉽게 말해 재개발사업 등에서는 토지만 소유한 경우, 토지와 건축물을 동시에 소유한 경우, 건축물만 소유한 경우, 지상권만 소유한 경우 모두 조합원이 될 수 있다. 반면 재건축사업에서는 반드시 토지와 건물을 동시에 소유한 사람만 조합원이 될 수 있다(재건축사업에서는 사업에 동의해야만 조합원이 된다. 재개발사업 등에서는 사업에 동의하지 않더라도 자격만 있으면 조합원이 된다).

　　재건축사업에서는 조합원만 되면 나중에 분양신청을 하지 않는 한 입주권을 받을 수 있기 때문에 분양자격의 문제가 발생하는 경우는 거의 없다. 그러나 재개발사업 등에서는 조합원이라 하더라도 분양자격이 없어 현금청산 대상이 되거나 수인이 하나의 분양자격만을 갖게 돼 문제가 생기는 경우가 자주 발생한다.

　　동일 정비구역 내 1세대가 여러 주택을 소유했다고 하더라도 1주택만 공급받을 수 있다. 가령 부부가(부부는 세대를 분리해도 같은 세대로 봄) 각자 명의로 2채, 동일세대인 부모와 자식이 3채를 보유했다고 하더라도 권리가액으로 합산될 뿐 공급받는 공동주택은 하나뿐이다. 다만 부모와 자식이 동일세대로서 각각 주택을 보유한 경우, 분양신청기간 만료일 전까지 세대를 분리하면 각각의 분양자격을 갖는다.

다만 투기과열지구 안에 위치하지 아니하는 주택재건축사업의 조합원은 소유한 주택 수만큼 공급할 수 있다. 이는 임의조항이므로 조합이 정관으로서 정할 사항이라는 뜻이다.

토지만 소유한 경우

경기도는 토지 면적에 대한 규정이 없으므로 토지 소유자는 2007년 4월 9일 전에만 분할된 단독필지라면 면적에 관계없이 분양자격이 주어진다. 서울과 인천시는 30㎡ 미만 토지는 분양자격이 없다.

• **총면적이 90㎡ 이상 : 지목에 상관없이 분양자격 있음**

예) 단독필지 90㎡ 이상, 공유지분 90㎡ 이상, 단독필지 50㎡+단독필지 40㎡, 단독필지 50㎡+공유지분 40㎡, 공유지분 50㎡+공유지분 40㎡

주의사항: 서울시는 2003년 12월 30일 전, 인천은 구역지정 공람공고일 전 분할되거나 공유지분으로 등기된 토지만 인정됨.

예) 서울·단독필지 20㎡+70㎡(2003년 12월 30일 이후 분할된 단독필지)는 분양자격 없음. 인천·단독필지 20㎡+70㎡(구역지정 공람공고일 이후 공유지분 토지)는 분양자격 없음.

※ 조례에서 2003년 12월 30일 전에 공유지분으로 소유한 토지의 의미 : 2003년 12월 30일 전에 공유지분으로 등기돼 있어야 한다는 뜻이다. 즉 2003년 12월

30일 전에 단독소유였던 100㎡ 1필지의 토지가 두 사람의 공동소유로 등기됐다면 인정이 된다는 것이고, 이후 등기됐다면 인정이 되지 않는다는 것이다. 2003년 12월 30일 전에만 공유로 등기됐다면 언제 취득했든 인정이 된다.

• 면적이 30㎡ 이상 90㎡ 미만 : 반드시 1필지의 토지여야 한다. 지목이 도로이고 현황이 도로이면 인정되지 않는다(지목 - 도로이며 현황 - 대지는 인정. 지목 - 대지이며 현황 - 도로는 인정). 사업시행인가고시일 이후부터 공사완료고시일까지 분양신청자를 포함한 세대원(세대주 및 세대주와 동일한 세대별 주민등록표상에 등재되어 있지 아니한 세대주의 배우자 및 배우자와 동일한 세대를 이루고 있는 세대원을 포함) 전원이 주택을 소유하고 있지 아니한 경우에 한하여 분양대상자로 한다.

사업시행인가고시일 이후 30㎡ 이상 90㎡ 미만의 토지를 구입할 때는 사업시행인가 이후 전소유자들 중 한 사람이라도 유주택자인 경우 훗날 분양자격에 문제가 발생할 소지가 많으므로 거래계약서의 특약사항에 분양자격에 관한 사항을 명기해놓는 것이 현명하다.

• 동일인 소유의 주택을 준공 이후 주택과 토지로 각각 분리하여 토지만 소유하고 있는 경우 : 별도의 분양자격은 없다. 다만 서울은 2003년 12월 30일 전, 인천은 구역지정 공람공고일 전 분리하여 소유한 경우로서 면적이 90㎡ 이상이면 분양자격이 있다. 경기도는 2007년 4월 9일 전 분리했다면 면적과 상관없이 별도의 분양자격이 있다.

• 한 필지의 토지를 수인이 공유하고 있는 경우 : 분양자격은 하나다. 다만 서울은 2003년 12월 30일 전, 인천은 2004년 7월 19일 전부터 공유지분으로 소유한 지분면적이 90㎡ 이상이면 분양자격이 주어진다.

예) 서울에서 2003년 12월 30일 전부터 A, B, C, D 4명이 공동으로 소유한 360㎡ 토지의 분양자격

A 110㎡	B 100㎡	C 90㎡	D 60㎡

= A, B, C는 각각 분양자격 있고, D는 없다. D는 2003년 12월 30일 전에 분할됐거나 공유지분으로 등기된 토지 30㎡를 추가로 매입해야 분양자격이 생긴다.

※ 경기도는 2008년 7월 25일 조례 제18조 제3항에 5호 '하나의 주택 또는 한 필지의 토지를 수인이 소유하고 있는 경우'를 신설, 이에 해당하는 경우는 분양대상자를 1인으로 본다고 규정하고 있다. 그렇다면 2008년 7월 25일 전에 공동으로 소유한 경우에는 각각 분양자격을 인정하겠다는 것인지 애매모호하다.

기존무허가건축물인 경우

기존무허가건축물은 소위 '뚜껑'이라 해서 대지 소유권은 없고 건축물만 보유한 경우가 많다. 분양자격 판단에 좀 복잡한 면은 있으나 초기투입비용이 적은 물건이어서 재개발 투자에 일가견이 있는 '선수'들이 즐겨 투자하는 물건이다. 대체적으로 국·공유지에 무단으로 집을 짓고 산 경우가 많아, 재개발사업이 추진되면 점유자가 토지를 정부나 지자체에 우선 매수 청구할 수 있다. 저리로 분할납부가 가능하기 때문에 투자에 비해 권리가

액이 많이 높아진다는 장점이 있다.

기존무허가건축물은 각 시도 조례가 '공익사업을위한토지등의취득및보상에관한법률'의 규정에 의한 보상대상무허가건축물을 준용해서 여기에 해당되면 분양자격을 인정하고 있다. 그 외의 무허가 건축물은 '신발생무허가건축물'이라 해서 분양자격이 없다.

• 기존무허가건축물 판정방법

가. 1981년 12월 31일 현재 무허가건축물대장에 등재된 무허가건축물

나. 1981년 제2차 촬영한 항공사진에 나타나 있는 무허가건축물

다. 재산세 납부대장 등 공부상 1981년 12월 31일 이전에 건축하였다는 확증이 있는 무허가건축물

라. 1982년 4월 8일 이전에 사실상 건축된 연면적 85㎡ 이하의 주거용 건축물로서 1982년 제1차 촬영한 항공사진에 나타나 있거나 재산세 납부대장 등 공부상 1982년 4월 8일 이전에 건축하였다는 확증이 있는 무허가건축물

마. 공익사업을위한토지등의취득및보상에관한법률 시행규칙 부칙 제5조의 규정에 의한 무허가건축물 중 조합정관에서 정한 건축물

기존무허가건축물의 소유권은 구청장 또는 동장이 발행한 기존무허가건축물확인원이나 그 밖에 소유자임을 입증하는 자료를 기준으로 한다. 따라서 기존무허가건축물을 구입하려는 사람들은 무허가건물확인원을 확인 후 거래하면 된다. 무허가건물확인원이 없는 경우에는, 위의 나항, 다항, 라

항 중 하나라도 확증이 있으면 분양자격이 주어지므로 구입해도 무방하다.

그러나 최초에 무허가건물확인원에 등재될 때 인접한 무허가건축물 몇 개를 한사람이 더 소유하고 있다고 해도 1개의 무허가건물만 등재되고 나머지는 부속건물로 취급된다. 이 부속건물의 소유자가 향후 바뀐다고 해도 별도의 분양자격이 주어지지 않으므로 한 사람이 여러 기존무허가건축물을 소유한 경우에는 분양자격 유무를 꼼꼼히 체크해야 한다.

※ 마항의 사항은 1989년 1월 24일 당시의 무허가건축물은 조합이 정관에 의해 분양자격을 줄 수도 있고, 주지 않을 수도 있다는 임의조항이다. 이 조항은 1983년에서 1987년 사이에 자력 재개발사업이 시행돼 신발생무허가건축물이 다수 발생한 만리동2구역의 재개발사업을 구제하기 위해 서울시가 2004년 11월 5일 신설했다. 그러나 대부분의 재개발구역에는 이에 해당하는 무허가건축물이 많지 않을 것이어서 조합 정관으로 분양자격을 주는 구역은 별로 없을 것으로 판단된다.

기존무허가건축물의 소유자가 국·공유지를 우선 매수하는 것은 본인 자유다. 국·공유지 매수 조건이 좋기 때문에 구입하면 권리가액이 높아지므로 거의 대부분 구입을 하게 된다. 기존무허가건축물을 구입할 때는 향후 국·공유지를 불하받을 금액(사업시행인가일 기준으로 평가됨)을 예상해서 기존무허가건축물의 프리미엄이 적정한지, 과도한지를 잘 판단해야 한다.

국유지는 사업시행인가일 당시 점유자는 연 3%의 이율 20년 분납 조건으로 계약할 수 있다. 그러나 사업시행인가일 이후 구입하게 되면 연 6%, 5년 분납으로 조건이 변경된다는 점에 유의한다.

지자체가 소유하고 있는 공유지는 연 6% 10년 분납 조건이다. 그러나 서울의 몇몇 구에서는 아직 개정 전 조례를 적용해 연 4% 20년 분납으로 계약하는 곳도 있다.

※ 주의할 점은 일단 불하계약이 체결된 무허가건축물을 양도할 때는 불하대금을 완납해야만 가능하다. 따라서 불하계약이 체결된 무허가건축물을 구입하게 되면 불하대금의 저리 분납조건을 승계할 수 없다는 점에 유의해야 한다.

미사용승인건축물

관계 법령에 따라 건축허가 등을 받았으나, 사용승인·준공인가 등을 받지 못한 건축물로서 사실상 준공된 건축물을 말한다. 이러한 건축물 역시 조합정관에 의해 분양자격을 줄 수 있도록 조례에 규정하고 있으므로, 가급적 구입하지 않는 것이 현명하다.

단독주택 및 다가구주택

분양자격은 하나다. 수인이 공유로 소유하고 있어도 분양대상자는 1인이다.

다만 인천시는 2004년 7월 19일 전에 가구별로 지분 또는 구분소유 등기를 필한 다가구주택은 다가구로 건축허가 받은 가구 수에 한하여 가구별 각각 1인의 분양대상자로 한다.

다만 서울시는 1997년 1월 15일 이전에 가구별로 지분 또는 구분소유 등기를 필한 다가구 주택(1990년 4월 21일 다가구주택제도 도입 이전에 단독주택으로 건축허가를 받아 지분 또는 구분등기를 필한 사실상의 다가구주택을 포함한다)은 다가구 주택으로 건축허가 받은 가구 수에 한하여 가구별 각각 1인을 분양대상자로 한다.

• 1997년 1월 15일 이전에 가구별로 지분 또는 구분소유등기를 필한 다가구 주택 판정 방법

- 등기부등본이 '건물' 이 아닌 '집합건물' 인지 확인한다. '집합건물' 이면 표제부 건물내역 란에 '연와조 슬래브지붕 3층 다가구용 단독주택(6가구)' 이런 식으로 최초 건축허가 시 허가받은 가구 수가 표시돼 있다.

- 등기부등본이 '건물' 로 돼 있어도 표제부 건물내역 란에 '다가구용 단독주택(4가구)' 이런 식으로 허가받은 가구 수가 표시돼 있으면 된다.

- 등기부등본이 '건물' 로 돼 있을 때는 갑구 '권리자 및 기타사항' 란에 소유자의 주소가 해당 다가구주택으로 되어 있고, 주소의 표시가 각 층 및 각 호로 구분돼 있어야 한다.

- '집합건물' 이든 '건물' 이든 등기부등본 표제부의 등기접수일이 1997년 1월 15일 이전이어야 한다.

- 반드시 사실상 독립된 주거의 생활이 가능한 구조인지, 각 호수별로 구분하여 소유하고 있는지를 방문하여 확인해야 한다.

• 1990년 4월 21일 다가구주택제도 도입 이전에 단독주택으로 건축허가를 받아 지분 또는 구분등기를 필한 사실상의 다가구주택 판정방법

- 지분 또는 구분등기는 1997년 1월 15일 이전까지 완료됐으면 인정된다.

- 건축물대장의 '허가일자'에서 건축허가일이 4월 21일 이전인지 확인하고, 최초로 허가받은 가구 수를 확인한다. 허가받은 가구 수가 기재돼 있지 않을 때는 관할 관청에 문의해야 한다.
- 등기부등본의 갑구 '권리자 및 기타사항' 란에 해당 단독주택의 주소와 호수가 표시돼 있다.
- 반드시 사실상 독립된 주거의 생활이 가능한 구조인지, 각 호수별로 구분하여 소유하고 있는지를 방문하여 확인해야 한다.

● **협동주택 판정방법**

협동주택은 1980년대 중후반까지 서울의 일부 지역에서 주택개량사업을 통해 지어진 일종의 공동주택이다. 4가구 이상 독립된 주거생활을 할 수 있는 구조이지만 다세대나 다가구의 개념이 없던 시절이라 편의상 협동주택이라 명명되었다.

- 등기부등본이 '집합건물'로 돼 있으며 표제부 건물내역에 '협동주택'이라 표기돼 있다.
- 집합건축물대장을 발급받아 전유부분에서 최초로 건축허가 받은 가구 수를 파악한다. 협동주택은 층, 호수 별로 독립된 주거 구조로 돼 있으나 최초 건축허가는 1, 2, 3층을 합쳐 하나로 받은 경우가 많다. 예를 들어 현재 살고 있는 6가구의 구조가 1층 1호, 1층 2호, 2층 1호, 2층 2호, 3층 1호, 3층 2호라도 최초 건축허가는 1호와 2호로 2가구만 받은 것이다. 서울시는 최초 건축허가 받은 가구 수에 한해 분양자격을 주겠다는 입장이어서 분쟁의 소지가 되고 있다.

- 현장을 방문하여 최초로 허가받은 가구 수보다 독립된 주거생활을 하
  는 가구 수가 많은 경우 등을 확인해야 한다.

전환다세대

단독이나 다가구 준공 이후 다세대로 전환한 주택으로 준공 당시부터
다세대인 원다세대와 구분해 사용한다. 전환다세대는 분양자격이 통틀어
하나만 주어지므로 절대 구입해서는 안 된다.

다만 서울시는 2003년 12월 30일 전, 인천시는 2004년 7월 19일 전에
전환한 전환다세대는 조합 정관에 따라 전용면적 60㎡ 이하 공동주택을
분양하거나 임대주택을 공급할 수 있다고 규정하고 있다. 대부분의 조합은
전용면적 60㎡ 이하 공동주택을 분양하고 있다. 그러나 전환다세대가 많
은 지역은 조합원 수가 많아 사업성이 떨어지며 향후 재개발 완료 후 소형
평수가 많은 단지가 되어 발전성이 낮으므로 피하는 것이 현명하다.

경기도는 2007년 4월 9일 전에 전환한 다세대주택에 대해 가구별 1인
을 분양대상자로 할 수 있다고만 규정돼 있어 전용 60㎡ 초과 물량을 공급
받을 수도 있을 것으로 보인다.

• **판정방법**

다세대는 반드시 집합건축물대장을 떼어 '변동사항' 란에서 변동일자
와 변동내용 및 원인을 살펴봐야 한다. 원다세대는 '신규작성' 이라 표기
돼 있지만, 전환다세대는 '0년 0월 0일 집합으로 전환되어 신규작성' 이라
고 명시돼 있다.

• 주택재개발사업과 도시환경정비사업의 상가 등 소유자는 권리가액이 분양용 최소규모 공동주택 1가구의 추산액 이상이면 공동주택을 분양받을 수 있으며, 다음의 순위에 해당되면 상가 혹은 상가와 공동주택 둘 다 분양받을 수 있다.

- 제1순위 : 종전 건축물의 용도가 분양건축물 용도와 동일하거나 유사한 시설이며 사업자등록(인가 · 허가 또는 신고 등을 포함. 이하 이 항에서 같다)을 필한 건축물의 소유자로서 권리가액(공동주택을 분양받은 경우에는 그 분양가격을 제외한 가액)이 분양건축물의 최소분양단위규모 추산액 이상인 자

- 제2순위 : 종전 건축물의 용도가 분양건축물 용도와 동일하거나 유사한 시설인 건축물의 소유자로서 권리가액이 분양건축물의 최소분양단위규모 추산액 이상인 자

- 제3순위 : 종전 건축물의 용도가 분양건축물 용도와 동일하거나 유사한 시설이며 사업자등록을 필한 건축물의 소유자로서 권리가액이 분양건축물의 최소분양단위규모 추산액에 미달되나 공동주택을 분양받지 아니한 자

- 제4순위 : 종전 건축물의 용도가 분양건축물 용도와 동일하거나 유사한 시설인 건축물의 소유자로서 권리가액이 분양건축물의 최소분양단위규모 추산액에 미달되나 공동주택을 분양받지 아니한 자

- 제5순위 : 공동주택을 분양받지 아니한 자로서 권리가액이 분양건축물의 최소분양단위규모 추산액 이상인 자

- 제6순위 : 공동주택을 분양받은 자로서 권리가액이 분양건축물의 최

소분양단위규모 추산액 이상인 자

※종전 건축물의 용도가 분양건축물 용도와 동일하거나 유사한 시설이란 같은 근린생활

시설이어야 한다는 뜻이다. 사업자등록증은 건축물 소유자가 필해야 하며 세입자가 필

한 것은 소용이 없다.

• 주택재건축사업에서는 상가 등 부대복리 소유자에게는 상가 등 부대
복리시설을 공급하되, 다음 하나에 해당하는 경우에는 공동주택을 분양받
을 수 있다. 즉 공동주택만 분양받거나 공동주택과 상가 둘 다 받을 수도
있다.

가. 상가 등 부대복리시설을 건설하지 아니하는 경우로서 기존 부대복
리시설의 가액이 분양주택 중 최소분양단위규모의 추산액에 정관
등으로 정하는 비율(정관 등으로 정하지 아니하는 경우에는 1로 한다. 이
하 나목에서 같다)을 곱한 가액보다 클 것

나. 기존 부대복리시설의 가액에서 새로이 공급받는 부대복리시설의
추산액을 뺀 금액이 분양주택 중 최소분양단위규모의 추산액에 정
관 등으로 정하는 비율을 곱한 가액보다 클 것

다. 새로이 공급받는 부대복리시설의 추산액이 분양주택 중 최소분양
단위규모의 추산액보다 클 것

분양자격에 관한 리스크를 줄이려면

위에 상술한 분양자격은 일반적인 상황이다. 재개발구역에는 의외로

권리분석이 복잡하고 까다로운 물건들이 많기 때문에 분양자격이 있다고 생각되더라도 구입하기 전 반드시 전문가나 전문기관을 통해 확인해야 한다. 예를 들어 3필지가 하나의 대지범위인 토지를 건축물 준공 당시부터 분할하여 소유하고 있으며(각 필지의 규모는 $90m^2$ 이상), 그 지상 하나의 건축물을 토지 소유자 3인이 공유로 소유하고 있는 물건도 있다. 이 중 1인의 토지만 취득해도 분양자격이 있는지, 아니면 1인의 토지와 건물 공유지분을 같이 취득해야 분양자격이 있는지 등 자칫 실수할 수 있는 복잡한 물건이 많으므로 절대 속단해서는 안된다.

재개발 분양자격은 매우 까다롭고 예민한 사항이라 정확하게 판단할 수 있는 전문가는 그리 많지 않다. 조합은 경험과 전문성 부족으로 잘 알지 못하는 경우가 대부분이며, 정비관리업체 직원들은 설사 안다고 해도 업무상 잘 알려주지 않는다. 천상 중개업소나 재개발 지분 투자를 전문으로 하는 컨설팅업체에 의존하게 되는데, '견물생심' 이란 말도 있듯 신뢰하기가 곤란하다. 따라서 매물과 상관이 없는 객관적인 위치의 전문가나 컨설턴트에 의뢰하거나 관할 행정청의 주거정비과, 국토해양부 주택정비과에 문의하는 것이 가장 믿을 만하다. 서울시 주거정비과와 국토해양부 주택정비과는 분양자격에 상당한 지식을 갖춘 직원이 많으나, 경기도와 인천광역시는 아직 재개발사업에 대한 경험이 일천해 허술한 조례 만큼 분양자격에 대한 전문성도 떨어지므로 주의해야 한다.

가장 확실한 방법은 거래 계약할 때 '지분 매입 시, 향후 분양자격 등에 문제가 발생하면 구 소유자 및 해당 부동산 중개업소는 원상회복에 소요되는 비용 일체를 부담한다' 는 단서조항을 계약서에 명기하는 것이다.

미래의 블루칩을 선점하는 **부동산 투자 성공 방정식**

족집게과외

▶ 재건축은 땅과 집을 동시에 가져야 분양자격이 있으나, 재개발은 땅만 가지거나 건물만 가진 경우에도 일정 조건을 충족하면 분양자격이 있다.

▶ 분양자격이 까다로운 것은 권리분석이 어려워 리스크는 크지만 투자 대비 수익률을 높이는 데는 유리하다.

▶ 분양자격은 의외로 복잡한 것들이 많으므로 중개업소나 컨설팅업체의 말만 믿고 속단하지 말고 객관적인 위치의 전문가나 관할 행정청에 문의해야 한다.

옹달샘 | 상속받은 주택 및 토지의 재개발 분양자격

상속받은 주택 및 토지의 분양자격을 몰라 불이익을 받는 경우가 의외로 많다.

• 상속주택을 언제까지 등기해야 하나?

질문1〉 아버님이 1996년에 돌아가시면서 아들인 저에게 주택을 상속했습니다. 그런데 그 주택이 있는 지역이 재개발이 되어 현재 조합설립이 인가됐습니다. 그런데 앞으로 조합원으로 분양받으려면 제 앞으로 상속등기를 해야 한다고 하는데, 언제까지 등기하면 되는지요?

답변〉 상속에 의한 소유권 취득은 등기를 요하지 않으나 재개발 사업에서 소유권은 서울시 조례 제23조 제4호 〈종전 토지 등의 소유권은 관리처분계획기준일 현재 부동산 등기부에 의한다〉고 규정돼 있습니다. 따라서 관리처분계획기준일, 즉 분양신청기간 만료일 전까지 상속등기를 마치고, 또한 분양신청 기간 내에 반드시 분양신청을 해야 합니다.

• 땅 1필지를 공동으로 상속받은 경우는?

질문2〉 어머님이 서울시 아현동에 보유한 땅 364㎡를 4명의 자녀가 2002년 5월 공동으로 상속해 현재까지 보유중입니다. 자녀 4명이 각각 공유지분 토지 91㎡씩을 보유하고 있는데, 아직 등기는 하지 않고 있습니다. 각각 분양자격이 주어지는지요?

답변〉 공유지분 토지라도 90㎡ 이상을 소유한 경우, 서울시(서울시와 인천시 외 다른 지자체는 공유지분 토지에 대해서는 분양자격 없음)는 분양자격을 주고 있습니다. 다만 2003년 12월 30일 전부터 공유지분으로 소유한 토지여야 합니다. 그런데 종전 토지 등의 소유권은 부동산등기부에 의하도록 서울시 조례 제23조 제4호에 규정돼 있으므로, 상속의 경우 소유권 취득일의 시점은 등기접수일로 보는 것이 타당합니다. 따라서 2003년 12월 30일 전에 상속등기가 이루어지지 않았기 때문에 이 경우에는 각각 분양자격이 주어지지 않으며, 4

명 합쳐 하나의 분양자격만 주어집니다.

☞2008년 7월 30일 개정된 서울시 조례에 '토지 등의 소유권 취득일은 부동산등기부상
의 접수일자를 기준으로 한다'는 규정이 삽입돼 소유권 취득 시점이 명문화됐다.

• 공유지분 100㎡ 나대지를 혼자 상속받은 경우는?

질문3〉 아버님이 친구와 1필지 200㎡의 나대지를 100㎡씩 공유지분으로 1995년부터 보
유하고 있었습니다. 그러던 중 2001년도에 아버님이 돌아가시고 어머님이 공유지분 100
㎡ 나대지를 상속받았습니다. 그런데 아직 상속등기를 하지 않아 분양을 받지 못할 거라
그러더군요. 여기는 서울입니다.

답변〉 결론적으로 말해 이 경우에는 분양자격이 주어집니다. 상속받은 공유지분 100㎡
나대지를 서울시 조례시행일인 2003년 12월 30일 전에 상속등기를 하지 않아 소유권 취
득을 하지 않은 것으로 간주되지만, 이 경우에는 온전한 분양자격이 있는 피상속인의 권리
를 상속인이 승계한 것으로 인정되기 때문입니다.

질문 2는 온전한 분양자격이 상속에 의해 4개로 쪼개졌기 때문에 각각의 분양자격이 주어
지려면 2003년 12월 30일 전에 상속등기를 했어야 합니다. 그러나 질문3은 분양자격이
쪼개지지 않고 온전하게 상속됐기 때문에 소유권 취득을 하지 않았다 해도 도시및주거환
경정비법 제10조의 규정에 따라 상속인에게 분양자격이 주어집니다. 다만 이 경우에도 분
양신청기간 만료일 전까지 상속등기를 하고, 반드시 분양신청을 해야 합니다.

☞도시및주거환경정비법 제10조(사업시행자 등의 권리ㆍ의무의 승계) 사업시행자와 정비
사업과 관련하여 권리를 갖는 자(권리자)의 변동이 있는 때에는 종전의 사업시행자와
권리자의 권리ㆍ의무는 새로이 사업시행자와 권리자로 된 자가 이를 승계한다.

재개발 · 재건축
수익분석

재개발 · 재건축의 경우 수익분석이 어렵다고 머리부터 흔드는 사람들이 있다. 돈을 벌려면 머리가 아프더라도 머리를 좀 써야 하는 법이다. 하지만 수익분석은 생각보다 어렵지 않다. 이번 기획에 확실한 맥을 알게 되면 수익성 좋은 물건을 쉽게 고를 수 있다.

재개발과 재건축은 사업 내용도 완전히 다르지만 수익분석도 다르다.

:· 재개발 물건의 수익분석

수익분석을 하려면 권리가액과 비례율, 예상분양가를 알아야 한다. 하지만 정확한 수치와 금액은 관리처분계획인가 시점에서나 알 수 있기 때문에 예상 수치를 이용해 가장 근접한 권리가액과 비례율, 추가부담금을 산

정할 수밖에 없다. 따라서 이 수익분석은 투자를 위한 참고용일 뿐 정확한 산출기준은 될 수 없다는 점을 염두에 둬야 한다.

· 권리가액 = 종전 자산의 평가액 × 비례율

· 비례율 = (총수입 - 총 사업소요비용) / 종전 자산의 총평가액

• 종전 자산의 평가액 = 조합원이 소유한 토지나 주택을 2이상의 감정 평가기관이 사업시행인가일을 기준으로 평가한 금액을 말한다.

• 비례율 = 투자 대비 수익률로서 재개발 사업으로 벌어들이는 수익률 을 말한다. 수익률은 100%를 기준으로 많을수록 수익이 좋아지는 것 으로서 조합의 주인은 조합원이기 때문에 이 수익률을 종전 자산의 평가액에 곱한 금액을 권리가액으로 삼는 것이다. 권리가액과 조합 원분양가의 차이가 추가부담금이 되기 때문에 조합원은 비례율이 높 을수록 유리하게 되는 것이다.

이 비례율은 관리처분계획인가 시점에 정확히 산정되며 사전에 이를 추정하기는 매우 어렵다. 여러 가지 변수와 많은 항목의 비용을 일일 이 예상할 수는 없기 때문이다. 또한 비례율이 높게 나왔다고 하더라 도 관리처분계획을 수립할 때는 거의 대부분의 조합이 비례율을 100% 내외로 맞추게 된다. 100%를 초과하는 수치만큼 세금으로 내 야 하기 때문에 세금을 낼 바에야 조합원의 이익으로 돌아갈 수 있도 록 종전 자산의 평가액을 높이든지 조합원분양가를 낮추든지 하는

방법으로 조절하는 것이다. 이 방법에 의해 비례율이 높게 나올 수 있는 지역은 조합원들이 추가 부담해야 하는 추가부담금이 줄어들게 된다.

따라서 재개발 지분 투자를 고려할 때는 비례율을 구하려고 애쓰지 말고 비례율이 높게 산정될 수 있는 지역을 먼저 고르고, 그 다음 종전 자산의 평가액이 높게 나올 물건을 선택한 후 최종적으로 투자수익을 분석하면 된다.

투자수익분석 방법

①비례율이 높게 나오려면 공식에서 보듯 분모의 평가액이 적거나 분자의 총수입이 많으면 된다. 평가액이 적게 나오려면 조합원 수가 적어야 한다. 총수입이 많으려면 건립세대 수가 많아야 하며, 용적률이 높아야 하며, 분양가가 비싸야 한다.

②따라서 조합원 수에 비해 건립세대 수가 많은 지역, 용적률이 높은 지역, 주변 시세가 비싼 지역을 고르면 된다.

조합원 수가 건립세대 수의 3분의 2 이하면 사업성이 상당히 양호한 지역, 5분의 4 이하면 양호한 지역으로 분류된다. 기본계획에 정비예정구역으로 지정되면 조합원 수와 건립세대 수를 어느 정도 파악할 수 있다. 2종일반주거지역보다는 3종일반주거지역이 더 유리하며, 일반주거지역보다는 준주거지역, 상업지역이 훨씬 사업성이 좋은 것이다. 용산의 특별계획구역의 지분 값이 평당 1억 5,000만 원을 상회하는 것은 상업지역이라 용적률이 일반주거지역에 비해 3, 4배 높기 때문이다. 주변 시세가 비싸야 분양가상한제가 적용되더라도 일반분양가가 높아진다. 물론 일반분양가가 높으면 조합원분양가도 올라가겠지만 일반분양 물량의 수입이 늘어나야 추가부담금이 줄어들기 때문에 주변 시세가 비싼 곳을 선택해야 유리하다. 용산이나 뚝섬, 강남 등에 투자자들의 관심이 쏠리는 것은 바로 이 때문이다.

③종전 자산의 평가액이 높게 나오려면 단독이나 다가구보다는 다세대나 연립주택이 유리하다. 또한 주거면적에 비해 대지 지분 비율이 높은 다세대나 연립의 수익성이 좋다. 예를 들어 주거면적이 66㎡(20평)로 같은 A와 B 다세대주택 중 A의 대지 지분은 33㎡(10평)이고 B는 40㎡라면 B가 더 낫다는 뜻이다. 또한 언덕받이에 위치한 곳보다는 평지가 좋고, 못생긴 땅보다는 정방형 등 잘생긴 땅이 더 가치가 크다. 도로변에 가까울수록 지역의 진입로에 위치해 있을수록 평가액은 높아진다.

④지역과 물건을 선택했다면 이제는 예상 권리가액을 산출한다. 비례율을 몰라도 현장에서 두루 통용되는 방식을 이용하면 10% 오차 내로 근접한 권리가액을 산출할 수 있다. 이 방식으로 산출한 권리가액은 통상 실제 권리가액보다 약간 낮게 나오므로 상당히 신뢰성이 높은 것으로 평가받고 있다.

- **총 권리가액 = 토지의 권리가액 + 건물의 권리가액**
- 토지의 권리가액 = 개별공시지가 × 1.3 (개별공시지가는 www.onnara.go.kr에서 열람 가능)

⑤ 시세에서 권리가액을 뺀 것이 프리미엄이다. 프리미엄을 많이 주고 구입할수록 수익이 줄어들므로 프리미엄의 적정 여부를 판단할 줄 알아야 한다.

예를 들어, 66㎡의 빌라 매매가가 3억 원인데, 예상 권리가액이 2억 원이라면 프리미엄은 1억 원이다. 대체적으로 프리미엄은 일반분양가와 조합원분양가의 차이만큼 형성되는 것이 일반적이다. 이 차이 금액 이상으로 프리미엄이 형성돼 있다면 구입을 자제해야 한다. 분양가상한제가 적용되지 않았을 때는 일반분양가와 조합원분양가의 차이는 20% 내외였다. 하지만 분양가상한제 실시로 이 차이는 10% 내외로 줄어들 것으로 예상된다. 그러나 분양가상한제가 적용되는 재개발구역이 관리처분계획 단계까지 다다른 경우가 아직 없는 탓인지 이미 형성된 프리미엄은 떨어지지 않고 있다. 하지만 일반분양가와 조합원분양가의 차이가 줄어드는 만큼 프리미엄 역시 줄어들 것이다.

⑥ 자 드디어, 투자수익분석을 할 때다. 사례별로 분석해 보자.

Q 길음10구역, 빌라, 대지지분이 13평, 건평은 18평형, 개별공시지가는 평당 약 700만 원, 부동산에선 33평형 배정 가능하다. 평가금액은

1억 5,000만 원정도 예상되고 현재 가격은 3억 5,000만 원이다.

A 길음10구역은 현재 추진위원회 단계이다. 용적률 249.78%를 적용받아 최고 25층 22개 동 규모로 1,781가구가 건립될 것으로 예상되며, 지하철 4호선 미아삼거리역이 도보로 2분 거리인 초역세권에 위치해 있어 입지 조건은 좋다고 할 수 있다. 바로 옆에 동부센트레빌 단지가 있다. 이 빌라는 대지 지분 비율도 높은 편이다.

- 3.3㎡ 당 지분 값 : 2,700만 원
- 프리미엄 : 2억 원(3억 5,000만 원 - 1억 5,000만 원)
- 예상 추가부담금 : 2억 1,000만 원(예상 조합원분양가 3억 6,000만 원 - 1억 5,000만 원)

※조합원분양가를 얼마로 예상할지는 항상 논란의 대상이다. 분양가상한제 적용 전에는 일반분양가는 인근의 신축아파트 시세 수준으로 책정됐고 조합원분양가는 일반분양가의 80% 수준이었다. 하지만 분양가상한제가 적용되면 일반분양가는 내리고 조합원분양가는 오를 것으로 예상되므로, 인근 신축아파트의 80~85% 수준으로 예상하는 것이 합리적일 것으로 판단된다. 투자시점과 조합원분양가가 책정되는 시점 차이에서 오는 금액도 감안해야 하기 때문이다.

- 총투자비용 : 7억 1,000만 원. 매매가 3억 5,000만 원 + 추가부담금 2억 1,000만 원+세금 및 5년 간 금융비용 1억 5,000만 원(이주비와 기회비용은 고려하지 않음)

▶분석 = 프리미엄이 2억 원인 것은 좀 과도하다. 인근 33평형의 현재 시세는 4억 5,000

만 원이다. 5년 후 입주 시점에 7억 2,000만 원을 상회한다면 투자할 만한 가치가 있다.

균형발전촉진지구, 뉴타운 등의 호재가 강한 미아삼거리는 상권으로서는 최적의 투자

대상이다. 그러나 교통이 불편하고 거주환경이 썩 좋은 편은 아니어서 주거지로서의 발

전성은 한계가 있다. 시세가 5년 간 58%의 상승률을 기록하면 되기에 손해 보는 투자는

아니라고 생각되지만, 수익률은 그리 높지 않을 것으로 전망된다. 3.3㎡당 빌라 지분 값

이 2,000만 원 내외라면 수익률이 좋은 물건일 수 있다.

Q 은평구 갈현동1구역 빌라, 대지 지분은 7.5평 건평은 12평이다. 가격은 1억 4,000만 원, 장점은 은평뉴타운과 가깝고 시공사는 삼성, GS건설이 확정되었다. 조합원은 2,300세대, 분양세대는 3,124세대 정도이며, 단점은 언덕 맨 꼭대기에 있다는 것이다. 수익분석은?

A 갈현동1구역은 300번지 일원의 구릉지로서 기준용적률이 170%이며, 7층 이하를 원칙으로 하되 역세권 및 간선가로변은 최고 12층 이하로 완화할 수 있는 구역이다. 현재 최고 15층으로 정비구역 지정 신청중이다. 구릉지에 위치해 경관이 좋고 은평뉴타운이 한 눈에 바라다 보이며 후광효과가 기대된다. 3호선 연신내 역이 도보로 10분, 교육환경과 생활환경도 좋고 도심 접근성도 나쁘지 않다. 다만 용적률과 주변 시세가 낮아 사업성이 다소 떨어지는 것이 단점이다.

개별공시지가 620만 원이므로 토지의 권리가액 6,045만 원과 건물의 권리가액 1,800만 원을 합쳐 7,845만 원이 이 빌라의 권리가액이다. 이 빌라의 대지 지분 비율도 높은 편이다. 대지 지분 7.5평 짜리여서 일단 초기투입비용이 적다는 것이 장점으로 꼽힌다. 이 빌라는 전용

60㎡ 이하(23평형)에 배정되는 것으로 간주한다.

- 3.3㎡ 당 지분 값 : 1,866만 원

- 프리미엄 : 6,155만 원(1억 4,000만 원 - 7,845만 원)

- 예상 추가부담금 : 1억 155만 원(예상 조합원 분양가 1억 8,000만 원 - 7,845만 원)

- 총투자비용 : 3억 155만 원. 매매가 1억 4,000만 원 + 추가부담금 1억 155만 원 + 세금 및 5년 간 금융비용 6,000만 원(이주비와 기회비용은 고려하지 않음)

▶ 분석 = 프리미엄이 좀 과도하다. 인근 23평형의 현재 시세는 2억 2,000만 원이다. 5년 후 입주 시점에 3억 2,000만 원을 상회해야 투자할 만한 가치가 있다. 5년 간 45%의 상승률은 충분히 가능성이 있다. 갈현동은 현재 시세가 낮은 지역이나 은평뉴타운이 개발되고 인근의 상암·수색 후광효과로 인해 발전 가능성이 높다. 또한 조합원 분양가가 1억 8,000만 원보다 줄어들 가능성도 있고, 전용 85㎡ 이하(32평형) 배정될 확률도 있어 투자가치가 있다고 판단된다. 무엇보다 초기투입비용이 적다는 것이 매력적이다.

:·· 재건축 물건의 수익분석

재건축 물건의 수익분석 역시 권리가액과 비례율, 예상분양가를 알아야 한다. 하지만 재건축사업은 각 물건별로 권리가액이 판이한 재개발사업과는 달리 같은 단지 내의 아파트를 대상으로 하기 때문에 면적에 따라 일률적인 평가방법이 가능하다(동, 층 간 차이는 논외로 함). 따라서 재건축에서는 무상지분율을 구해 무상지분 평수가 얼마나 되는지를 구하는 방법으로 수익분석을 하는 것이 보다 합리적이다. 이 방법을 사용하면 권리가액은 구할 필요가 없다. 그러나 재건축사업 중에서도 단독주택 재건축 등 39)평가제 방식으로 사업을 추진하는 지역에서는 비례율을 산정해서 수익분석을 해야 한다.

- 무상지분율 = 개발평수 / 대지면적 × 100

· 개발평수(총 무상평수) = 개발이익 / 평당 분양가

· 개발이익 = 총수입 - 총지출

- 총수입 = 대지면적 × 용적률 × 평당 평균 분양가

- 총지출 = 대지면적 × 용적률 × 공사비(부가가치세, 제경비 포함)

무상지분율은 대지면적과 용적률, 예상 일반분양가격(주변 시세의 85%로 추정)을 알면 가능하다. 예를 들어, 3만 3,000㎡(1만평)의 대지면적을 가진 아파트가 용적률 190%로 평당 분양가격이 1,500만 원으로 사업이 가능하다고 하면, 이때 용적률은 인센티브가 포함되지 않은 기준용적률로 하는 게 보수적인 산정이 된다.

총수입 : 1만평 × 1.9 × 1,500만 원 = 2,850억 원

총지출 : 1만 평 × 1.9 × 600만 원 = 1,140억 원(최근 3.3㎡당 사업비용은

　　　　 600만 원 가까이 산출된다)

개발이익 : 2,850억 원 - 1,140억 원 = 1,710억 원

개발평수 : 1,710억 원 ÷ 1,500만 원 = 1만 1,400평

무상지분율 : 1만 1,400평 ÷ 1만 평 × 100 = 114%가 된다.

무상지분율이 114%라는 것은 대지 지분이 66㎡(20평)이면 향후 재건축 시 추가부담금 없이 받을 수 있는 무상평수가 75.24㎡(22.8평)가 된다는 뜻이다. 따라서 무상지분율이 높을수록 사업성이 좋은 재건축 단지이다.

　• 무상평수 = 대지 지분 × 무상지분율

그러나 이 무상지분율 역시 시공사가 선정되는 사업시행인가 이후에나 알 수 있다. 따라서 무상지분율은 지분 투자를 위한 참고자료로만 활용해야 하며 무조건적인 신뢰는 금물이다.

투자수익분석

①재건축사업 역시 대지 지분이 많은 아파트를 구입해야 한다. 그러나 대지 지분의 가치는 재건축사업이 재개발사업보다 훨씬 강력하다. 재개발사업의 대지 지분은 각 물건별로 많고 적음이 결정되는 개별 사항이나, 재건축 단지의 대지 지분은 단지별로 많고 적음이 결정되는 전체 사항이라 사업성 자체를 좌우하기 때문이다. 고층보다는 저

층아파트가 아파트의 건축면적에 비해 대지권 면적이 많으며, 단지 내 아파트의 동 간 간격이 넓거나 단지 내 공지 등이 많은 경우에도 대지 지분 비율이 높다.

대치동 은마아파트와 잠실 주공5단지의 112㎡(34평형)는 같은 평수이나 대지 지분이 다르다. 은마아파트는 대지 지분이 53.79㎡(16.3평)이나 잠실 주공은 74.38㎡(22.54평)으로 무려 6.24평이 많다. 잠실 주공이 15층으로 14층인 은마아파트보다 1층 더 높은 데도 그렇다. 그 이유는 은마아파트의 기존용적률은 197%인데 반해 잠실 주공5단지는 138%로 낮기 때문이다. 대체적으로 저층 단지가 고층 단지에 비해 기존 용적률이 낮으며, 기존용적률이 낮을수록 재건축할 때 늘어나는 용적률이 많아지므로 수익성이 더 좋을 수밖에 없다.

강남구 개포 주공 1, 2, 3, 4단지, 강동구 고덕 시영 및 고덕 주공 2, 3, 4단지, 과천주공 2단지 등이 대지 지분이 큰 대표적인 재건축단지이다. 이 단지들은 아파트 분양면적보다 대지 지분이 큰 저밀도 단지다. 과천 주공2단지 같은 곳은 대지지분이 분양면적보다 많게는 23㎡(7평)나 커서 53㎡(16평형) 짜리 아파트를 갖고 있다면 99㎡ 대 아파트를 무상으로 배정 받을 가능성이 크다.

②무상지분율이 많이 나올 수 있는 단지를 골라야 한다. 무상지분율이 많이 나와야 무상 평수가 많아져 추가부담금이 줄어들기 때문이다. 대지 지분 66㎡의 아파트의 경우, 무상지분율이 150%라면 99㎡까지 부담금 없이 배정받을 수 있으므로, 만일 분양받을 아파트의 평수가 108.9㎡이라면 9.9㎡(3평)에 대한 추가부담금만 내면 되는 것이다.

무상지분율을 결정짓는 요소 역시 비례율과 같이 용적률과 주변 시세다. 따라서 용적률이 높고 입지가 좋은 즉 비싼 동네의 재건축 단지가 무상평수를 더 많이 받을 수 있다.

1대1 재건축이나 고층단지는 무상지분율이 매우 낮을 거라 생각하는 사람들이 많은데 반드시 그렇지는 않다. 무상지분율이란 조합원이 갖고 있는 건물 면적이 아니라 대지 면적이 얼마인가에 대한 비율이며, 용적률도 중요하지만 분양가와 더 밀접한 관련이 있기 때문이다. [40]1대1 재건축이더라도 무상지분율이 150% 이상인 곳도 있을 수 있다. 또한 저층 단지는 이미 아파트 평수 대비 대지지분이 높게 책정돼 있는 걸로 사실상 무상지분을 많이 받을 수 있는 요건을 갖추고 있는 것이지 무상지분율이 높은 것은 아니다.

따라서 대지 지분도 많고 무상지분율도 높은 아파트가 최고의 수익성을 보장한다고 하겠다.

③자, 그럼 적정한 투자가격을 산출해보자. 사례별로 분석해본다.

Q 성남 신흥주공 재건축 단지의 92㎡(28평형)가 2008년 8월 현재 5억 4,000만 원, 102㎡(31평형)가 5억 8,500만 원인데 적정 가격인지, 수익성은 있는지?

A 신흥주공단지는 22개동 2,208가구의 대단지로 기존용적률 114%로 대지 지분 비율이 매우 높다. 28평형의 대지 지분이 25평, 31평형의 대지지분이 27평이다. 2003년 정밀안전진단 통과한 2단계 사업구역이어서 2008년 구역지정 받으면 곧바로 사업 시작한다. 현재 구역지정 신청중이다. 군항공기지법에 따라 15층까지만 지을 수 있으

40) 1대1 재건축이란 관계 법령에서 명문화된 용어는 아니지만, 국토해양부 고시 '정비사업의 임대주택 및 주택규모별 건설비율' 4-3의 규정에 따라 '조합원 분양 주택을 재건축하기 전의 주택 규모 이하로 건설하고, 조합원 이외의 자에게 분양하는 주택을 모두 국민주택 규모 이하로 건설하는 때'를 말한다. 1대1 재건축은 소형평형의무비율을 적용받으면 일부 조합원이 종전 주택 평수보다 적은 평수를 배정받을 수도 있는 단지들이 재건축을 추진하기 위해 불가피하게 선택하는 방법이다.

며, 용적률이 230%로 결정될 것으로 예상된다. 위례신도시 발표로 후광효과를 누리고 있는데 위례신도시에 포함돼 있는 육군종합행정학교에서 직선거리로 2Km에 불과하고 차로도 5분 거리에 있다. 교통이나 환경은 좋으나 교육 여건이 좋지 않은 점이 단점이나 위례신도시가 개발되면 교육 환경도 개선될 것으로 기대된다.

• 3.3㎡ 당 지분 값 : 1,928만 원(28평 형), 1,887만 원(31평 형)

▶분석 = 28평형의 평당 지분 값이 비싼 것은 40평형 대 배정이 확실하기 때문이다. 1평 적은 27평형이 4억 6,750만 원으로 28평형과 가격 차이가 많이 나는 것은 27평형이 40평형 대에 배정될 확률이 반반이기 때문이다.

• 예상 무상지분율 144% 가능 - 용적률 230%, 분양가 1,600만 원으로 책정 시. 인근 재개발 일반분양가가 평당 1,600만 원인 선임을 감안, 분양가상한제 적용받아도 1,600만 원으로 일반분양가 책정 가능.
• 28평형의 무상배정 평수 36평형, 31평형의 무상배정 평수 39평
• 예상 추가부담금 31평형은 8,000만 원, 28평형은 1억 2,000만 원.
• 총투자비용 5억 8,500만 원 + 8,000만 원 + 세금 및 5년 간 금융비용 2억 원 = 8억 6,500만

▶분석 = 31평형의 무상배정 평수는 39평형이다. 따라서 39평형 아파트의 현 시세가 5억 8,500만 원이라는 뜻이므로, 평당 1,500만 원이면 현재가치 면에서도 비싸게 책정돼

이주비

세입자는 주거이전비를 받지만, 공동주택을 분양받은 조합원은 이주비를 지급받는다. 이 이주비로 세입자의 전세금을 빼주거나 공사가 완료되기 전까지 거주할 집을 마련하는 것이다. 이주비는 조합이 금융기관을 통해 빌려주는 것으로 입주 시 상환해야 한다. 이주비는 조합이 이자를 부담하는 무이자 이주비와 본인이 이자를 부담하는 유이자 이주비가 있는데, 통상 무이자 이주비는 권리가액의 40% 내외, 유이자 이주비는 2,000 ~ 3,000만 원 정도 지급된다. 무이자라고 해도 조합의 비용으로 충당하는 것이어서 결국 조합원이 부담하는 것이다. 만일 이주비를 입주 기간 만료일까지 상환할 수 없는 입장이라면 배정받은 아파트 보존등기 후 근저당으로 설정된다.

있다고 볼 수는 없다. 신흥주공 재건축 단지는 성남 구시가지와 비교하기보다는 위례신도시나 장지지구를 비교 대상으로 삼아야 하기 때문이다. 5년 후 입주 시세가 평당 2,000만 원 되면 승산이 있는 투자라고 볼 수 있다.

Q 재건축 시 142㎡(43평형)을 분양받을 수 있는 잠실 주공 5단지의 119㎡(36평형)의 거래가가 2008년 8월 현재 13억 원 정도이며, 추가부담금이 2억 원이라 가정한다면 투자가치가 있는지.
A 잠실주공5단지 119㎡는 2006년 12월 16억 원을 돌파했으나 계속 하락해 2008년 5월 14억 원에서 다시 13억 원 이하로 하락하고 있다.

• 3.3㎡ 당 지분 값 : 3,611만 원

- 예상 추가부담금 2억 원
- 총투자비용 : 20억 원(13억 + 2억 + 세금 및 5년 간 금융비용 5억 원)

▶분석 = 최근 입주한 레이크팰리스 142㎡형(43평형)의 호가가 15억 원 선, 2008년 8월 입주한 주공1단지 45평형이 현재 16억 5,000만 원임을 감안할 때, 5년 후 입주 시점에 최소한 20억 원 이상으로 올라야 투자 수익을 낼 수 있다. 그러나 잠실 주공5단지는 아직 예비안전진단도 통과 못한 상태라 재건축 규제가 대폭 완화되지 않으면 10년이 걸릴 수도 있다. 따라서 상당히 고평가돼 있는 물건이라고 볼 수 있다.

여기에는 상업지역으로 용도가 변경될 수도 있다는 기대감과 뛰어난 입지에 대한 낙관론이 포함돼 있기 때문이다. 따라서 잠실 주공5단지는 투자 목적보다는 실거주 차원에서 장기적인 목적으로 접근하면 승산을 점칠 수 있으나 단기 목적으로는 자제해야 한다.

:· 배정 평형 예측하기

재개발이나 재건축 지분을 살 때 향후 어떤 면적에 배정받느냐도 매우 중요하다. 전용 85㎡ 이하와 전용 60㎡ 이하의 가치는 시간이 지나면서 격차가 더욱 벌어지기 때문에 가급적 전용 85㎡ 이하를 받을 수 있는 지분을 구입해야 한다.

재개발 사업에서는 전용 60㎡ 이하, 전용 85㎡ 이하, 전용 85㎡ 초과의 비율이 4 : 4 : 2다. 만약 재정비촉진지구 내 재개발사업이면 2 : 4 : 4로 완화된다. 그러나 재개발 사업은 재건축 사업과는 달리 다른 물건의 권리가액을 파악하기 곤란해 자신의 지분 권리가액이 몇%에 들어가는지를 알기가 곤란하다. 정확한 순위는 관리처분계획 수립 단계에서나 확인할 수 있기 때문에 투자비를 늘리더라도 전용 85㎡를 안전하게 받을 수 있는 지분을 매입하는 것이 현명하다.

과거에는 분양대상자가 분양받을 국민주택규모의 주택이 부족한 경우 현금청산될 수 있었다. 그러나 2008년 3월 12일 개정 조례에 의해 국민주택규모의 주택이 부족한 경우에는 국민주택규모를 초과하는 주택 중 일반분양하고 남은 물량을 그 부족분에 한하여 권리가액이 많은 순으로 추가공급할 수 있다고 규정해 조합원에게 돌아갈 수 있는 물량을 늘여준 것은 다행스런 일이라 하겠다.

재건축 사업에서는 비율이 2 : 4 : 4다. 재건축 사업은 조합원과 건립세대수만 파악하면 향후 어떤 면적에 배정되는지 쉽게 파악할 수 있다. 따라서 전체 공급 세대수 중에서 상위 40% 이내 대지 지분을 구입하면 안전하다.

족집게과외

▶재개발 · 재건축 지분 투자는 즉흥적으로 남을 따라 할 것이 아니라 섬세한 분석을 통해 결정해야 한다.

▶이제는 가격이 너무 많이 오른 시점이고 향후 분양가상한제로 인해 수익성도 떨어질 것이므로 투자 목적보다는 실수요 목적으로 접근하는 것이 현명하다.

▶지분 투자는 장기적인 시간이 필요한 만큼 현재가치보다는 미래가치 위주로 수익분석을 해야 한다.

단독주택 재건축에도 관심 기울여야

서울시가 2006년 발표한 주택재건축사업 기본계획에는 총 319개의 주택재건축 정비예정구역이 지정돼 있다. 이중 240곳이 단독주택 재건축 예정구역이다. 성북구가 25곳으로 가장 많고 은평구가 21곳, 서대문 19곳, 마포·도봉구가 16곳 순이다. 서초구도 9곳이나 되지만 송파구와 강남구는 한 곳도 없다. 지방에서는 대구시가 71곳으로 가장 많고 대전이 54곳, 경기도 안산시 13곳이다.

지금까지 재건축사업이 공동주택에 국한된 사업이었다면 앞으로는 단독주택 위주의 재건축 사업이 본격화될 것임을 예견한다. 서울시가 단독주택 재건축을 본격 추진하기로 한 것은 재개발 요건에 미달하는 서울의 수많은 낙후지역을 개발하기 위해서다. 재개발은 노후불량도 외에도 과소필지, 주택접도율, 호수밀도 중에서 하나의 요건을 더 충족시켜야 구역지정이 되지만, 단독주택 재건축은 노후불량도만 충족시켜도 추진이 가능하기 때문이다.

단독주택 재건축 역시 재개발과 마찬가지로 조합원이 되면 공동주택을 분양받을 수 있다. 그러나 재개발 지분 투자에 비해서 시장이 활성화돼 있지 못하고 지분 값도 재개발의 80% 이하 선에서 형성돼 있다. 조합설립 인가 후 명의변경이 금지돼 있었는데다 층수 등에서 재개발 사업보다 불리하기 때문이다.

하지만 층수가 낮다는 것은 저밀도 지역이라 주거환경이 쾌적하다는 의미이므로 실거주 차원에서는 적극적으로 관심을 가질 만하다. 단독주택 재건축은 공동주택 재건축과는 달리 안전진단을 받지 않아도 되므로 사업 추진이 훨씬 빠를 수 있다는 장점도 있다. 재건축 조합원의 명의변경 금지가 2008년 8월 21일부로 폐지됐으므로 약간의 가격 상승이 전망된다. 단독주택 재건축 지역으로 유망한 지역은 서초구 방배동, 용산구 후암동과 이촌동, 마포구 공덕동과 상수동 등 의외로 많다.

단독주택 재건축 투자 시 가장 주의할 점은 분양자격이다. 수익분석은 재개발과 같은 방법으로 하면 된다. 단독주택 재건축 사업도 공동주택 재건축과 마찬가지로 토지와 건축물을 동시에 소유하고 있어야 조합원 자격이 주어진다. 만약 토지만 소유하거나 건물만 가지고 있다면 둘 다 분양자격이 없다. 그렇다면 토지는 A의 소유이나 건물은 A와 B가 동시에 보유한 상태라면 어떻게 될까. 현재로서는 둘 다 분양자격이 없으므로 A가 B의 건물지분을 구입해야 A에게 분양자격이 생긴다는 것이 서울시 주거정비과의 답변이다.

소위 '뚜껑'이라 해서 국·공유지 위에 건축한 기존무허가건축물 소유자는 재개발에서는 조합원 자격이 있지만 재건축에서는 조합원 자격이 없으므로 향후 불하받을 수가 없다. 기존무허가건축물 소유자라 해도 부속토지까지 같이 소유해야 조합원 자격이 있는 것이다. 서울시 재개발에서는 분양자격이 주어지는 1997년 1월 15일 이전에 가구별로 지분소유등기를 필한 다가구 주택과 1990년 4월 21일 다가구주택제도 도입 이전에 단독주택으로 건축허가를 받아 지분등기를 필한 사실상의 다가구주택 등도 분양자격이 없다. 또한 집합건물로 분류되는 협동주택의 경우에도 구분등기가 돼 있어야 분양자격이 주어진다. 지분등기로 여러 소유자가 공유의 형태로 소유하고 있다면 분양자격은 하나만 인정되는 것이다.

그런데 공교롭게도 전환다세대에 대해서는 규제할 근거가 없다. 서울시나 경기도, 인천의 조례는 재개발 및 도시환경정비사업에 대해서만 전환다세대의 분양자격을 제한하고 있기 때문이다. 이 때문에 단독주택 재건축이 예상되는 지역에서는 다가구를 다세대로 전환하는 일이 많이 발생하고 있다. 마포구의 한 재건축 예정구역은 기본계획 발표 때까지만 해도 조합원 수가 450여 명으로 일반분양 물량이 400가구 정도 나와 사업성이 좋을 것으로 예상했으나 정비구역 지정 직전 쯤 가니까 조합원 수가 700여 명으로 증가한 일도 있다.

단독주택 재건축 지분 투자가 활성화되지 못하고 있는 것은 바로 분양자격을 둘러싼 분쟁으로 인해 사업 추진이 지연되는 걸 우려하고 있기 때문이다. 토지 수용권이 주어지는 재개발과는 달리 재건축은 매도청구권만 주어지기 때문에 재건축 사업에 반대하는 사람들이 토지나 건물을 팔지 않고 버티면 사업 추진이 상당한 기간 동안 지연될 수밖에 없다.

하지만 2009년 상반기 중에는 서울시가 어느 정도 해법을 내놓을 수 있을 것으로 전망된다. 서울시는 단독주택 재건축 사업의 문제점을 인식하고 있었으나 그동안 뾰족한 방안을 마련할 수 없었다. 그 이유는 도시및주거환경정비법에서는 주거환경개선사업과 주택재개발, 도시환경정비사업은 관리처분 기준을 시도 조례에 일임할 수 있다고 규정돼 있지만 재건축에 대해서는 그런 규정이 없었기 때문이다. 그러나 2008년 6월 13일 입법예고된 시행령 개정안에 따르면 단독주택 재건축사업의 관리처분기준을 시·도 조례에 위임하여 지자체가 지역의 다양한 현실여건을 반영하여 사업을 시행할 수 있도록 제52조 제2항에 단서 규정을 신설했다. 이 시행령은 2008년 하반기 시행될 것으로 예상되므로 서울시 조례 개정은 2009년 상반기 중 가능할 것 같다.

서울시가 조례로 단독주택 재건축의 분양자격을 조정할 수 있다고 해도 협동주택이나 1997년 1월 15일 이전에 가구별로 지분소유등기를 필한 다가구 주택과 1990년 4월 21일 다가구주택제도 도입 이전에 단독주택으로 건축허가를 받아 지분등기를 필한 사실상의 다가구주택 정도만 구제가 가능할 것이다. 토지만 소유하거나 건물만 소유한 경우, 대지 지분 없는 다세대나 빌라 소유자, 국·공유지의 기존무허가건축물 소유자들에게까지 분양자격을 주기는 어렵다고 여겨진다. 도시및주거환경정비법의 제2조 제9호 나목에 '주택재건축사업의 토지 등 소유자는 건축물 및 그 부속토지의 소유자'라 규정돼 있기 때문에 법 개정을 하지 않는 한 분양자격을 줄 방법이 없는 것이다.

다만 전환다세대의 경우에는 조례로 분양자격을 제한할 수 있으므로 구입을 삼가는 것이 현명하다.

족집게과외

▶단독주택재건축 예정구역은 현재 240개지만 앞으로 더 많이 늘어날 것으로 보인다.

▶재개발 구역에 비해 층수가 낮아 사업성이 떨어진다는 지적도 있지만 주거환경은 더 쾌적할 것으로 보인다.

▶논란이 되고 있는 분양자격은 도시및주거환경정비법 시행령이 개정되면 2009년 상반기 서울시가 조례로 조정할 것으로 전망된다.

단독주택 재건축사업 정비예정구역 현황

구역번호	동명	지번	면적(ha)	계획용적률	층수	비고
은평 9	역촌동	2-45	3.6	210	평균 15	
은평 14	응암동	675-2	2.5	210	-	
은평 18	증산동	170-2	4.1	-	-	뉴타운사업개발기본계획에 따름
서대문 13	연희동	711	2.4	190	7	
서대문 19	충정로3가	3-141	2.2	-	-	뉴타운사업개발기본계획에 따름
마포 7	서교동	460-25	1.4	190	12	
마포 15	대흥동	338-1	1.8	210	평균 15	
마포 17	공덕동	105-84	7.1	190	평균 10	정비구역지정 제4차 공람
노원 1	상계동	1050-2	2.3	190	7	
노원 4	월계동	633-31	4.3	210	평균 15	

노원 12	공릉동	503-4	4.9	190	7	
동작 7	사당동	181-360	5.0	190	평균 10	
동작 12	사당동	316-177	4.2	190	7	
관악 6	봉천동	63-39	1.6	210	평균 15	
관악 11	신림동	403-29	2.2	-	-	뉴타운사업개발기본계획에 따름, 공항고도지구
서초 1	방배동	818-14	3.4	190	평균 10	
서초 6	방배동	946-8	11.4	190	평균 10	
양천 1	목동	632-1	2.1	190	평균 10	
양천 5	신월동	510-1	2.0	190	12	
강서 3	등촌동	366-24	3.1	170	7	공항시설보호지구
구로 2	오류동	241-2	2.2	190	7	
구로 12	구로동	429-97	2.4	190	평균 10	
금천 4	독산동	147-20	1.6	190	평균 10	공항고도지구
금천 11	시흥동	812-25	1.7	190	평균 10	
용산 1	후암동	142-4	10	-	-	지구단위계획구역 지구단위에 따름
용산 2	용문동	38-148	1.8	190	7	
용산 4	이촌동	203-75	2.3	-	-	지구단위계획구역 지구단위에 따름
성동 2	마장동	797-47	1.9	190	평균 10	
성동 7	성수동1가	656-1267	1.4	-	-	준공업지역지구, 단위계획구역 지구단위에 따름
광장 4	구의동	122-2	4.6	190	7	
동대문 1	이문동	264-271	2.5	170	5	
동대문 8	용두동	238-23	1.6	190	평균 10	
중랑 5	묵동	238-112	1.1	190	평균 15	
중랑 21	면목동	1480	1.7	190	7	
성북 4	정릉동	410-10	5.6	190	7	
성북 15	장위2동	68	5.6	-	-	뉴타운사업개발기본계획에 따름
강북 13	미아동	137-72	10.6	190	7	
도봉 1	도봉동	624	1.1	210	평균 15	

※ 각 구별로 기준 없이 임의로 선정.
※ - 표시는 시도계획위원회 심의로 추후 결정.

재개발 vs. 뉴타운 vs. 재정비촉진지구

재개발 및 재건축구역 내 주택이라도 뉴타운이나 도시재정비촉진지구(이하 재정비촉진지구)에 속해 있다면 투자 시 유의해야 할 사항이 다르다는 점에 유의해야 한다. 소규모 단위로 추진하던 단순 재개발이 주택 중심이었던 데 비해, 서울시균형발전사업인 뉴타운은 여러 재개발 구역을 하나의 지구로 묶어 도시기반시설을 확충하는 종합적인 주거환경개선사업이다. 서울시균형발전사업에는 뉴타운 외에 역세권의 부도심을 개발하기 위한 균형발전촉진지구도 있다.

재정비촉진지구는 뉴타운사업이 조례만으로 추진하는 것이 한계가 있다고 판단해 '도시재정비 촉진을 위한 특별법'을 제정, 이 법에 따라 개발을 촉진하기 위해 2006년 지정됐다. 2008년 8월 현재 서울시 재정비촉진지구는 총 22곳(전국은 41곳)으로 이중 21곳은 뉴타운(3곳은 촉진지구)에서 재정비촉진지구로 전환됐으며, 세운상가는 서울시가 직접 재정비촉진지구

로 지정했다. 1차(2006년 10월 19일 고시) - 은평, 길음, 한남, 장위, 신길, 이
문·휘경, 상계, 북아현, 수색·증산, 시흥, 흑석, 거여·마천, 신림, 천
호·성내, 구의·자양, 망우·상봉, 세운상가. 2차(2007년 12월 21일 고시) -
중화 방화 노량진 신정. 3차(2007년 4월 30일 고시) - 창신·숭인.

:· 개발 방식은 같지만 규제는 다르고 사업성도 틀려

　재개발과 뉴타운은 개발 방식에서는 별다른 차이가 없다. 둘 다 '도시
및주거환경정비법'에 따라 개발이 진행되기 때문이다. 그러나 뉴타운으로
지정되면 재정적인 지원이 강화돼 사업 진행 속도가 빨라지고 차후 재정비
촉진지구로 지정될 수도 있기 때문에 투자 메리트가 더 높은 것으로 관측
되고 있다. 다만 뉴타운 지역의 개발 방식에는 재개발 및 재건축, 주거환경
개선사업, 도시환경정비사업, 도시개발사업, 도시계획시설사업 외에 개발
을 하지 않는 41) '존치지역'도 있다는 사실에 유의해야 한다.

　재정비촉진지구는 개발을 촉진하기 위해 각종 규제를 완화해준다는 점
에서 재개발 및 뉴타운과 큰 차이를 보인다. 대표적인 혜택이 건축규제 완
화를 비롯 재개발사업의 구역지정요건 완화, 소형주택 의무비율 완화, 교
육환경 개선, 기반시설 설치 지원 등이다. 이중에서 눈여겨 볼 것은 용적률
과 층수가 늘어날 수 있다는 점과 전체 세대수 중 전용면적 85㎡ 이하의 건
설 비율을 현행 80% 이상에서 60% 이상으로 완화했다는 점이다. 중대형
평형이 많아지고 용적률이 높아진다는 것은 그만큼 사업성이 좋아진다는

41) 개발을 하지 않고 보존하는
존치관리지역과 3,4년 후 요건
이 되면 개발을 시작하는 존치정
비구역으로 나뉜다.

것을 의미한다.

　그러나 재정비촉진지구 내 재건축사업구역은 구역지정요건 완화, 건축 규제 완화, 소형주택 의무비율 완화 등의 특례가 적용되지 않으므로 일반 재건축사업구역보다 나을 게 없다. 정부의 재건축사업 규제에 대한 의지를 보여주는 대목이다.

　또한 재정비촉진지구로 선정되면 지구지정과 동시에 단독 또는 다가구 주택이 전환된 경우 등 해당 토지 또는 주택 등 건축물의 분양받을 권리는 재정비촉진지구의 지정·고시일을 기준으로 산정하게 된다. 그러나 서울시에 소재한 재정비촉진지구의 경우에는 여전히 조례 제정일을 기준으로 분양받을 권리를 산정하게 된다.

:·재정비촉진지구 내 주택은 무주택자만 구입 가능

　그러나 재정비촉진지구로 지정되면 토지거래허가구역으로 묶여 대지 지분 20㎡(약 6평) 이상의 주택을 매매하려면 구청으로부터 토지거래허가를 받아야 한다. 또한 증가하는 용적률의 75% 이내에서 임대주택을 의무적으로 건립해야 한다. 쉽게 말해, 투기 수요를 가급적 배제하고 실수요자 위주로 좋은 주거 환경을 제공하겠다는 것이 지정한 목적이다. 이 때문에 재정비촉진지구 내 지분 거래는 실수요자 위주로 시장이 재편되고 있어 내 집을 마련하려는 무주택자에게 좋은 기회가 되고 있다. 지자체의 전폭적인 재정 지원과 각종 혜택에 의해 사업 진행 속도도 빠른 데다 수익성도 일반 재개발 사업보다는 낫다고 판단된다.

재정비촉진지구 내에서 대지 지분 20㎡ 이상의 주택을 구입하려면 무주택자만 가능하며 구입 후 1년 이내에 전세대원이 실제로 거주해야만 한다. 유주택자는 기존 주택을 처분하거나 처분하겠다는 처분계획서를 제출해야 허가를 얻을 수 있다. 구입한 주택은 3년이 지나야 양도가 가능하다. 나대지나 사도는 토지거래허가를 해주지 않는다는 점에 유의한다.

상가나 업무용 건물도 본인이 직접 영업을 하거나 전임 관리인을 선임해 운영하는 등 이용 목적에 부합해야 허가를 받을 수 있다. 그러나 다른 곳에 보유중인 상가나 건물을 팔 필요는 없다. 상가주택은 상가 및 주택의 면적이 건물 전체 연면적에서 차지하는 비중이 큰 용도만으로 허가를 받을 수 있으며, 비중의 판단 기준은 공부상이 아니라 현황이 된다.

:- 균형발전촉진지구를 주목하라

부도심을 개발하는 재정비촉진지구에서 주상복합아파트 분양이 시작됨에 따라 균형발전촉진지구에 대한 관심이 높아지고 있다. 균형발전촉진지구는 주거환경 개선을 목적으로 하는 주거지형 재정비촉진지구와는 달리 낙후된 지역 중심지를 실질적인 중심지로 육성하는 것이 목적이다. 즉 부도심 역세권에 대형 업무빌딩과 주상복합 아파트를 지어 서울 도시 공간 구조를 다핵화로 전환하겠다는 취지다.

주거지형 재정비촉진지구는 용적률 250% 이하의 아파트 단지를 조성하지만, 균형발전촉진지구는 도시환경정비사업에 따라 용적률 600% 이상의 상업시설이 대거 들어서게 된다. 투자자들의 관심을 끄는 재개발 지분은 바로 도시환경정비사업의 대상이 될 주택이나 근린생활시설들. 초기 투자 자금이 일반 재개발 지분보다 3~4배 비싸지만 용적률이 높기 때문에 투자 대비 수익률도 그만큼 높을 것으로 추산된다. 현재 균형발전촉진지구로 지정된 곳은 총 8곳이다. 청량리를 비롯 미아, 홍제, 합정, 가리봉 등 5곳은 2003년 11월 18일에 지정된 시범촉진지구이며, 구의 · 자양, 망우(상봉), 천호 · 성내 3곳은 2005년 12월 16일에 지정된 2차 촉진지구다. 시범촉진지구는 이미 사업이 진행되고 있고, 일부 지역에서 곧 분양 물량이 나오게 된다. 2차 촉진지구로 선정된 3곳은 현재 기본계획만 준비중이다.

사업진행이 가장 빠른 합정균형발전촉진지구(29만 8,000㎡)는 상암디지털미디어시티(DMC)와 주변 월드컵 경기장 등과 연계하는 상업 업무 기능을 강화하여 마포구의 중심복합도시로 자리 잡을 예정이다. 1구역은 머지 않아 관리처분인가를 받고 착공에 들어가며, 2~4구역은 기본계획만 설정된 상태, 5~9구역은 계획관리구역이다. 1구역에서 사업진행이 가장 빠른 GS건설의 39층짜리 초고층 주상복합아파트 서교자이웨스트빌라 538가구는 2008년 7월 분양을 시작했다.

미아균형발전촉진지구는 성북구 하월곡동 88, 강북구 미아동 70일대에 위치해 있다. 강북구 16만 3,465㎡, 성북구 31만 5,000㎡로 총 47만 8,465㎡이고 성북구와 강북구에서 각각 지역별로 개발한다. 총 6개 지구로 나누어져 있고 이중 속칭 '미아리텍사스촌' 이었던 월곡2구역이 사업이 가장 빠르다. 구역 지정되었고 곧 사업시행인가가 날 예정이다. 2개는 정비구역으로 지정되었고 3개는 정비예정구역이다.

동대문구 용두동 14일대에 위치한 청량리균형발전촉진지구(37만 5,700 ㎡)는 민자역사, 국제한약센터, 도심엔터테인먼트 쇼핑몰 등이 들어서며, 전농뉴타운과 연계한 지역 거점으로 개발될 예정이다. 청량리구역, 용두구역, 전농동 구역으로 나누어져 있는데, 이중 조합설립인가가 난 전농도시환경정비사업구역의 사업 속도가 가장 빠르다.

홍제균형발전촉진지구는 서대문구 홍제동 330 일대에 위치해 있다. 총 20만 557㎡이고 홍제전철역 주변을 자족, 고품격, 친환경을 주요 테마로 하는 서북권 전역의 지역 특화거점으로 조성하여 서대문구 지역의 자족생활 중심도시로 육성할 계획이다. 1~3구역으로 되어있고 1구역은 추진위승인, 2구역은 정비구역 지정되었고 추진위 승인, 3구역 추진위 승인 단계이다.

가리봉균형발전촉진지구는 구로구 가리봉동 125 일대에 위치해 있다. 총 27만 9,110㎡이고 구로디지털산업단지 발전에 따른 배후도시로서 연구개발, 생활문화, 국제교류, 컨벤션 등을 수용하는 복합도시로 개발될 예정이다. 사업시행자는 대한주택공사다.

족집게과외

▶재정비촉진지구는 사업 추진을 빠르게 하되 투기수요를 막는 제도적 장치를 보완해 실거주 목적의 수요자들에게 혜택이 많은 지역이다.

▶재정비촉진지구라도 재건축사업의 규제는 완화되지 않는다.

▶균형발전촉진지구는 부도심 역세권을 재개발하는 곳으로서 상가 등 투자자들에게 관심의 대상이 되는 지역이다.

| 상가 투자 결정은 시장환원율과 임대소득으로 판단 |

| 대학가와 역세권 소형 오피스텔이 임대수익에서 유리 |

| 리모델링으로 부가가치 높여 임대사업 하기 |

| 펜션 및 전원주택으로 전원생활 하며 노후재테크 하기 |

수익형 부동산으로 노후설계를

부동산의 장점 중 하나는 거주하면서 고정적인 수입도 올리는 일석이조가 가능하다는 점이다. 예금이나 주식을 맡긴 곳에서 이자는 주겠지만 거주공간까지 제공하지는 않는다. 상가주택이나 다가구, 원룸, 펜션 등은 임대수익도 올리고 내가 사는 공간까지 겸할 수 있어 편리하기 그지없다.

요즘처럼 노후재테크가 목숨보다 중하게 여겨지는 시기에는 수익형 부동산에 대해 깊은 관심을 가질 필요가 있다.

상가 투자 결정은 시장환원율과 임대소득으로 판단

강동구에 사는 J씨는 자신이 보유한 2주택 중 1주택을 팔고 최근 강남의 한 이면도로 변에 위치한 신축상가건물의 3층 25평을 평당 3,000만 원에 매입했다. 매입자금 7억 5,000만 원 중 3억 원은 은행에서 대출을 받았지만, 월 450만 원의 임대료 수입이 가능하기에 이자 150만 원을 제외해도 월 300만 원의 고정수입을 올릴 수 있을 거란 계산에서였다.

그러나 3개월이 지나서도 임대가 나가지 않아 대출 이자를 비롯 생활비까지 생돈을 지출하고 있어 걱정이 이만저만이 아니다. 강남이면 유동인구도 많고 상권이 가장 좋기로 소문난 곳이 아닌가. J씨는 앞으로 어찌 해야 좋을지 모르겠다며 걱정이 태산이다.

상가 투자는 수익형 부동산 중 여전히 매력적인 선호 대상이다. 고정적인 임대수입은 물론이고 자산 가치 증식도 가능하기 때문이다. 특히 요즘처럼 주택 경기가 침체돼 있고 물가상승으로 소득이 줄어드는 상황에서는 노후를 위한 재테크로서 상가 투자가 또다시 관심을 끌고 있다.

그러나 상가 투자는 수익성이 높은 만큼 위험성도 크다. 투자 전 반드시 상권분석을 치밀하게 해야 하는 등 일반인들이 투자 결정을 내리는 데는 어려움이 많다. 게다가 요즘에는 전반적인 경기 침체로 인하여 상가의 공실률과 매출 하락이 눈에 띄게 늘어나고 있어 그 어느 때보다 선택에 신중을 기해야 한다.

:·· 시장환원율 추출은 임대 사례 분석으로

상가 투자 방식에는 기존 상가를 매입하는 방법과 신규 분양을 받는 두 가지 방법이 있다. 기존 상가 매입은 신규 분양 상가보다는 매입가가 더 비싸다는 단점은 있지만 상권 분석이 용이하고 검증된 매장을 구입한다는 점에서 안전하다. 기존 상가의 매입비용이 적정한가의 여부는 임대소득을 통해 판단할 수 있다.

가령 A라는 매장의 보증금이 5,000만 원이고 월임대료가 400만 원이라면 이 매장의 연간 임대소득은 5,000만×6%(제2금융권 이자율) = 300만 원에 연간 임대료 4,800만 원을 더해서 5,100만 원이 된다. 이를 가능총소득이라 하는데, 순영업소득은 가능총소득에서 공실 및 대손충당금과 영업경비를 제외해야 한다. 그런데 관리하는 주체와 방법에 따라서 그 비용 편차가 많이 나게 되므로, 연면적 1,000㎡ 이하 건물의 표준적인 영업경비비율인 10%를 적용해 순영업소득을 산출하는 것이 일반적이다. 따라서 5,100

만 원에 10%를 적용하면 순영업소득은 4,590만 원이 된다.

기대수익률(시장환원율)을 7%로 예상한다면, 4,590만÷7% = 6억 5,571만 여 원이 A 매장의 가치라 할 수 있다. 따라서 A라는 매장의 양도가가 6억 5,571만 원보다 많으면 고평가 되어 있고, 적으면 저평가 되어 있다고 판단해서 투자를 결정할 수 있는 것이다.

시장환원율이란 무위험율 + 인플레이션율 + 위험율(리스크 프리미엄)을 말하는데, 무위험율 + 인플레이션율이 현재 연 4%인 제1금융권 이자율이므로, 상가 투자의 리스크 프리미엄은 3%가 된다. 그러나 모든 지역의 상가 리스크 프리미엄이 3%인 것은 아니다. 상가가 위치한 지역이나 용도별로 환원율이 차이를 보이는데, 이는 소득의 성장성과 위험성이 다르기 때문이다.

예를 들어 성장 가능성이 높은 지역의 상가는 소득에 비해 가격이 높게 형성돼 환원율이 낮게 책정되게 된다. 이는 현재 가치보다 미래 가치를 높게 평가하기 때문이다. 예를 들어 상권이 좋기로 소문난 강남이나 종로, 신도시 중심상업지역은 환원율이 4% 대로 낮은 곳도 많다. 그러나 환원율이 높다 해서 미래가치가 낮다거나 위험성이 높다고 단정지을 수도 없다.

환원율을 보다 정확히 파악하려면 인근 상권의 임대 사례를 통해서 평균 환원율을 추출할 수도 있다. 가령 비슷한 상가 매장의 보증금과 월임대료, 매매가액을 수집해서 순영업소득을 매매가액으로 나누어 주면 된다. 임대 사례를 통한 시장환원율 추출은 신규 분양 상가 투자 시에도 유용하게 사용할 수 있다.

:• 신규 분양은 시행사의 안정성 체크가 가장 중요

신규 분양은 등기 분양과 임대 분양이 있다. 등기 분양은 상가의 한 매장을 자신의 소유로 구입하는 것이며, 임대 분양은 간단히 말해 점포 사용권을 얻는 것이다. 등기 분양은 초기 구입비용이 부담이 되지만 재산권 행사가 자유로울 뿐만 아니라 장사만 잘된다면 자산 가치 증식 면에서도 유리하다. 그러나 향후 장사가 잘 되지 않는 상가가 되면 애물단지로 전락하는 위험도 있다.

임대 분양은 오랫동안 장사를 안정적으로 할 수 없다는 단점은 있지만, 초기 투자비용이 저렴하고 계약 연장을 하지 않으면 보증금을 돌려받을 수 있기 때문에 원금손실이 없다는 점이 매력적이다.

등기 분양은 아파트 단지 내 상가나 근린상가에, 임대 분양은 테마 상가나 복합 상가, 쇼핑몰 등에 하는 게 일반적이다. 요즘에는 주공 단지 내 상가가 안정성과 수익성 면에서 수요자들로부터 큰 인기를 끌고 있다. 주공 단지 내 상가 분양은 매월 신문에 공고되므로 주의 깊게 살펴보는 것이 좋을 것이다.

각각의 장단점은 다르지만, 투자 결정 시 상권 분석은 필수적이며 시행사의 안정성을 무엇보다 점검해야 한다. 상가는 대지 지분이 아주 작기 때문에 시행사가 완공 전 부도나게 되면 투자 원금을 찾을 방법이 거의 없다. 가장 좋은 방법은 믿을 만한 건설회사가 시공하는 상가를 분양받거나 상가 건물을 여러 번 분양한 경험이 있는 시행사를 선택하는 길이다. 특히 임대 분양에서 상가활성화의 여부는 시행사의 능력에 달려 있다고 해도 과언이 아니다. 신문광고의 달콤한 문구를 곧이곧대로 믿어서는 되지 않는다.

마지막으로 테마 상가나 쇼핑 몰의 경우는, 과도한 상가 개발비를 주지 않도록 잘 따져 봐야 하며, 상가 매도나 계약 해지 시 반환 여부도 사전에 알아 봐야 한다. 상가 개발비는 분양대금 외에 시행사가 인테리어비나 홍보비 명목으로 거둬들이는 준분양대금을 말하며, 몇몇 상가들이 과도한 상가개발비를 받은 후 사용처를 밝히지 않음은 물론 관행적으로 반환하지도 않고 있어 말썽을 빚고 있다.

족집게과외

▶상가 투자는 임대수입과 시세 차익을 동시에 실현할 수 있는 유력한 재테크다.

▶경기 침체로 인한 공실률이 늘어나므로 꼼꼼한 상권 분석과 권리금의 적정가 판단은 필수적이다.

▶신문광고의 달콤한 문구를 그대로 믿는 사람들은 없을 것이다. 그보다는 본인의 판단을 믿어라.

미래의 블루칩을 선점하는 **부동산 투자 성공 방정식**

대학가와 역세권 소형 오피스텔이 임대 수익에서 유리

2008년 들어 오피스텔 분양이 대폭 늘어났다. 2008년 하반기까지 3,700여 실로 2007년보다 2.7배 정도 늘어난 규모다. 수익형 부동산에 대한 관심 증가로 수요자가 늘어난 이유도 있지만 2008년 9월 22일부터 오피스텔도 전매 제한이 실시되기 때문에 그 전에 공급하려는 건설사들의 물량이 늘어났기 때문이다. 오피스텔 전매제한은 투기과열지구 내 인구 50만 이상의 시에서 분양되는 100실 이상 규모만을 대상으로 한다. 수도권의 서울, 인천, 수원, 성남, 안양, 부천, 고양, 용인, 안산(대부동 제외) 등 9개 시만 해당된다.

전매 제한이 실시되면 소유권이전등기 경료 시까지 남에게 양도할 수 없다. 소유권이전등기가 경료되지 않았더라도 사용승인 후 1년이 지나면 전매가 가능하다. 지역우선공급제가 실시돼 해당 지역 6개월 이상 거주자에게 전체 물량의 20% 정도가 우선 배정되게 된다.

눈여겨볼 만한 곳은 대학가 오피스텔이다. 오피스텔은 가격이 잘 오르지 않는데다 환금성도 떨어져 시세차익 목적으로는 적합하지 않기 때문에 임대 수익 창출에 초점을 맞춰야 한다. 때문에 임대 수요가 집중되는 대학가 오피스텔이 투자가치가 높다. 대형보다는 중소형이 임대하기가 용이하며 나중에 팔기도 쉽다.

역세권 오피스텔도 좋다. 특히 수도권 역세권의 오피스텔은 업무용뿐 아니라 주거용으로 찾는 수요자가 점점 늘고 있다. 전세보다 월세로 거주하려는 사람들이 늘어나다 보니 자연스럽게 서울보다 월세가 싼 수도권으로 눈길을 돌리고 있는 것이다. 이 덕분에 일산이나 분당 등 역세권 소형 오피스텔의 시세가 상승세를 타고 있다. 하지만 지역별로는 공급과잉으로 인해 애물단지가 되고 있는 오피스텔도 많다. 따라서 상권 분석 및 공실률을 사전에 꼼꼼히 파악해야 한다.

최근에는 문래동 홈시티 오피스텔처럼 대규모의 거주용단지도 등장하고 있다. 주변에 편의시설과 교육·교통환경이 좋으면 거주 수요자가 많아 투자 대상으로 적합하다. 간혹 주거용 오피스텔을 실거주 겸 투자 목적으로 구입해도 되냐고 묻는 분들이 있는데, 오피스텔은 시세 차익이 미미한 수준이라 목돈으로 구입해 본인이 거주하는 것은 바람직하지 않다. 시세차익 분을 임대수익으로 매월 챙겨가기 때문이다.

오피스텔은 싸다고 구입할 것이 아니라 매매가 대비 임대가가 최소 40%가 넘는 곳을 골라야 한다. 같은 조건이라면 주거 전용비율이 높을수록 좋다. 연면적이 적은 오피스텔일 경우 주차장, 복도 등 부대시설 비중이 높아 전용률이 떨어진다는 단점이 있다. 도심이 아닌 택지지구 내 주거형 오피스텔이라면 주변아파트 시세와 비교한다. 대개 132㎡ 오피스텔의 경우 주변의 83㎡ 아파트와 균형을 맞춘다. 전용면적 비율은 오피스텔이 50% 선이며 아파트는 70~80%이다.

:• 주거용이면 주택 수에 포함된다는 점에 유의

오피스텔은 건축법상 주택이 아니라 업무용 시설로 분류된다. 따라서 청약통장, 종합부동산세, 재당첨 금지, 총부채상환비율(DTI)의 제한을 받지 않는다. 예를 들어 주거용 오피스텔을 보유하고 있거나 분양받았더라도 향후 아파트 청약에 아무런 불이익을 받지 않는다. 또한 열 채를 보유하더라도 무주택자가 되며, 종합부동산세를 내지 않아도 된다. 그러나 재산세나 취·등록세, 양도소득세 등은 주택보다 높게 책정된다.

오피스텔을 주거용으로 사용하는 1주택자라면 양도세를 비과세 받을 수도 있다. 업무용 시설이지만 실질 과세 원칙에 따라 주거용으로 사용해왔다는 것을 증명할 수 있으면 된다. 이 경우 가장 중요한 전제 조건은 전입신고다. 만일 부가가치세를 환급받았다면 되돌려주어야 한다.

주택과 오피스텔을 각각 소유한 경우, 오피스텔이 주거용이라면 1가구 2주택 중과 대상자가 될 수도 있으므로 주의해야 한다. 그러나 설사 주거용으로 사용해왔다고 하더라도 양도일 직전까지 사무용으로 전환하면 주택으로 간주되지 않는다.

오피스텔 구입 전에는 자금 운용 계획을 잘 세워야 한다. 오피스텔은 주택이 아니기 때문에 설사 주거용으로 사용한다고 해도 주택자금 대출을 받을 수 없다. 오피스텔은 최초 분양 시 대부분의 분양회사가 분양가의 40~60% 정도의 대출을 이미 받아놓고 있다. 3개월 변동금리가 많으며, 이를 승계하게 되면 신용에 특별한 문제가 없는 한 기 대출금액의 90%까지 승계가 된다.

오피스텔을 분양받으면 부가가치세를 부담해야 한다. 부가가치세가 발생한다는 것은 오피스텔의 용도가 주택이 아닌 업무용 시설이기 때문이다. 분양받은 사람이 계약할 때 일반과세자로 등록하고 분기마다 부가가치세 환급신고를 하면 납부했던 부가가치세를 환급받을 수 있다. 사업자등록을 하지 않거나 간이과세자로 사업자등록을 하면 환급받지 못한다. 보통 환급받는 것이 유리하지만 상황에 따라 달라질 수도 있으므로 사전에 잘 판단해서 결정해야 한다. 환급받은 후 업무용으로 사용하지 않고 주거용으로 사용하면 환급받은 부가가치세는 추징당하게 된다. 오피스텔을 주거용으로 사용하더라도 임대사업자의 임대주택으로 인정받지 못한다.

족집게과외

▶대학가나 역세권을 중심으로 한 소형 오피스텔도 노후재테크를 위한 투자 상품이다.

▶오피스텔은 업무용 시설이지만 전입신고를 하고 주거용으로 사용하면 주택으로 인정받을 수 있다.

▶주거용으로 사용해도 임대주택법 상 임대주택으로는 인정받지 못한다.

미래의 블루칩을 선점하는 **부동산 투자 성공 방정식**

리모델링으로 부가가치 높여 임대사업 하기

　노후재테크의 중요성이 강조되면서 다가구주택이나 상가주택, 원룸주택 등을 구입해서 거주를 겸해 임대수익을 올리겠다고 문의하는 사람들이 점차 늘어나고 있다. 하지만 나는 나이 60세도 되지 않은 사람들이 다가구주택 등을 구입해 임대사업하는 것에 반대하는 입장이다. 주로 서민들을 대상으로 임대업을 하기 때문에 월세가 얼마 되지도 않는데다 처리해줘야 할 사소한 일도 많아 수익에 비해 매우 피곤하고 힘들기 때문이다.

　게다가 이런 주택들은 감가상각비를 월세로 빼먹는 방식이라 시세 차익이 별로 나지 않는데다, 잘 팔리지도 않아 환금성에서도 문제가 많다. 때문에 나이가 많거나 게을러서 발전적인 생활보다 하루하루 잘 때우는 것이 목표인 사람에게는 좋겠으나 재테크를 지향하는 사람들에게는 권하고 싶지 않다. 간혹 원룸주택은 폼이 좀 나 보인다며 특별한 관심을 가지는 사람들이 많은데, 원룸주택이 다가구주택과 뭐가 다르고 뭐가 더 낫다는 것인지 납득이 잘 가지 않는다. 원룸의 순 우리말이 단칸방 아닌가?

2000년 대에 들어서는 뉴타운 후보지나 그 인근의 다가구주택 소유자들 중 횡재를 한 사람이 가끔 나온 적은 있다. 이걸 헐어서 다세대주택으로 지어 분양하려는 업자들이 후한 값을 쳐주었기 때문이다. 바로 이게 신축 지분쪼개기란 거다. 내가 잘 아는 구두쇠 부부도 창동 뉴타운 후보지 인근의 다가구주택을 정말 말이 되지 않는 비싼 금액으로 팔아 너무 좋아서 크게 웃다 턱이 빠진 경우도 있다. 그 부부는 내가 그렇게 말렸어도 길 건너편의 다가구주택을 '또' 구입했다. 하지만 이제 다가구주택이 비싼 값으로 횡재 당하는 일은 일어나지 않을 것이다. 서울을 비롯 수도권에서 신축 지분쪼개기의 입주권을 제한했기 때문이다.

임대사업을 하려면 임대 수익만 보지 말고 환금성도 함께 체크해야 한다. 소형 아파트 임대사업이 각광받는 것은 환금성도 좋고, 일정 조건을 갖추면 양도세 등 세금 감면도 받을 수 있고 종합부동산세 합산과세 대상에서 제외되기 때문이다.

42)임대사업자로 등록하려면 단독주택이나 공동주택을 5채 이상 소유하고 임대사업자 등록신청서를 시장·군수·구청장에게 제출해야 한다. 그러나 종합부동산세 대상에서 제외되거나 향후 양도 시 중과 대상에서 배제되려면 다음의 조건을 더 충족해야 한다. 5채 모두 **43)**취득 시(종합부동산세는 5호 이상 주택의 임대를 개시한 날) 기준시가가 3억 원 이하, 전용 85㎡ 이하, 10년 이상 임대해야 한다. 다만 종합부동산세는 5채 모두 동일 시·도에 소재하면 되나, 양도세 중과 배제는 5채 모두 동일 시·군이어야 하므로 조건이 더 까다롭다.

42) 임대주택법 상 임대사업자를 일컫는다. 소득세법 상 주택임대사업자는 본인과 배우자의 주택수를 합하여 2채 이상 이거나 6억 원 초과 고가주택 또는 국외소재 주택이면 소득세 과세 대상이다. 그러나 국내에 6억 원 이하 주택 1채의 임대소득은 비과세된다.

43) 원래 양도세 중과에서 배제되려면 양도 시 기준시가가 3억 원 이하여야 했다. 그러나 소형 주택 임대사업을 활성화하기 위해 종합부동산세처럼 취득 시 기준시가 3억 원만 충족하면 중과에서 배제해주도록 국토해양부가 2008년 6월 11일부터 시행했다.

양도세 중과 배제	전용 85㎡ 이하	동일 시 · 군, 취득 시 기준시가 3억원 이하, 5채 이상, 10년 이상 임대
종합부동산세 합산 배제	전용 85㎡ 이하	동일 시 · 도, 임대를 개시한 날 기준시가 3억원 이하, 5채 이상, 10년 이상 임대

2008년 6월 11일 국토해양부가 발표한 '지방 미분양 대책' 에 의해 지방에서 미분양 주택을 구입해 임대사업자로 등록하면 의무 임대기간이 현행 10년에서 5년으로 단축된다. 주택 면적도 전용 85㎡ 이하에서 전용 149㎡ 이하로 완화된다. 게다가 2009년 6월까지 취득 · 등록세가 현행 분양가의 2%에서 1%로 줄어들고, 건설업체가 분양가 대비 10%를 인하하면 주택담보인정비율(LTV)을 60%에서 70%로 높여주기로 했다. 따라서 지방의 소형 주택을 2~3채 보유중인 사람은 몇 채 더 구입해서 임대사업자로 나서는 것도 생각해볼 수 있다. 임대사업을 하기 좋은 소형아파트의 가격은 1억 원에서 1억 5,000만 원 사이가 적당하다. 역세권이나 주변에 중소기업들이 많은 곳, 매매가 대비 전세가 비율이 50%를 넘는 곳이 유리하다. 강남보다는 강북의 인구 밀집지역에 이러한 곳들이 많으며, 2008년 상반기 강북권을 중심으로 소형 아파트 가격이 상승한 경우는 임대사업과 무관하지 않다.

:·3종일반주거지역의 저평가된 근린생활시설이 최적

가장 높은 수익률을 올릴 수 있는 임대사업 방법은 근린생활시설이나 상가주택을 구입해서 리모델링을 통해 부가가치가 높은 근린생활시설로 전환하는 것이다. 단독주택을 구입해서 다세대나 원룸으로 전환하는 것도 한 방법이나 근린생활시설보다는 수익률이 떨어진다.

기존에 지어진 것을 매입해 보유하는 것은 사실상 가치를 까먹고 있는 저차원적인 재테크다. 하지만 기존의 건축물을 신축이나 리모델링으로 부가가치를 높이는 것은 고차원적인 재테크이자 44)투자이다. 부동산 투자의 활로가 막히자 최근 부자들이 신축 및 리모델링으로 눈을 돌려 재미를 보고 있다는 사실에 주목할 필요가 있다. 갈수록 부동산 시장이 안정되어 단순한 사고팔기 식으로는 더 이상의 수익 창출이 어렵다는 점을 예견한 것이다.

노후도가 심한 근린생활시설들은 공실이 많이 발생하거나 임대료가 제값보다 적게 책정되는 경우가 많기 때문에 시세도 역시 저평가돼 있을 확률이 많다. 저렴한 가격으로 인수해 리모델링을 통해 가치를 증진시키면 임대료를 높일 수도 있고 공실도 줄어들어 안정적인 임대수익을 보장받게 되고, 향후 양도 시 상당한 시세 차익도 기대할 수 있다.

보다 차원 높은 리모델링을 추구하려면 용적률의 차이를 극대화하는 것이다. 예를 들어 2종 일반주거지역의 근린생활시설이 기존용적률 90%로 2층이나 3층으로 지어져 있다면, 허용용적률 190% 이하와 그 지역의 층수 제한만큼 증축을 할 수가 있다. 하지만 사용승인 후 20년이 경과한 건축물의 증축은 기존건축물의 연면적 합계의 10분의 1 이내로 정해야 하고, 층수를 증가시키지 아니한 선에서 해야 하므로 투자성이 떨어진다는 점에 유의해야 한다. 이런 건물은 리모델링보다는 신축이 부가가치를 더 높일 수 있는 방법일 수 있다.

필요한 자금은 은행에 대출을 신청해 건물 완공 시 늘어나는 보증금으로 대체할 수도 있으므로 큰 돈 들이지 않고 부가가치를 높일 수 있다. 강남의 학동이나 청담동, 논현동 등에는 아직도 리모델링이 가능한 근린생활시설들이 많다. 강남 같은 곳은 굳이 리모델링으로 용적률을 높이지 않더라도 외관과 인테리어를 예쁘게 화장하는 것만으로도 건물의 가치를 높일수도 있다. 그러나 지구단위계획으로 지정된 곳은 용도변경이나 리모델링에 제한 사항이 많으므로 피해야 한다.

역세권 상가 부근의 저평가된 근린생활시설이나 상권이 좋은 배후주거지역의 낙후된 근린생활시설, 1기 신도시 상업지역이나 준주거지역의 근린생활시설들은 발품을 팔아 충분히 관찰할 필요가 있다. 준주거지역과 일반상업지역의 가까운 곳에 위치한 3종 일반주거지역이 가장 투자성이 높다. 역세권에서 가까우면 더할 나위 없이 좋으나 역세권이 아니더라도 유동인구가 많아 상권이 형성된 곳이 인근이어도 괜찮다. 일반상업지역과 아파트단지 사이의 동선에 위치해 있더라도 근린생활시설의 쓰임새가 다양해지므로 관심을 가질 만하다.

 **족집게과외**

▶ 임대사업자로 등록하려면 5채 이상을 소유해야 한다.

▶ 종합부동산세에서 제외되고 양도세 중과에서 배제되려면 10년 이상 임대해야 하는 등 조건이 까다롭다.

▶ 기존의 근린생활시설을 매입해 임대수익을 올리는 전근대적인 방법보다는 저평가된 근린생활시설을 구입해서 리모델링으로 부가가치를 높이는 방법을 모색해야 한다.

펜션 및 전원주택으로 전원생활하며 노후재테크 하기

전원주택 및 펜션은 전원생활뿐 아니라 고정적인 임대수입이 창출된다는 점에서 매력적인 수익형 부동산이다. 그러나 최근 들어 '나홀로' 전원주택 및 펜션의 가치가 하향 곡선을 긋고 있는데다 새로운 형태의 펜션 투자들이 등장하고 있어 투자 여부를 결정짓기 전에 정확한 정보 수집 및 분석이 필요하다. 연면적 230㎡ 초과는 숙박업으로 등록해야 한다.

첫째, 일정 규모 이상의 전원주택이나 펜션이 들어서는 단지가 형성돼 있는 곳이 좋다. 유명관광지가 인근에 있는 경우를 제외하면 대부분의 나홀로 펜션들은 수익성이 크게 떨어지고 있다. 더 큰 문제는 매물로 내놓아도 팔리지를 않아 환금성이 거의 없다는 점이다.

이왕이면 단지 내에 전원주택이나 펜션 외에 각종 위락시설이 들어서는 곳이 자산 가치 증식은 물론 임대수익과 환금성 면에서 더 가치가 크다는 점을 명심한다. 최근에는 골프장 내에 들어서는 골프 빌리지의 인기가 급상승하고 있다.

둘째, 교통이나 환경, 주변 관광지 등 입지적 요인을 잘 따져봐야 한다. 한때는 경기도 일대 펜션이 인기를 끌었던 적이 있다. 그러나 경기 일원이 당일 관광지가 되고 주 5일 근무제가 확산되면서 경기도 펜션 수요가 줄어들고 있다. 최근에는 교통이나 주변 환경이 날이 갈수록 좋아지고 있는 강원도 펜션 수요가 꾸준히 증가하고 있다.

셋째, 대단위 리조트단지에서 가까운 펜션은 피하는 것이 좋다. 리조트단지 내 콘도나 호텔 등에 투숙객의 상당수를 빼앗길 가능성이 크기 때문이다. 자동차로 20~30분 거리에 리조트단지나 유명 관광지가 몰려 있는 곳이 상대적으로 유리하며, 한 계절만 반짝하는 리조트보다는 사계절 종합 휴양지나 웰빙 관련 리조트가 있는 곳이 지속적인 고객 창출에 유리하다.

넷째, 병원 등이 마을에서 너무 멀리 떨어져 있지 말아야 하며, 연 숙박 가동률이 최소한 30% 이상이 되는가를 잘 따져봐야 한다.

▷ 분양은 초기 투자비용이 부담, 시행사 능력이 중요

'선 시공 후 분양' 상품은 안정적이지만 초기 부담 비용이 크다는 단점이 있다. 요즘 인기 있는 강원도 평창이나 둔내 인근의 펜션 분양가는 평당 800만 원 내외여서 30평 구입 시 2억 4,000만 원이나 한다. 2006년 큰 인기를 끌었던 농림부 주관 '전원마을 페스티벌'에 출품된 전원주택들의 평균 분양가는 평당 700만 원이 넘었다.

이에 따라 최근에는 콘도미니엄 이용권처럼 일정 기간 별장으로 사용하면서 수익을 돌려받는 연 수익 보장형 지분 투자 상품도 출시돼 있다. 분양 상품은 시행사 및 시공사의 능력 평가가 무엇보다 중요하다. 시행사가 부도나면 원금을 돌려받을 방법이 없기 때문이다.

:· 부지 매입 후 건축은 비용 절감 면에서 효과

펜션 부지를 매입하는 것은 초기 비용 부담이 적고 취향대로 건축할 수 있는 이점이 있다. 건축비는 평당 250만 원에서 350만 원 사이에서 가능하며, 토지 감정가의 50% 이내에서 대출도 가능하다. 토지에 대해 잘 모르는 분들은 토목공사와 인허가가 완료된 펜션 단지 내 부지를 구입하는 것이 편리하다.

부지 매입 시에는 진입로가 잘 갖추어진 단지인지, 분할이 정확히 돼 있고 기반시설이 잘 갖추어져 있는지를 살펴야 한다. 그리고 무엇보다 중요한 것은 서울과의 접근성, 고속도로 진입이 원활한 곳에 위치해 있는지의 여부, 주변 관광여건 등을 꼼꼼히 분석해봐야 한다.

전원주택이나 펜션용 부지로는 임야보다는 농지가 더 적합하다. 임야는 값이 싸고 농지보다 활용도가 많지만 필지 당 면적이 커서 전원주택이나 펜션을 짓기에 적당한 1,000~3,300㎡ 내외의 경치 좋은 완만한 임야를 찾기는 사실상 힘들기 때문이다. 또한 적당한 크기의 임야라고 해도 마을이나 도로에서 많이 떨어져 있고 경사가 심해 개발비용이 많이 들게 된다.

따라서 밭이나 전용기간이 25년 다 된 목장용지가 적당하다.

전원주택은 사실 330㎡의 크기만으로도 지을 수 있다. 그러나 330㎡ 이상의 텃밭이 딸려있지 않으면 가치가 반감되기 때문에 토지를 구입할 때 1,000㎡ 정도를 구입하는 것이 좋다.

특히 농지는 현지인(매도인) 외에는 소유권 이전 다음 연도부터 전용허가가 나온다는 사실에 유의해야 한다. 따라서 당해 연도에 집을 지으려면 소유권을 이전하기 전에 매도인과 합의하여 토지이용승낙서를 받아서 전용허가를 받은 뒤 이전하면 된다. 지주의 토지이용승낙서만 있어도 전용허가는 가능하며, 통상 매매대금의 60~70% 정도 지불하면 토지이용승낙서를 받을 수 있다.

팔당호 특별대책지역 중에는 농지전용 시 6월 이상 현지 거주요건이 추가되는 곳도 있으므로 토지 구입 전 전용 가능 여부에 대해 면밀히 검토해야 한다.

숙박업으로 등록되는 펜션을 지으려면 3m 이상의 도로에 접해 있어야 하고 계획관리지역(관리지역이 세분화되지 않은 지역은 관리지역)과 도시지역 중 상업지역에서만 가능하다. 농림지역, 생산 및 보전녹지, 공익용 및 임업용 보전산지, 그린벨트에서는 숙박업소를 지을 수 없다.

상수원보호구역, 수질보전특별대책권역, 수변구역에서는 하수처리 용량 및 관련 시설에 따라 가능한 경우도 있으나 원칙적으로는 안 된다는 사실에 유의해야 한다.

:• 소득세 감면되는 민박용 농가주택 관심 급증

민박용 농가주택은 오·폐수 시설을 갖추지 않아도 되며 소득세가 감면되기 때문에 적은 자본으로도 투자가 가능하다. 민박용 농가주택으로 인정받으려면 단독이나 다가구주택으로서 연면적이 230㎡ 이하여야 한다. 한 개의 방 크기는 제한이 없으나, 연면적에는 주인이 거주하는 방과 주방 등의 면적이 포함된다. 또한 농어촌정비법에서 정하는 농어촌지역에 소재해야 한다. 군 지역, 시 지역 중 읍면 지역, 시의 동 지역 중 녹지지역, 광역시 구 지역 중 농업진흥지역과 개발제한구역 등이다.

민박을 하려면 당해 주택에 주민등록이 되어 있고 현지에서 농림어업을 하며 실제로 거주해야 한다. 지자체에 따라 지정 신청 시 농림어업인의 거주기간이 1년 이상일 것을 요구하는 곳도 있다. 거주지 시군에 민박사업자 등록 신청을 하면 심사 후 지정 여부를 결정하며, 지정되면 민박지정 증서가 나온다. 지자체에 따라 관할 내의 지정 가구 수를 제한하는 곳도 있다. 지정 등록 후에는 특별한 사유가 없으면 지정 후 1년 이내에 영업을 개시해야 하며, 소화기 등의 비치와 위생점검 등 지정조건과 요금 등 행정지도에 따라야 한다. 민박사업자에게는 주택개량공사에서 국비지원이 가능하다.

농가주택은 일정한 조건을 갖추면 향후 양도할 때 주택 수에서 제외되는 혜택도 받을 수 있다. 1주택을 소유한 1세대가 2008년 12월 31일까지 [45]농어촌지역에 소재하는 대지 660㎡ 연면적 150㎡(공동주택은 116㎡) 이하, 취득 시 개별공시가격이 1억 5,000만 원 이하인 농가주택을 구입한 경

45) 조세특례제한법 제99조의4 제1항에서 말하는 농어촌지역은 농어촌정비법에서 정한 농어촌지역과 약간 다르다. 수도권과 광역시, 도시지역, 토지거래허가구역, 투기지역, 관광단지 지역은 제외한다.

우에는 향후 일반주택 양도 시 농가주택을 제외하고 1주택 여부를 따지게
된다. 다만 농가주택을 3년 이상 보유해야 한다.

:• 이제는 '세컨하우스' 시대

　해마다 휴가철이면 느끼는 일이지만 경치 좋고 조용한 시골에 별장 하
나 있었으면 하는 생각을 가진 사람들이 많을 것이다. 바가지 요금에다 어
딜 가나 북적거리는 사람들 틈에 부대끼다 보면 이건 휴가길이 아니라 '고
생길' 이다. 이럴 때일수록 가족끼리 오붓한 휴가를 보낼 한적한 별장이 그
리워지는 법이다. 주말에는 별장으로 사용하다가 은퇴 후에는 임대수익을
올릴 수 있는 펜션으로 전환할 수 있는 '세컨하우스' 에 대한 관심도 급증
하고 있다. 세컨하우스란 말 그대로 두번째 집, 자신이 살고 있는 주택 외
에 '또 하나의 집' 을 갖는 것이다.
　'세컨하우스' 는 주택법 상의 주택에 적용되지 않기 위해 펜션처럼 숙
박업소로 등록을 하거나 '풀구좌' 형식을 갖춘다. 요즘 강남 부자들 사이
에 화제가 되고 있는 알펜시아리조트나 용평리조트의 골프 빌리지가 바로
'풀구좌' 형식인데, 콘도미니엄의 이용권 같은 형태이나 가족구성원이 2
구좌 혹은 5구좌를 모두 소유해 실질적으로는 '내 집' 이다.
　'세컨하우스' 의 또 다른 강점은 노후재테크를 위한 투자 상품으로도
손색이 없다는 사실이다. 웰빙과 레저에 대한 관심은 계속 급증할 것으로
예측되기 때문에 경치 좋은 관광지와 리조트를 찾는 숙박 인구 역시 매년

늘어나고 있다. 따라서 은퇴 후의 고정적인 수입과 한적한 전원생활이 보장되는 '세컨하우스' 가 수익형 부동산의 화두로 떠오르고 있다.

'세컨하우스' 는 5년에서 10년 정도의 계획을 가지고 마련하는 것이 현명하다. 물론 자본 여유가 충분하다면 현재 분양 중인 펜션이나 빌라 등에 관심을 가질 수도 있지만 소위 '개발비' 를 개발업자에게 지불해야 하기 때문에 초기 투자비용이 부담스럽다. 때문에 '세컨하우스' 가 당장 급한 사람이 아니라면 현재는 소액으로 부지만 마련하고 향후 직접 건축하는 것이 비용 면에서 절약임은 물론 내 마음에 드는 집을 마련할 수 있는 방법이다. 1,650㎡ 크기의 농지가 가장 적합하다. 허름한 농가주택을 구입해 나중에 개조하는 방법도 괜찮다.

부지는 서해안이나 경기도 일대보다는 영동고속도로 주변의 강원도 일대에 마련하는 것이 좋다. 서울과의 접근성이 좋고 '해피 700m' 고지대에 자리해 생활환경이 쾌적하기 때문이다. 앞으로 제2 영동고속도로가 완공되고 원주~강릉 간 경전철이 생기게 되면 서울에서 강원도 가기가 한결 쉽고 빨라진다. 게다가 앞으로 여름 무더위가 점점 심할 것으로 예상돼 여름을 피할 수 있는 최적지로 강원도가 주목받고 있다.

 **족집게**과외

▶은퇴 후 전원생활을 꿈꾸는 사람들은 펜션이나 전원주택 구입을 고려할 만하다.

▶건축중인 펜션을 분양받는 것보다는 부지를 분양받거나 부지를 매입해서 직접 건축하는
것이 비용을 절감할 수 있다.

▶민박용 농가주택은 시설비가 적고 소득세가 감면된다는 점에서 소액 투자자들이 관심을
가질 만하다.

| 내 땅 가치 판별하기 |

| 깨끗한 땅, 웰빙 부동산이 뜬다 |

| 미래가치 높은 계획관리지역 선점하기 |

| 부재지주 토지 비상, 비사업용 토지를 사업용 토지로 전환하려면 |

땅에도 유행이 있다

많은 재테크 수단이 있겠지만 투자 대비 수익률이 가장 높은 것은 땅이다. 땅 투자는 어렵지만 엄청난 부를 안겨줄 수도 있기 때문에 많은 이들의 관심을 모으고 있다. 실제로 한국의 거부 중에는 땅 투자에 성공한 사람들이 많다. 땅으로 거부가 된 사람들은 땅의 미래를 정확히 파악했기 때문에 가능했다. 땅의 현재와 미래를 간파하고, 그 땅의 쓰임새를 정확히 예측했기에 땅의 보답을 받았다. 땅은 그 본질은 변하지 않지만, 외양과 쓰임새는 변한다. 그래서 전문가들은 땅도 유행을 탄다고 말한다.

내 **땅** 가치 **판별**하기

사례1) 회사원 A씨는 1년 전 H영농산림조합으로부터 홍천군 소재 임야 660㎡를 평당 10만 원대에 매입했다.

매입할 때 법무사를 통해 등기 이전했고, 위탁영림계약서까지 받아 놓았다. 그런데 A씨는 계약할 때 이 땅을 3년간 개발하지 말라는 얘기를 조합으로부터 들었다. 조합이 땅값이 오르도록 잘 가꾸어주겠다는 얘기였다.

사례2) B씨는 3년 전 친구들과 함께 평창군 도암면 소재의 임야 1,000㎡ 씩을 평당 20만 원에 매입했다.

현재는 관리지역이나 향후 계획관리지역에 편입될 가망성이 크고, 동계올림픽 호재와 주변에 알펜시아 리조트가 들어설 전망이어서 땅값 급등이 예상된다는 것이었다.

:• 임야는 준보전산지를 택해야, 분할 여부 반드시 확인

시골에 땅을 갖고 있는 사람은 의외로 많다. 투자목적이든 전원주택을 지을 계획이든 '땅을 갖고 있으면 손해는 안본다' 는 게 일반적인 생각들이다. 그러나 땅을 갖고 있으면 언젠가는 땅값이 오르던 시대는 지났다. 2003년 발효된 '국토의계획및이용에관한법률' 때문이다. 이 법은 난개발을 막고 국토를 계획적으로 개발하고 이용하자는 취지로 만들어졌다. '선계획 후개발' , 즉 '계획이 없으면 개발도 없다' 는 시대가 도래한 것이다.

A씨는 투자목적이었다면 땅을 잘못 구입한 사례에 속한다. 그 임야는 보전산지에 속하는 임업용산지라 개발이 극히 제한돼 있는 땅이기 때문이다. 임야 투자는 46)준보전산지에 하는 것이 일반적이다. 임업용산지는 농어업인에 한해서 주택 신축이 허용되는 등 토지를 2차적으로 이용할 수 있는 개발행위가 엄격히 제한돼 있다. 따라서 영림으로 나무 등을 심어 수익을 기대하는 것이 최선인데, 660㎡로 효과적인 수익을 올리기는 쉽지 않아 보인다.

그런데 A씨의 땅은 현재 분할이 돼 있지 않고 공유지분으로 등기가 된 상태이다. 조합측이 잔금 지불 후 분할등기를 해준다고 약속했지만, 지키지 않은 것이다. 2006년 3월부터 법이 바뀌어서 비도시지역의 토지는 개발행위허가나 관계법령 인허가를 받지 못하면 토지 분할이 허용이 되지 않고 있다. 소위 '기획부동산 업체' 들이 분할해준다면서 땅을 파는 것은 사실과 다르다. 공유지분이 돼 있는 땅을 매도하려면 공유물분할등기를 해야 가능한데, 공유지분자 전원의 동의를 얻기가 힘들어 대부분 경매 처리되므

46) 임야에는 보전산지와 준보전산지가 있다. 준보전산지는 개발이 용이한 땅이나 보전산지는 개발이 매우 어려운 땅이다. 투자 목적으로 임야를 구입할 때는 반드시 준보전산지를 골라야 한다. 보전산지는 산지전용제한지역과 공익용산지, 임업용산지 등으로 구분되는데, 임업용산지 외에는 개발이 거의 불가능하다.

로 원금 찾기도 쉽지 않다.

:- 토지 매입은 적정가로, 연접개발제한 여부 확인해야

　　B씨는 임야 치고는 너무 비싼 값으로 매입했다. 관리지역의 임야는 도로변이거나 개발이 이미 진행중이 아니면, 10만 원 이하 선에서 구입해야 투자 가치가 높다. 2007년 토지 보상이 끝난 원주혁신도시 주변의 땅 소유자 중에는 땅을 40~50만 원 대에 매입했다가 토지 보상비로 평당 30만 원도 받지 못해 투자금액의 절반 이상을 손해 본 경우가 많았다. 시가에 비해 턱없이 비싼 값으로 매입했기 때문이다.

　　B씨의 임야는 계획관리지역으로 편입될 가능성은 그리 높아 보이지 않았다. 현재 전국적으로 시행되고 있는 관리지역 세분화 작업은 2008년 말까지 완료 예정이나 쉽지 않을 전망이다. 만일 계획관리지역에 편입되면 땅값이 4~5배는 뛸 것으로 예상돼 땅 소유자들이 촉각을 곤두세우고 있다.

　　게다가 B씨의 임야는 연접개발제한에 걸릴 확률이 아주 높아 자칫하면 쓸모없는 땅으로 전락할 위험성도 있었다. 예를 들어 관리지역이나 농림지역의 임야의 경우 인접한 반경 47)250m 이내에 이미 산지전용을 한 면적이 3만㎡이면 더 이상의 개발행위가 불가능하다. 다만 제1종 근린생활시설과 부지면적 660㎡ 미만 본인 거주 목적의 주택(본인 소유의 산지에 건축하는 경우만 해당), 공장 증·개축은 가능하다. 다행히도 사이에 폭 20m 이상의 하천이나 도로가 있으면 연접제한 규정을 적용받지 않는다는 단서 조항이 있지만 임야의 경우에는 하천이나 도로로 경계가 구분되는 곳이 거의 없어 실제로 구제받는 경우는 거의 없다.

농지는 전용이 제한되는 시설도 많고 전용이 허가되는 시설이라도 전용 면적을 제한하는 경우가 많아 연접개발제한 규정을 별도로 적용하지 않고 있다. 다만 전용 면적이 제한되는 시설을 지으려는 동일인이 동시 또는 수차례에 걸쳐 연접하여 농지를 전용하는 경우에는 연접개발제한 규정을 적용한다.

이 연접제한 규정으로 가장 타격을 받는 곳이 물류창고 등의 신축이 늘고 있는 화성, 평택, 김포, 용인, 광주 등 수도권 지역이다. 화성시의 경우에는 2006년 개발행위 허가 신청 건수 2,000여건 중에서 연접규제로 개발이 어려운 땅으로 판명된 곳이 200여 건에 달한다. 다음으로 많은 곳이 최근 대규모 리조트 단지가 들어서는 제주도나 강원도이다. 특히 이곳은 기획부동산들이 전원주택 부지로 땅을 판 곳이 많은데, 리조트 단지가 생겨 지가가 상승하기는커녕 오히려 지가가 하락하는 곳이 많다.

:· 토지이용계획확인서로 내 땅 가치 살펴야

지금이라도 내 땅의 상태를 알아보는 것은 매우 중요하다. 부동산 투자의 핵심은 보유냐 매도냐의 선택과 매도·매수 타이밍이기 때문이다. 토지의 값은 현재의 가치보다 건축물을 지었을 경우의 가치와 주변이 개발됐을 때의 미래가치에 의해 결정된다.

먼저 토지이용계획확인서를 발급받아서 내 땅이 어떤 용도지역에 속하는지를 살피고, 토지 소재지 관할 시군구청의 도시계획조례를 살펴서 건축할 수 있는 건축물의 종류와 건폐율 및 용적률을 정확히 알아야 한다. 땅의 가치는 건축할 수 있는 건축물의 종류와 용적률에 달려 있다. 상업지역이 주거지역보다 비싼 이유가 여기에 있다.

그런 다음, 토지이용계획확인서에 열거된 제한사항에 걸려 있는지를 살펴야 한다. 예를 들어 군사시설보호구역이면 군사시설보호법에 의해 개발행위가 제한되며, 전, 답, 과수원 등 농지라면 농지법을, 임야라면 산지관리법을 살펴봐야 하기 때문이다.

특히 경기도의 토지는 이용 제한이 많다. 예를 들어 자연보전권역에 속해 있으면 대형건축물과 6만㎡ 초과 개발사업은 금지된다. 옹진군, 여주군, 이천시, 양평군, 가평군, 연천군 등을 제외하고 모두 토지거래허가구역이다. 비도시지역인 경우 농지 500㎡ 초과, 임야 1,000㎡ 초과를 구입하려면 토지거래허가를 받아야 한다. 농지는 토지소재지에 전세대원이 1년 이상 거주해야 하고, 임야는 토지 소재지나 그 연접 시군에 전세대원이 1년 이상 거주해야 토지거래허가를 받을 수 있다.

한강 수계를 따라서 상수원보호구역이면 건물신축과 형질변경은 원칙적으로 금지된다. 수변구역이면 숙박업 및 관광숙박업이 일체 금지돼 있으며, 수질보전특별대책지역 I , II 권역은 숙박·식품접객업 400㎡ 이하일 때 신축이 가능하다.

기획부동산업체로부터 땅을 구입한 사람들은 분할 여부를 반드시 확인해야 하며, 공시지가도 확인해 두는 것이 좋다. 또한 다음의 방법에 의해 자신이 소유한 땅의 가격을 산정해볼 수도 있다.

- 농지 = 인근 대지가격 × 농지 효용비율
  농지 효용비율 : 농업진흥구역 30%, 농업보호구역 40%, 농업진흥지역 외 농지 60%

이것은 간편법으로 계산하는 방식이다. 원래 농지의 값을 산출하려면 '인근 대지가격 - (농지전용부담금 + 토목공사비) - 인허가 리스크 프리미엄'의 산식으로 해야 하나, 토목공사비나 인허가 위험에 따른 리스크 프리미엄을 일일이 계산하는 것은 어렵기 때문에 위의 간편법으로 계산하여 참고할 수 있다. 인근 대지가격은 인근의 전원주택 시세에서 건물분 값을 제외하면 된다. 전원주택의 건물 값은 대체적으로 3.3㎡ 당 150만 원 내외면 적당할 것이다.

예를 들어, 인근 전원주택이 대지 660㎡에 건평이 132㎡인데, 시세가 3억 원이라고 하자. 그럼 건물 값은 6,000만 원이므로 토지 값이 2억 4,000만 원이 된다. 토지의 3.3㎡ 당 가격은 120만 원이다. 내 밭이 농업진흥지역 내 농업진흥구역에 있다면 3.3㎡ 당 36만 원, 농업보호구역에 있다면 48만 원, 농업진흥구역 외 지역에 있다면 72만 원이다. 물론 밭의 위치와 진입로, 모양 등에 따라 가격은 달라지겠지만 참고할 만은 하다. 밭이 아니고 논(답)이라면 10% 정도 가격이 떨어진다. 임야는 인근 농지의 절반 수준으로 생각하면 대체적으로 맞다.

:· 토지 리모델링으로 가치 높이기

건물과 마찬가지로 토지도 리모델링을 하면 부가가치가 높아진다. 경우에 따라서는 2~3배 이상 가격을 높일 수도 있어 최근 리모델링에 대한 관심이 부쩍 높아졌다. 또한 리모델링을 하면 그동안 팔기 곤란했던 땅도 쉽게 팔 수 있는 등 알아두면 여러 가지로 도움이 되는 개발 방법이다.

예를 들어, 잡초가 무성한 땅은 잡초를 베고 땅을 고르게 한다. 진입도로는 평평하고 넓게 만들며 포장이 가능하면 포장을 한다. 빈 땅에는 나무를 심거나 농막을 만드는 것도 방법이다. 논과 과수원은 밭으로 만들면 가치가 증가한다. 논보다는 밭이 비싸기 때문이다. 논과 밭, 과수원 간에는 매립이나 성토로 형질변경하는 것은 농지계에 신고만 하면 되며 이를 농지 개량이라고 한다. 개량된 밭은 개량 전 논이나 과수원보다 30% 이상 비싸게 되팔 수 있다.

평수가 크다면 주말·체험영농 농지(일명 주말농장)로 분양하는 것이 보다 더 큰 수익을 올릴 수 있다. 주말농장 분양사업은 부동산 임대업으로 사업자등록만으로 할 수 있다. 통상 3.3㎡ 당 1만 원~2만 원의 비용으로 16.5㎡(5평)~33㎡(10평) 크기로 분양하는데, 3300㎡를 분양한다면 연수입으로 1500만 원 이상의 수입이 가능하다.

경사가 완만하고 나무가 많지 않은 임야는 벌채 허가를 받아 나무를 베면 토임이 된다. 토임은 전원주택 부지용으로 인기가 좋다. 진입로가 없어 값이 싼 맹지를 구입해서 진입로를 만들어 비싸게 되파는 방법도 있다. 이때는 반드시 사전에 이웃 지주의 토지사용승낙을 받을 수 있는지 확인해야

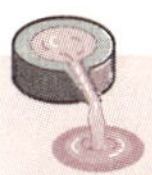

옹달샘 | 주말 · 체험영농을 위한 농지

농지는 경자유전의 원칙에 따라 농사를 직접 짓지 않는 사람은 구입할 수 없다. 다만 농업인이 아닌 개인이 주말 등을 이용하여 취미생활이나 여가활동으로 농작물을 경작하거나 다년생식물을 재배하기 위해 농지를 소유하는 경우, 1,000㎡까지 허용된다. 이를 주말 · 체험영농을 위한 농지라고 하며 농지취득자격증은 발급받아야 하나 농업경영계획서는 첨부할 필요가 없다.

주말 · 체험영농 농지는 거리 제한이 없으며, 1,000㎡는 세대주를 포함한 전세대원의 보유 면적을 합산한 면적이다. 주말 · 체험영농 농지는 농지(전, 답, 과수원)만 가능하며, 사실상 전으로 사용하는 토임이라 해도 인정될 수 없다. 또한 토지거래허가구역 내의 농지는 주말 · 체험영농 농지가 될 수 없다. 1,000㎡ 이하라 해도 500㎡ 초과는 반드시 농업경영 목적으로 허가를 받아야 하며, 500㎡ 이하이면 토지거래허가를 받지 않아도 되나 주말 · 체험영농을 위한 농지로는 농지취득자격증명을 발급받을 수 없다.

경매로도 주말 · 체험영농을 위한 농지 구입은 가능하다. 낙찰 결정 후 1주일 이내에 농지취득자격증명을 발급받아 경매계에 제출하면 된다. 주말 · 체험영농 농지도 사후관리 의무가 있어 연간 30일 이상 농사를 지어야 하며, 농지전용 허가를 받으면 주택을 지을 수도 있다.

한다. 길과 접한 이웃 토지를 매입해서 합필한 다음 진입도로가 완비된 땅으로 만들어도 된다.

리모델링의 대표적인 방법은 농지 전용 및 산지 전용이다. 전용허가를 받아서 주택 등을 지으면 토지가 대지로 형질변경이 되기 때문에 단순히 건축물을 추가한 것 이상의 가치를 증진시킬 수 있다. 바로 이것이 개발의 출발이며 부동산 투자의 요체인 셈이다.

족집게과외

▶사 놓고 잊어버리고 있던 내 땅의 가치를 알아보자. 가장 먼저 할 일은 토지이용계획확인서를 발급받는 일이다.

▶토지 이용 제한 및 규제가 얼마나 되는지, 토지거래허가구역 내에 있지 않은지 확인한다.

▶토지 리모델링을 통해 부가가치를 높여보자. 진입로 없는 맹지라도 리모델링으로 좋은 땅으로 탈바꿈시킬 수 있다.

미래의 블루칩을 선점하는 **부동산 투자 성공 방정식**

깨끗한 **땅**, **웰빙 부동산**이 뜬다

분양가가 강남의 집값보다 더 비싸다고 하여 논란을 빚었던 알펜시아 리조트의 골프 빌리지가 2008년 하반기 완공된다.

비록 2007년 평창이 동계올림픽에서 탈락하면서 열기가 다소 식은 감은 있지만 VIP 고객들의 관심은 여전하다고 한다. 동계올림픽이 개최되면 개·폐회식이 열릴 예정인 알펜시아 리조트는 골프장과 스키장을 갖춘 사계절 종합 휴양지다.

총 396가구인 골프 빌리지는 27홀 골프장의 페어웨이를 따라 들어서는 단독별장 형태로 221㎡(67평)~551㎡(167평)의 3.3㎡ 당 분양가가 평균 2,000만 원을 넘는다.

최고가는 43억 원으로 강남의 최고급 아파트도 울고 갈 값이다.

아무리 고급별장이라 해도 서울의 어지간한 아파트값보다 비싼 이유에 대해 많은 사람들이 의아해 하자, 강원개발공사 측은 아시아 최고의 고급 리조트 내에 위치한 희소성과 리조트의 각종 시설을 VIP로 이용할 수 있는 특전이 부여되므로 그만한 가치가 있다고 설명하고 있다.

연면적 330㎡ 짜리 골프 빌리지의 분양가 20억 원 중에는 골프회원권 5억 원이 포함됐으므로, 실제 분양가는 15억 원이다. 이 중 건축비를 4억 원으로 계산하면 나머지 11억 원이 땅값과 인허가 비용이다. 강원도에서 짓나, 서울에서 짓나 건축비는 차이가 없다. 고급 소재를 써도 3.3㎡ 당 400만 원 선이면 충분하다. 건폐율은 30%, 용적률은 80% 이하일 것이므로 대지 면적은 500㎡ 정도 된다. 그렇다면 대지 값이 3.3㎡ 당 730여 만 원이나 된다.

강원개발공사가 알펜시아 리조트를 짓기 전 이 땅은 80%가 국·공유림이었다. 평당 몇 천에 불과한 임야였을 것이다. 이 땅이 리조트로 개발되면서 평당 730여만 원짜리로 둔갑한 것이다. 이 땅을 지금 730여만 원이나 주고 살 만한 가치가 있는 것일까.

바로 옆에 위치한 용평리조트 내 '버치 힐'의 현재 3.3㎡ 당 가격은 2,000만 원을 호가한다. 2002년 국내에서는 처음으로 리조트 단지 내의 '별장형 콘도'로 만들어진 버치 힐의 당시 분양가는 3.3㎡ 당 1,000만 원 내외였으나, 5년 만에 두 배로 뛰었다. 용평 리조트는 버치 힐의 호황에 힘입어 2005년 '포레스트 레지던스' 1차 물량 57가구를 3.3㎡ 당 1,800만 원에 분양 완료했고, 2007년 2차 물량 106채(79평~156평)를 3.3㎡ 당 2,000만 원에 분양했다. 포레스트 레지던스를 구입해도 용평 리조트 내의 골프장 회원이 된다.

: 희소성과 웰빙 욕구가 땅값 상승의 원인

리조트 단지 내의 땅값이 비싼 가장 큰 이유는 희소성 때문이다. 대규모 리조트 단지 자체가 전국적으로 그리 많지 않은데다, 리조트 안에서도 위락시설 등을 제외하고 숙박 부지로 사용할 수 있는 면적이 극히 제한돼 있기 때문이다. 우리나라에서는 시작 단계지만 이미 선진 외국에서는 골프장이나 종합 리조트 단지 내의 별장을 가장 선호하며 그 값도 가장 높게 책정돼 있다. 보광휘닉스파크가 제주 서귀포시에 분양한 112평형 빌라형 콘도는 22억 원이었으며, 곤지암리조트의 별장형 콘도도 평당 1,400만 원에서 2,000만 원으로 예정돼 있다.

여기에 부유층들만이 휴가를 즐길 수 있다는 차별성과 리조트 문화의 발전성도 한 몫을 차지하고 있다. 또한 웰빙 열풍에 의해 공기 맑고 경치 좋은 곳에 위치한 웰빙 부동산의 욕구가 상승하고 있는 것도 무시할 수 없는 요인이다. 강원도 평창과 횡성은 인간이 살기 가장 좋다는 '해피 700고지'이며, 이 중에서도 리조트 단지는 수려한 경관과 쾌적한 거주 환경을 동시에 충족한 곳으로 평가받고 있다.

게다가 1가구 2주택 중과세와 종합부동산세 부담을 피할 수 있는 것도 부유층들에게는 무시할 수 없는 매력이다. 주택법을 피하기 위해 '2구좌'와 '5구좌' 콘도로 분양하고 있지만, 한 사람이나 가족이 풀 구좌를 한꺼번에 매입하게 되면 실제로는 단독별장과 다름이 없기 때문이다.

리조트 단지 내의 별장 가치가 높아지면서 리조트 인근 펜션의 가치도 덩달아 상승하고 있다. 알펜시아 리조트, 현대성우 리조트, 강원랜드 인근에 분양중인 펜션이 가장 많은데, 평당 분양가가 700만 원에서 1,000만 원까지 책정돼 있다. 그러나 나홀로 펜션이나 베드 타운의 기능만 강조된 펜션단지는 리조트 안 펜션에 비해 효용가치가 크게 떨어지는 것이 사실이다.

:- 리조트 인근 토지 값도 덩달아 상승, 그러나 투자 위험 요소 많아

리조트 인근이나 제2종지구단위계획구역의 토지를 매입해서 펜션이나 전원주택을 지으려는 소액투자자들도 늘고 있다. 리조트 단지 내의 골프 빌리지가 아무리 좋다한들 초기투자비용이 너무 높아 서민들에게는 그림의 떡이기 때문이다. 복잡한 인허가와 토목공사를 꺼리는 사람들은 전원주택 및 펜션단지를 분양받는 것도 한 방법이며, 요즘 시도되고 있는 간접투자 방식으로 리조트 내 사업부지를 선매입하는 것도 충분히 고려할 만하다.

그러나 소액투자자들이 웰빙 땅을 구입하기 위해서는 넘어야 할 산이 많다. 쓸모없는 땅을 비싼 값에 팔고 있는 기획부동산들이 판치고 있는데다, 향후 적정한 임대수입을 올리기 힘든 펜션 부지도 많기 때문이다. 쓸모 있는 땅을 구입하기 위해서는 사전에 토지이용계획확인서를 반드시 떼어서 토지이용제한 상태를 확인해야 하고, 주변의 전원주택이나 펜션의 가격 추이를 직접 확인해봐야 한다.

또한 평창군이 2007년에 알펜시아 리조트 주변 300m 이내를 비록 한시적이지만 개발행위 허가제한 지역으로 묶은 것처럼 지자체의 부동산 정책과 규제사항을 면밀히 검토해야 한다. 리조트 부근의 땅이 개발호재가 많을 수도 있지만, 난개발의 피해를 방지하기 위해 가장 먼저 규제 대상이 될 수도 있기 때문이다.

족집게과외

▶웰빙 시대에는 선호하는 땅도 달라진다. 마구잡이 개발보다는 안락하고 편안한 휴식 공간이 보장되는 이른바 '웰빙 땅' 의 가치가 높아지고 있다.

▶골프장이나 스키장, 스파 등 고급위락시설 단지 내 부지 가치가 높다.

▶간접투자 방식으로 개발중인 테마파크 내 숙박 및 상가 부지를 개발 전 선분양 받는 것도 한 방법이다.

미래가치 높은 계획관리지역 선점하기

지방자치단체들의 성의 부족으로 마냥 늦춰지던 '토지적성평가' 작업이 국토해양부의 건축제한 강화 방침으로 빨라질 전망이다. 국토해양부는 관리지역을 생산, 보존, 계획관리지역으로 세분화하는 토지적성평가가 주민 민원을 우려한 지자체들의 소극적인 자세로 지지부진하자 2008년 연말까지 세분화하지 않은 관리지역 전체를 2009년부터 보전관리지역으로 묶어 건축제한을 강화하겠다고 밝혔다.

보전관리지역으로 묶이게 되면 개발이 거의 불가능하기 때문에 토지 소유자들은 큰 불이익을 당하게 되며. 지자체 역시 각종 개발 사업에서 낭패를 볼 수밖에 없다.

따라서 지금 토지 투자를 고려중인 사람들은 지자체의 관리지역 세분화 작업이 끝나기 전에 계획관리지역으로 분류될 가능성이 높은 땅을 구입하는 것이 현명하다. 계획관리지역으로 지정되면 최소한 3배에서 많게는 6

배까지 지가 상승이 이루어질 것으로 전망되기 때문이다.

또한 국토해양부가 2008년 3월 24일 도시용지를 국토의 6.2%에서 2020년까지 9.2%로 늘리겠다고 발표한 것도 계획관리지역의 투자가치를 더욱 높이고 있다. 도시용지를 공급할 수 있는 지역의 대부분이 계획관리지역으로 지정됐거나 지정이 가능한 곳이기 때문이다.

계획관리지역은 계획적으로 개발을 지속적으로 추진하겠다는 곳으로 제2종지구단위계획 수립이 가능하며, 건폐율과 용적률도 각각 40%와 100%로 보전이나 생산관리지역보다 높다. 보전관리지역은 자연환경보전지역 수준으로 자연을 보존하고, 생산관리지역은 농림지역 수준으로 관리하겠다는 뜻이다.

:· 계획관리지역 되면 땅값 몇 배 뛰어

용도지역 중의 하나인 관리지역은 2003년 '국토의 계획 및 이용에 관한 법률'이 시행되기 전 준농림지와 준도시지역으로 분류됐던 땅이다. 그러나 지자체의 허가 남발로 이 지역에 난개발이 성행하자 국토를 계획적으로 개발하기 위해 준농림지와 준도시지역을 관리지역으로 지정했다.

관리지역은 토지적성평가에 의해 2006년 말까지 세분화작업이 완료됐어야 했지만 지자체의 소극적인 자세로 2008년 상반기까지 완료된 곳은 146곳 중 16곳에 불과하다. 특히 2005년 말까지 세분화작업을 완료하기로 한 수도권에서는 고양시 한 곳만 끝냈다. 세분화를 위한 주민 공람 자체를

하지 못하거나 주민 공람을 했더라도 주민들의 항의가 거세 재공람을 해야
하는 경우가 많았기 때문이다.

지자체가 명확한 세분화 기준을 밝혀도 보전이나 생산관리지역으로 분
류될 땅을 소유한 주민들의 반발은 클 수밖에 없다. 계획이냐 생산, 보전이
냐에 따라 땅값이 몇 배씩이나 차이가 나게 되기 때문이다. 게다가 생산이
나 보전관리지역으로 분류되면 향후 개발조차 여의치가 않다. 이 때문에
강원도 평창을 비롯한 많은 지역 주민들이 아예 관리지역 세분화를 반대하
고 있기도 하다.

:· 시가화예정지구나 발전 속도가 더딘 지자체 토지에 주목

계획관리지역으로 분류 가능성이 높은 땅은 건축물이 많거나 행위 제
한 전에 건축허가가 난 땅들이다. 또한 도로변에 근접해 있고 주변에 대규
모 공장이나 리조트 등이 있으면 계획관리지역으로 편입될 확률이 높다.
그러나 이런 땅들은 이미 계획관리지역으로 편입될 것이란 기대치가 반영
돼 지가가 어느 정도 상승해 있다는 점을 염두에 둬야 한다. 계획관리지역
으로 편입될 것이 확실하면서도 저평가돼 있는 토지는 현실적으로 구하기
어렵다는 점도 알아둘 필요가 있다.

시가화예정지구나 리조트 건설 예정 부지, 군사 협의가 완료돼 있는 토
지, 개발진흥지구 등도 계획관리지역으로 분류될 것이 거의 확실하다. 또
한 상대적으로 발전 속도가 더딘 지자체일수록 계획관리지역의 비중이 높

을 것으로 예측된다. 그러나 상수원보호구역인 한강수계 등 자연보전 관련 규제가 많은 지역은 계획관리지역으로 분류되는 곳이 상대적으로 적을 수밖에 없다.

계획관리지역으로 분류될 가능성을 점치기 힘든 일반인들은 주민공람이 진행 중인 곳의 토지를 매입하는 것이 안전하다. 관리지역 세분화 공람 공고는 신문 게재일로부터 2주 동안 진행되며 지정된 장소에서 자료를 열람할 수 있다. 또한 세분화 향후 일정 등 세부적인 정보는 관련 지자체의 도시계획과 등에 문의하면 된다.

:· 제2종지구단위계획구역 내의 사업부지 인기 급증

제2종지구단위계획구역 내의 사업부지는 건폐율과 용적률이 계획관리지역 땅보다 완화되는 데다(60%, 200%), 체계적인 개발을 유도하기 때문에 토지의 부가가치가 높다. 대표적인 제2종지구단위계획구역은 용평리조트

옹달샘 | 용도지역이란

토지를 효율적으로 이용하고 공공복리의 증진을 도모하기 위해 도시관리계획으로 결정하는 지역으로, 주로 토지의 이용 및 건축물의 용도, 건폐율, 용적률, 높이 등을 제한한다. 도시지역을 비롯 관리지역, 농림지역, 자연환경보전지역으로 나뉘며, 도시지역은 주거, 상업, 공업, 녹지지역으로, 관리지역은 보전, 생산, 계획관리지역으로 세분화된다.

나 삼성에버랜드 같은 사계절종합휴양지들이다. 계획관리지역과 개발진흥지구에서 3만㎡(약 9,000평) 이상의 토지를 개발하려면 제2종지구단위계획을 수립해야 하기 때문이다.

하지만 제2종지구단위계획이 수립된 땅은 구입하기도 어려울 뿐만 아니라 구입할 수 있다고 해도 너무 비싸다. 방법은 제2종지구단위계획 수립이 예상되는 계획관리지역과 개발진흥지구의 땅을 구입하는 것이다. 요즘에는 사계절종합휴양지를 개발하는 민간사업자들 중에서 '시드머니' 확보 차원에서 제2종지구단위계획구역 내의 사업부지를 선분양하는 곳도 있다. 제2종지구단위계획을 수립하려면 자치단체장이 입안을 하게 되는데, 이때 주민 공람을 하게 된다. 주민 공람 여부는 지자체에 문의하면 확인이 가능하며, 주민 공람 전에 토지를 구입하려면 환경영향평가가 진행중인지의 여부를 확인하면 된다.

토지에 조예가 깊은 투자자들은 계획관리지역과 개발진흥지구에 편입될 관리지역의 땅을 미리 확보해 큰 이익을 올리기도 한다. 관리지역 토지가 계획관리지역이나 개발진흥지구가 되면 지가가 3~4배, 제2종지구단위계획구역으로 바뀌면서 또 3~4배 뛴다고 해서 이를 '지가 상승의 3 · 3 · 3 법칙'이라 부른다.

마지막으로 토지 투자 시 반드시 유의해야 할 점이 있다. 토지는 수익률이 높은 대신 리스크도 크다. 또한 단기간이 아닌 장기 투자해야 한다는 점에서 장기간 돈이 묶일 각오를 해야 한다. 따라서 토지는 장기적인 안목으로 여유자금, 그것도 소액으로 하는 것이 현명하다. 수도권에서는 1억 원 이하, 비수도권에서는 5천만 원 이하가 적정하다는 것이 내 생각이다.

또한 토지를 잘 아는 전문가의 도움을 얻되 반드시 원지주나 신뢰할 수 있는 중개업소를 통해 구입해야 한다. 신문광고나 텔레마케팅을 이용하는

옹달샘 | 토지박사의 토지구입 요령

1. 반드시 지번을 확인, 토지이용계획확인서를 발급받아 용도지역과 토지이용제한 상태를 확인한다. 농지나 임야는 농업진흥구역이나 보전산지에 속하면 개발 가능성이 거의 없다.

2. 반드시 현장을 방문해서 토지의 지세, 경사도, 경계, 진입로, 주변상황, 임야의 경우에는 입목본수 등을 살펴야 한다.

3. 관할 관청을 방문해서 전용 유무, 연접제한, 향후 개발계획 등을 확인한다.

4. 인근 토목설계사무소를 방문해서 전용 시 비용문제, 전기, 수도, 전용의 어려운 점은 없는지 등을 체크한다.

5. 인근 중개업소 몇 군데를 더 다니며 구입할 땅에 대해 더 알아본다.

6. 부동산 전문가나 컨설턴트, 지인의 추천이나 소개 받은 땅이라고 해도 계약은 반드시 중개업소를 통해서 토지소유자와 해야 한다.

7. 중개업소를 통하지 않는 계약은 절대 하지 않는다.

8. 부동산을 서너 군데 추천하고 선택하게 하는 것이 아니라, 달랑 하나만 찍어주는 부동산 전문가나 컨설턴트, 지인은 일단 의심부터 하고 보며, 되도록 다시는 상대하지 않는다.

9. '몇 년 안에 몇 배 번다'는 말에 현혹 당하지 않는다.

10. 토지는 10년 이상을 보고 하는 투자이므로 묻어두고 잊어버릴 수 있는 소액의 여유자금으로 해야 한다.

기획부동산으로부터는 절대 구입하지 말아야 한다.

족집게과외

▶관리지역 세분화는 2009년에도 완료되기 힘들 것이다. 보전관리지역과 계획관리지역

의 차이는 강남과 강북 차이 이상이다.

▶시가화예정지구나 규제가 덜 한 지역이 계획관리지역에 편입될 확률이 높다.

▶개발진흥지구나 제2종지구단위계획구역 내 토지는 가격이 비싸더라도 개발 가능성이

높다.

부재지주 토지 비상, 비사업용 토지를 사업용 토지로 전환하려면

2007년 1월 1일부터는 1가구 3주택자와 마찬가지로 비사업용 토지에도 양도세가 중과돼 땅 가진 사람들의 고민이 가중되고 있다. 부동산 시장이 침체돼 잘 팔리지도 않는데다 팔린다 해도 세금 부담이 너무 크기 때문이다. 비사업용 토지는 양도세율이 60%나 되는데다, 장기보유특별공제도 받지 못한다. 사업용 토지가 9~36%의 일반세율 과세와 장기보유특별공제를 받는 것과는 엄청난 차이가 난다.

게다가 농지는 부재지주에 대한 단속이 강화돼 적발될 경우, 1년 안에 매각하도록 통지받는다. 만약 1년 안에 처분하지 못하면 처분명령이 떨어지고, 처분명령 6개월 후부터 매년 공시지가의 20%를 이행강제금으로 내야 한다. 강제로 땅을 팔거나 이행강제금을 내지 않으려면 **48)**한국농촌공사(농지은행)에 위탁해야 한다.

1996년 이후 취득한 토지는 개인 간 임대가 금지돼 있다. 다만 1만㎡

48) 농지은행은 한국농촌공사가 농지를 효율적으로 이용하기 위해 임대 및 매도 수탁 사업을 하는 기관이다. 농지은행에 임대를 의뢰하면 법적 문제 없이 누구나 농지를 소유할 수 있으며 임대료도 받을 수 있다. 하지만 투기방지를 위해 개발계획구역 및 예정지 내의 농지, 소규모 농지(농업진흥지역 안 1000㎡ 미만, 밖 1500㎡ 미만) 등은 임대차 대상에서 제외된다. 임대료는 농지 소유자 및 임차할 사람이 협의해서 결정하며 위탁수수료는 8~12% 수준이다. 최소 5년 이상은 맡겨야 한다. 자세한 문의는 홈페이지(www.fbo.or.kr)나 전화(1577-7770)를 통해 확인할 수 있다.

이하의 상속받은 농지(1만㎡ 초과~2만㎡ 이하까지는 농지은행에 위탁해야 임대 가능), 8년 이상 자경 후 이농한 1만㎡ 이하 농지(1만㎡ 초과는 농지은행에 위탁해야 임대 가능), 5년 이상 자경한 60세 이상자가 농지가 있는 시·군 또는 연접 시·군에 소재하는 경우, 질병·징집·취학·선거에 따른 공직취임을 비롯해 부상으로 3월 이상 치료를 요하는 경우와 3월 이상 국외여행을 하는 경우에는 임대차 또는 사용대차가 허용된다.

:· 비사업용 토지인지 먼저 판정

주말·체험영농 농지(1,000㎡ 이하)를 제외한 농지(전·답·과수원)는 재촌과 자경 요건을, 임야는 재촌 요건을 갖춰야 사업용 토지로 인정된다. 그러나 도시지역 안의 농지는 재촌과 자경을 하더라도 비사업용 토지가 된다(개발제한구역 및 녹지지역은 제외). 나대지와 잡종지, 별장 부지는 재촌 여부와 관계없이 거의 다 비사업용 토지로 간주된다.

재촌은 토지 소유자가 토지 소재지나 연접 시·군·구에 거주해야 인정된다(농지는 토지경계로부터 직선거리 20㎞ 이내 거주해도 인정). 예를 들어 포천군에 토지가 소재한다면 포천군이나 화천군, 철원군, 연천군, 가평군, 의정부시, 동두천시, 남양주시 등 연접한 곳에 거주해야 한다. 그러나 서울시처럼 행정구역이 구로 구분돼 있는 지역은 구와 연접해 있어야 인정된다. 서울시 전체가 의정부시와 연접해 있는 것이 아니고 도봉구나 노원구가 연접지역이 된다.

자경은 농작업의 2분의 1 이상 또는 1년 중 90일 이상을 직접 농사에 종사해야 인정된다. 본인 이름으로 [49]농지원부가 있어야 함은 물론이다. 2008년 2월 22일부터는 한국농촌공사(농지은행)가 8년 이상 수탁(개인에게서 수탁한 농지에 한함)하여 임대하거나 사용대한 경우도 자경으로 인정된다 (소득세법 시행령 제168조의8 제2항 9호).

49) 농지원부가 없을 때는 농협 등의 조합원인 경우 조합원증명원, 농약 및 비료구입 영수증, 농약 등 판매확인서, 농지소재지 농지위원장이 있는 경우 농지위원장이 확인한 자경농지사실확인서, 인우보증서 등을 제출하면 관할 세무서장이 사실 확인해서 자경 여부를 판단하게 된다.

:· 재촌과 자경은 전체 보유기간 중 일정 기간 이상을 충족해야

보유기간이 5년 이상일 때

양도일 직전 3년 중 2년 이상 또는 양도일 직전 5년 중 3년 이상 또는 보유기간 중 80% 이상, 3가지 요건 중에서 하나만 충족해도 인정된다.

보유기간이 3년 이상 5년 미만일 때

양도일 직전 3년 이상 또는 양도일 직전 3년 중 2년 이상 또는 보유기간 중 80% 이상, 3가지 요건 중에서 하나만 충족해도 재촌 및 자경한 것이 된다.

보유기간이 3년 미만일 때

보유기간 중 2년 이상 또는 보유기간 중 80% 이상, 2가지 요건 중에서 하나를 충족하면 사업용 토지가 된다.

예를 들어, 다음 토지가 비사업용 토지에 해당되는지 판정해보자.

- '00. 11. 1 농지A 취득
- '00. 11. 1 ~ '03. 4. 30 재촌하면서 직접 경작에 사용
- '03. 5. 1 ~ '05. 10. 31 이농하여 재촌 및 자경하지 않음
- '05. 11. 1 ~ '06. 11. 31 재촌하면서 직접 경작에 사용
- '07. 11. 1 농지A 양도

농지A는 양도일 직전 3년 중 1년만 재촌 및 자경에 사용하였으므로 양도일 직전 3년 중 2년 이상을 사업에 사용하지 않았고, 양도일 직전 5년 중 2년 6개월만 재촌 및 자경하였으므로 양도일 직전 5년 중 3년 이상을 사업에 사용하지 않은 것에 해당되며, 토지의 보유기간 6년 중 3년 6개월(보유기간의 60% 미만)만 재촌 및 자경에 사용하였으므로 토지의 보유기간 중 80% 이상을 사업에 사용하지 않았다. 따라서 농지A는 비사업용 토지가 된다.

농지A를 양도 시 사업용 토지로 인정받으려면 지금이라도 토지 소유자가 토지 소재지나 연접 시군구에 거주지를 옮기고 자경하면서 2년이 지난 후 양도하면 된다. 양도일 직전 3년 중 2년 이상 재촌 및 자경 요건을 충족하는 셈이 되기 때문이다.

:· 재촌 · 자경이 아니어도 사업용 토지로 인정되는 경우

- 무주택 1세대가 소유하는 1필지의 나지로서 660㎡ 이내의 토지 - 이 때는 무주택 기간이 양도일 직전 2년 이상이어야 한다.
- 2006년 12월 31일 이전에 상속받은 농지, 임야 및 목장용지로서 2009년 12월 31일까지 양도하는 토지 - 2007년 1월 1일 이후 상속받은 경우에는 상속개시일부터 5년 이내에 양도하면 된다.
- 2006년 12월 31일 이전에 20년 이상을 소유한 농지, 임야 및 목장용지로서 2009년 12월 31일까지 양도하는 토지
- 2005년12월 31일 이전에 취득한 종중이 소유한 농지, 임야 및 목장용지
- 공익사업을 위한 토지 등의 취득 및 보상에 관한 법률 및 그 밖의 법률에 따라 협의매수 또는 수용되는 토지로서 사업인정고시일이 2006년 12월 31일 이전인 토지
- 공익 또는 불가피한 사유로 인한 법령상 제한, 토지의 현황 · 취득사유 또는 이용 상황 등을 감안하여 비사업용 토지로 보지 않는 경우 등

:· 건축물을 지어도 사업용 토지로 전환돼

재촌 및 자경을 충족하기가 곤란한 사람들은 건축물을 지어도 사업용 토지로 전환된다. 주택을 짓게 되면 비도시지역이면 건축 바닥면적의 10

배, 도시지역은 5배까지 부수토지로 인정된다. 예컨대, 건축 바닥면적이 100㎡라면 관리지역이나 농림지역, 자연환경보존지역에서는 1,000㎡까지, 도시지역에서는 500㎡까지 부수토지로 인정된다. 건축물을 짓더라도 준공 후 2년이 지나서 양도해야 사업용 토지로 간주된다.

나대지는 건축허가만 얻으면 되지만 임야나 농지는 먼저 전용허가를 얻어야 한다. 농지나 임야를 전용해서 건축물을 짓는 것은 개인이 하기가 어려운 점이 많아 건축설계사에게 의뢰하는 것이 편리하다. 전용허가는 토지 소재지 관할 행정청에 가서 신청해야 한다. 이때 농지는 농지보전부담금을, 임야는 대체산림자원조성비를 선납해야 한다. 대체산림자원조성비는 준보전산지일 경우 3.3㎡당 5,610원에 불과하지만, 농지보전부담금은 전용농지의 개별공시지가×30%×전용면적(상한액 3.3㎡ 당 16만 5,000원)으로 산출하므로 부담이 만만치 않다. 예를 들어, 1,000㎡의 토지를 전용할 때, 임야는 168만 3,000원이 들지만 개별공시지가가 1㎡당 5만 원인 농지는 1,500만 원이나 소요된다.

여기에 건축설계비용과 기반시설부담금(연면적 60㎡ 이하는 면제), 경계측량비용, 토목 및 건축공사비(3.3㎡ 당 250만~500만 원), 면허세 등 기타 공과금 등이 들어간다. 지역과 건축물의 종류에 따라 편차는 심하지만 대략 농지나 임야를 전용해서 주택을 짓는 데는 3.3㎡당 350만 원에서 600만 원 정도의 비용이 소요된다. 건축물이 신축되면 취득세와 국민주택채권매입 등의 비용도 발생한다.

 **족집게**과외

▶외지인이 농지나 임야를 보유하다가 팔면 양도세가 60%나 중과돼 남는 게 없다.

▶사업용 토지로 전환하면 일반세율로 과세되고 장기보유특별공제도 받으므로 절세 효과

가 크다.

▶사업용 토지로 전환하려면 건축물을 짓고 2년 후 파는 게 가장 부가가치가 높다.

| 다운계약서 절대 쓰지 마세요 |

| 부동산 모리배들이 즐겨 쓰는 미등기전매와 '복등기' |

| 등기 이전 시 과다청구되는 법무사 수수료 많다 |

| 악덕 기획부동산 업체 판별하기 |

부동산 거래 시의 리스크 최소화

다운계약서를 쓰거나 미등기전매를 하자면서 '솔깃한' 제안을 들으면 마음이 약해진다. '나 하나쯤' 한다고 뭐 어떠냐 싶다. 하지만 요즘은 단속의 눈길이 심해 몇 년 뒤 몇 배의 불이익으로 돌아올 수도 있다. 설사 아무 일 없다고 해도 이런 행동 하나가 사회 질서를 어지럽히게 된다. 부동산은 정도를 걸을 때 더 큰 돈을 벌 수 있다.

다운계약서,
이제 절대 쓰지 마세요

W씨는 뉴타운의 빌라를 구입하려고 매물을 찾던 중 마침 마음에 드는 물건을 찾아내 매도자와 협상을 벌였다. 이 빌라는 대지 지분이 19㎡(약 5.8평)으로 토지거래허가를 받지 않아도 되는데다 향후 재개발 시 109㎡의 분양이 가능해 소액으로 내 집을 마련할 수 있는 절호의 기회라 판단됐다.

그러나 장애물이 생겼다. 매도자가 시세보다 10% 싸게 해 주는 대신 매매가를 실제 거래가보다 낮춰 작성하는 이른바 '다운계약서'를 요구한 것이다. W씨는 거래 조건과 매물은 탐이 났으나 다운계약서를 쓰면 좋지 않다는 얘길 들은 바 있어서 망설일 수밖에 없었다.

부동산을 계약할 때 실제 매매가격보다 금액을 낮춰서 기재하는 '다운계약서'를 작성하는 관행이 아직도 근절되지 않고 있다. 매도자는 양도가액이 적어지므로 양도세를 낮출 수 있고, 매수자 입장에서는 다운계약서를 써 주는 대가로 거래가는 물론 또 취·등록세 등이 줄어들기 때문이다.

간혹 양도세 부담이 없는 매도자에게 매수자가 향후 양도세를 줄이기 위해 실제 매매가보다 금액을 높여 작성하는 '업계약서'를 요구하는 경우도 있다.

그러나 2006년 1월 30일부터 부동산 실제 거래가격 신고제도가 실시되어 2006년 6월 1일부터 등기부등본에 실거래 금액이 기재되고 있기 때문에 다운계약서를 쓰게 되면 매도자나 매수자 모두 향후 큰 불이익을 받게 된다는 사실을 명심해야 한다.

:· 매도자는 탈루한 양도세액의 40%까지 가산세로 부과

부동산 실제 거래가격 신고제도는 부동산 거래 계약이 체결된 날부터 60일 이내에 부동산 소재지 관할 시군구청에 매도자와 매수자가 공동으로 실제 거래가격을 신고하도록 한 제도를 말한다(방문 신고 및 인터넷 신고 가능). 부동산 외에 조합원 입주권과 분양권도 신고해야 한다. 거래가 중개업자의 알선으로 이루어졌다면 중개업자가 신고할 의무가 있다. 만일 신고 기간 내 신고하지 않거나 거짓으로 신고하게 되면 취득세의 3배 이하에 상당하는 과태료가 부과된다. 거짓기재 또는 다운계약서를 작성한 중개업자는 등록 취소 또는 6개월 이내 자격정지 처분을 받게 된다.

신고 된 부동산 거래 가격은 허위신고 여부 등에 대한 가격검증을 거친 후 그 결과가 국세청 및 시·군·구청 세무부서에 통보돼 향후 과세자료로 활용되게 된다.

만약 국토해양부장관에 의해 50)주택거래신고지역으로 지정된 곳이라면 6억 원 이상의 주택을 거래한 당사자들은 계약 체결일로부터 15일 이내에 주택 취득자금 조달계획 및 당해주택 입주계획 등을 당해 주택 소재지의 관할 시장·군수·구청장에게 공동으로 신고하여야 한다. 주택거래신고는 실제 거래가격 신고와는 달리 중개업자가 대신 할 수 없다. 2008년 8월 1일부터는 인터넷 신고도 가능해졌다. 간혹 주택거래신고지역임을 모르고 계약 체결 후 60일 이내에 실제 거래가격 신고만 하면 되는 줄 착각하는 사람들이 있다. 15일 이내에 신고를 하지 않으면 과태료가 취득세의 5배나 되므로 주의해야 한다.

다운계약서를 썼다 적발된 매도자는 탈루한 양도세액의 40%까지 가산세로 물게 된다. 국세청은 2007년 1월 1일부터 다운계약서 등 허위증빙 서류에 의해 신고의무를 위반한 행위에 대한 가산세를 종전 10~30%에서 40%로 강화했다. 또한 매수자는 향후 양도 시 취득금액이 낮아지는 만큼 양도차익이 높아져 양도세를 실제보다 과중하게 물어야 하는 경우가 발생하게 된다. 2006년부터 매매계약서에 매수자의 인감도장을 날인하고 인감증명서를 첨부하는 이유가 추후 매수자의 양도세 신고 시 이를 취득금액으로 간주하겠다는 취지이기 때문이다.

예를 들어, 시세가 5억 원인 아파트를 구입하면서 다운계약서로 4억 원을 기재했다면 추후 양도 시 쓸데없는 세금을 최소 3,000만 원 이상 물어야 하는 것이다. 따라서 이제부터라도 매수자는 매도자나 중개업자의 다운계약서 요구에 절대로 응해서는 안 된다.

만일 다운계약서를 쓰고 계약금을 치렀더라도 잔금을 지불하지 않았다면 계약을 해지하거나 정상적인 계약서로 고칠 수 있다. 현행법상 다운계약서는 불법이기 때문에 매수자는 계약을 취소할 수 있다. 거래를 알선한 중개업자에게 요구하게 되면 중개업자는 매수자의 요구에 응할 수밖에 없다. 매수자가 다운계약서 거래 사실을 관할 시군구청에 고발하면 영업정지 또는 등록취소를 받게 되기 때문이다.

:· 다운계약서를 썼더라도 실제 거래가로 양도세 신고 가능

다운계약서를 썼다 해도 양도 시 취득금액을 실거래가로 신고할 수 있다. 실제 취득금액을 인정받으려면 다운계약서가 아닌 실제 매매계약서 및 실제 취득금액이 금융기관 등에 의해 지급됐다는 증빙(통장사본이나 온라인 송금 영수증, 수표 지불 시 수표 일련번호 등)이 있어야 한다.

만일 실제 취득금액이 인정된다면 과거 매도자의 양도금액이 문제가 될 수 있다. 만일 과거 매도자가 양도세가 비과세됐다거나 기준시가 과세 대상이었다면 문제될 게 없다. 그러나 실제 거래금액으로 양도세를 내야 했던 경우라면 양도세를 탈루한 것으로 적발돼 상당한 가산세를 물어야 한다. 이렇게 되면 과거 매도자와 법적인 분쟁이 발생할 수도 있다. 만약 과거 매도자에게 거래사실확인서에 인감도장을 날인하고 인감증명을 줬다면 다운계약서로 쓴 금액을 본인도 인정한 것이므로 문제가 복잡해질 수 있다. 따라서 다운계약서를 쓰고 실제 거래가격으로 양도세를 신고하려는 사람들은 반드시 세무사와 법적인 문제를 사전에 따져봐야 안전할 것이다.

족집게과외

▶다운계약서는 절대 쓰면 안 된다. '혹 떼려다 혹 붙인 격' 이 될 수 있으므로 아예 외면하는 게 상책이다.

▶주택거래신고지역에서 6억 원 이상 유상거래 했을 때는 계약 체결일로부터 15일 이내에 계약 당사자가 소정의 서류를 첨부해 공동으로 신고해야 한다.

▶다운계약서를 과거에 썼어도 실제 거래가격을 입증할 수 있으면 그 가격으로 양도세 신고할 수 있다.

부동산 모리배들이 즐겨 쓰는
미등기전매와 '복등기'

P씨는 나이 40세가 되도록 집 한 채 없을 정도로 부동산에 문외한이었다. 독신에 연봉까지 꽤 됐지만 동생들 학비 대느라 지금도 변변한 전셋집도 없이 오피스텔에서 월세로 지낸다. 그는 부동산에 관심이 있는 친구와 대화 도중 '이래서는 안 되겠다' 싶어 강남의 한 부동산 재테크 학원에서 강의를 듣기 시작했다. 거기서 그는 화술이 뛰어난 부동산 강사를 알게 됐고 그 강사가 "누님" 하며 친근하게 다가오면서 부동산 투자를 도와주겠다고 하자 그만 넘어가 버렸다. 잘 알려진 학원의 강사인데다 자칭 부동산 전문가로서 이름만 되면 알 만한 유명인과도 친하다고 하는 바람에 그를 믿은 것이었다.

그 강사가 소개해준 것은 뉴타운 바람이 불던 화곡동의 허름한 다세대주택이었다. 그런데 그가 제안한 투자 방법이라는 게 '불법'이었기 때문에 한마디로 거절하고 다시 그 강사를 보지 않았으면 문제가 없었다. 그러나 P씨는 그 나이 되도록 집 한 채 없다는 조바심이 심했다. 2억 7,000만 원 짜리 빌라를 1억 원만 지급하고 매매를 하되 나머지 잔금은 6개월이 지나 빌라 주인이 비과세가 되는 시점에 제3자에게 미등기전매를 통해 양도하고 받은 돈으로 청산하자는 제안이었다.

가등기를 하게 되면 권리보전에는 아무 문제가 없으므로 2억 7,000만 원 짜리 빌라를 1억 원만 투자해도 7~8개월 후에는 4,000만 원 이상 벌 수 있다는 것이었다.

'미등기전매' 라는 사실이 마음에 걸렸지만 "대한민국에서 부동산으로 돈 번 사람 중 이 방법 쓰지 않은 사람이 없다", "당신과 나, 빌라 주인, 매수자 네 사람만 입 다물면 절대 걸리지 않는다" 는 말에 P씨는 넘어갔다. 1억 원을 지불하고 한 달 후 빌라 주인은 "비과세 요건 중 2년 거주에 해당이 되지 않는 것을 착각했다. 1년 더 연장해 달라" 고 일방적으로 통보했다. 뭔가 이상한 P씨는 그때서야 화곡동 중개업소 몇 군데를 찾아다니며 시세를 확인해 보니 2억 7,000만 원이라는 현 시세가 과대평가된 것을 알았다. 게다가 뉴타운 지정이 연기돼 거래가 얼어붙기 시작했다.

P씨는 그 강사를 찾아가 원상복귀해 달라고 했지만 오히려 "나를 믿지 못하냐" 고 핀잔만 들어야 했다. 계속 찾아가 다그치자 그 강사는 아예 "배째라" 는 식으로 나왔다.

P씨는 컨설팅비로 사전에 그 강사에게 줬던 2,000만 원이 아까워서가 아니라 믿었던 사람에 대한 배신감으로 인한 상처가 더 컸다.

미등기전매는 A에게 부동산을 구입한 B가 등기이전을 하지 않고 C에게 양도하는 '중간생략등기'를 말한다. 사실 미등기전매는 불법이나 매도인과 매수인, 중개업자 등이 입을 맞추면 적발되기 힘들다. 때문에 '떴다방'이나 사악한 모리배들이 즐겨 쓰는 방법이며, 이 과정에서 선의의 피해자가 다수 발생하고 있다. 대부분의 부동산 고수들은 절대 이 방법을 쓰지 않는다. 사술(邪術)을 쓰면 한 두 번은 이길 수 있겠으나 강호의 진정한 고수 반열에 오를 수는 없다. 미등기전매를 '남도 다 하는 방법'이라고 권하는 사람은 제 뱃속 채우려고 다른 사람은 어떻게 돼도 상관없는 모리배라 봐도 좋다.

'중간생략등기'는 불법이며 적발되면 3년 이하의 징역이나 1억 원 이하의 벌금에 처한다. 다만 특별히 횟수가 많거나 금액이 큰 경우가 아니라면 통상 벌금형 정도로 처벌된다. 또한 매매잔금지급일로부터 60일내에 등기하지 않으면 60일째부터는 등록세의 5배에 해당하는 과태료를 내야 하고, 미등기상태로 3년이 경과하면 부동산 실권리자명의등기에 관한 법률에 따라 명의신탁으로 간주되어 5년 이하의 징역이나 2억 원 이하의 벌금과 부동산평가액의 30%에 해당하는 과징금을 부담하여야 한다.

미등기전매를 공모한 매도인, 매수인, 중개업자는 위 부동산등기특별조치법위반죄의 공동정범이나 방조범으로 처벌될 수 있다. 다만 미등기전매사실을 몰랐던 선의의 당사자는 처벌되지 않으나, 알고도 묵인했다면 방조범으로 처벌될 수 있다. 이 때문에 P씨 같은 사람들은 본인의 과욕으로 이러지도 저러지도 못하는 신세가 되는 것이다.

미등기전매를 하면 70%의 높은 양도소득세가 부과되고, 1가구 1주택 비과세와 조세특례제한법상의 각종 감면혜택을 받지 못한다. 또한 장기보유특별공제는 물론 양도소득 기본공제도 받지 못하고, 양도일이 속하는 다음 연도의 6월 1일부터 10년 이내에는 언제든지 양도소득세를 부과할 수 있어 10년 이내에 밝혀지면 70%의 세율을 적용하여 추징당하게 된다.

그런데 대법원 판례는 부동산등기특별조치법 제8조의 처벌규정을 강행규정이 아니라 단순한 단속규정에 불과하다고 보아, 미등기전매행위에 따른 중간생략등기를 실체관계에 부합하는 유효한 등기로 보므로 매수인은 유효하게 소유권을 취득한다.

:· 같은 날 두 번 이루어진다 해서 '복(複)등기'

미등기전매와 유사하게 부동산 공급 질서를 어지럽히는 행위가 '복등기'다. 하지만 엄밀히 말해 복등기와 미등기전매는 다르다. 미등기전매는 등기를 할 수 있는 물권을 등기를 하지 않은 채 제3자에게 전매하는 것이지만, 복등기는 등기를 할 수 없는 물권이기 때문에 등기를 할 수 있게 될 때 한꺼번에 등기를 해서 넘기는 것이다.

가령 A라는 사람이 입주 후 소유권 등기 경료 후 전매가 가능한 분양권이나 '딱지'를 가지고 있다면 매수자에게 당장은 소유권을 이전할 수가 없다. 따라서 소유권 등기가 가능해졌을 때, 매도자가 등기하고 곧바로 매수자에게 등기를 이전하는 것이다. 같은 날 두 번 등기가 이루어지는 경우가 많아 복등기란 이름이 붙었다.

하지만 기존 주택의 복등기는 불법이 아니다. 소유권등기 경료 후 전매가 가능한 아파트를 복등기 하는 것이 불법이다. 복등기는 분명 등기 경료 후 이루어졌으나 매매계약 체결 시점은 전매가 제한된 기간에 이루어졌으므로 불법인 것이다.

복등기는 분양권 불법 전매의 전형적인 방법이다. 복등기 거래 시 취 · 등록세와 양도세는 모두 매수자가 부담하는 것이 원칙이다.

정부는 복등기를 통한 불법 전매를 근절하겠다고 천명하고 있지만 미등기전매처럼 복등기 단속도 쉽지가 않다. 복등기 한 원매도자와 매수자가 계약체결일이 입주 후라고 입을 맞추면 어찌할 도리가 없기 때문이다.

하지만 적발되지 않는다 하더라도 복등기 거래는 분쟁의 여지가 많아 절대 하지 않는 것이 현명하다. 대체적으로 복등기를 해준다는 공증을 첨부해 매매계약서를 작성하는데, 향후 소유권 이전 시 집값이 많이 오르면 매도자가 변심을 할 수도 있다. 또한 양도세 등 비용에 큰 변동이 생겨 매수자에게 전가하는 등 문제가 생겨도 불법 거래이므로 당당하게 따질 수가 없다.

현행 주택법은 불법 전매자에게 3년 이하 징역이나 3,000만 원 이하 벌금형에 처하고 이와 별도로 공급 계약을 취소할 수 있다고 규정하고 있다.

 **족집게**과외

▶미등기전매와 복등기는 일견 돈을 많이 벌 수 있을 좋은 방법으로 보이나 실은 신세 망치는 지름길이 될 수 있다.

▶미등기전매는 중간생략등기라고 해서 A에게 주택을 구입한 B가 등기이전을 하지 않은 채 C에게 양도하는 것이다. 요즘에는 재개발 지분 투자에서 소위 '작전세력'이나 '모리배'들이 즐겨 사용한다.

▶복등기는 소유권등기 경료 때까지 전매가 제한된 분양권을 사전에 계약하고 입주 후 연속해서 등기를 해서 넘기는 것을 말한다.

등기이전 시 과다청구되는 법무사 수수료 많다

용인의 작은 빌라 한 채를 9,000만 원에 구입한 J씨. 그는 우연히 한 인터넷 사이트에서 법무사 수수료에 관한 규정을 보고 자신이 규정보다 훨씬 많은 비용을 지급했다는 사실을 알게 됐다. 수수료 항목으로 보수료, 인지대, 제증명료, 누진료, 채권할인료, 신청중지, 일당 및 여비, 신고필증 대행료, 부가가치세 등이 있는데, 이 중 보수료와 누진료, 채권할인료가 과다 청구됐던 것이다. 규정상으로는 보수료가 7만 원, 누진료가 7만 6,000원, 채권할인료가 7만 7,000원이나 보수료 15만 원, 누진료 13만 5,000원, 채권할인료 45만 원 등 무려 50여만 원 이상을 지불했던 것이다.

:· 제1종 국민주택채권 할인금액을 부풀리는 경우가 많아

등기 이전 시 과다 청구되는 법무사 수수료가 문제가 되고 있다. 이 중 가장 부풀려서 청구되는 것이 채권할인금액이다. 부동산 등기 이전에는 제1종국민주택채권(5년 만기)을 매입하도록 돼 있다. 주택 소유권 이전과 보존의 매입률은 시가표준액이 2,000만 원 이상~5,000만 원 미만일 때는 특별시와 광역시는 1.3%(기타 지역은 1.2%), 시가표준액이 5,000만 원 이상 ~1억 원 미만일 때는 1.9%(1.4%) 등으로 시가표준액에 따라서 매입률이 다르다.

그러나 채권을 매입한 사람들 대부분이 당일마다 정해지는 은행 할인율에 따라서 팔기를 희망하며, 법무사들이 할인금액만 받고 이를 대행하고 있다. 여기서 반드시 알고 넘어가야 할 것은 채권 매입률의 기준이 되는 것은 실거래가 아니라 시가표준액, 즉 개별·공동주택 공시가격이란 점이다. 예를 들어 용인의 9,000만 원짜리(공시가격 4500만 원) 빌라를 매입할 때 시가표준액을 실거래가로 하게 되면 매입 채권액이 126만 원이 되며 할인율을 10% 적용하면 채권할인금액으로 12만 6,000만 원을 지불하게 되지만, 공시가격으로 하게 되면 채권할인금액으로 5만 4,000원만 지급하면 되는 것이다.

:· 영수증만 있으면 지급한 수수료 환급 가능

법무사 수수료가 과다 청구되는 가장 근본적인 이유는 부동산중개업소 등을 통해 고객을 확보하는 법무사가 많기 때문이다. 소개해 준 중개업자에게 리베이트를 주기 위해 수수료를 부풀리는 법무사들이 생기는 것이다.

따라서 부동산 중개업자의 소개로 알게 된 법무사와 거래를 하기 전에 인근 법무사 사무실 몇 군데에 견적을 의뢰, 적정한 가격을 미리 알아보는 것이 현명하다.

법무사 수수료와 채권할인금액을 직접 알아볼 수도 있다. 보수 기준은 서울중앙지방법무사회(02-732-0231)에 문의하거나 홈페이지(www.lawland.or.kr)에 접속하면 된다. 국민은행과 농협, 우리은행 등의 홈페이지에 접속해서 국민주택채권 ⇨ 제1종국민주택채권 ⇨ 채권할인율조회 ⇨ 고객부담금조회에서 매입액을 입력하면 정확한 채권 매입 비용을 확인할 수 있으며, 당일 할인율까지 조회가 가능하다.

과거에 지불한 부당 수수료도 되돌려 받을 수 있다. 단 영수증이 있어야 가능하다. 국민은행 등에 문의해서 당시의 채권할인금액을 확인해 과다청구됐다면, 법무사와 통화해서 당시의 채권할인금액 및 수수료가 잘못 됐다고 얘기하면 대부분 인정하고 환급해준다. 만일 돌려주지 않거나 장황스런 이유 등으로 둘러대면 길게 얘기할 필요 없이 법원이나 소비자보호원, 대한법무사협회 등에 신고하면 된다. 수수료를 보수 기준 이상으로 받은 법무사는 영업정지까지 당할 수 있기 때문이다.

:· 번거롭지만 '나홀로 등기' 하면 몇십만 원 절약

'등기닷컴' 등 셀프등기 도우미 업체를 이용해서 직접 등기를 할 수도 있다. 3~4만 원 안팎의 수수료만 내면 등기 신청서 작성에서부터 과세 표준액 계산 등을 도와주고, 궁금증이 생길 때마다 문의하면 가르쳐 준다.

그런 다음에는 해당 부동산 소재지 구청에 들러 취득·등록세 고지서를 발급받아 납부한다. 세금 납부는 신용카드로 하는 게 유리하다. 구청에서 발급받은 등록세 고지서만 있으면 은행 창구 직원이 알아서 채권 매입액을 계산해주며, 할인을 원하면 그날의 할인율에 따라 은행에 되팔면 된다. 영수증에 찍힌 채권매입번호는 나중에 등기소에 서류 낼 때 적어서 내면 된다. 마지막으로 해당 부동산 소재지 등기소를 방문해서 등기 신청서(인터넷 등기소에서 다운로드 가능)와 준비 서류들을 묶어서 제출하면 된다.

2006년 6월 대법원에서 오픈한 인터넷 등기소(www.iros.go.kr·문의 1544-0770)를 통해 인터넷으로도 등기할 수 있다. 인터넷 등기 장려 차원에서 인지세(2만 원~35만 원)를 면제해 주고, 잡다한 서류를 따로 준비하지 않아도 된다는 점이 장점이다. 그러나 현재 서울 및 수도권에서만 가능하며, 매도인에게 등기소에 함께 가서 사용자등록을 해달라고 '아쉬운' 소리를 해야 하는 등 이용하기가 아직까지는 까다롭다.

족집게과외

▶등기 이전 시 적정 법무사 수수료를 알려면 몇 군데 법무사에 견적을 의뢰한다.

▶과다 지급한 법무사 수수료는 되찾을 수 있다.

▶하루 시간 내서 셀프 등기를 하면, 부동산에 대한 전반적인 이해도도 좋아지고 무엇보다 몇십만 원이 절약된다.

악덕 기획부동산 업체 판별하기

"좋은 땅 있는데 정보 좀 받아보시겠습니까?"

"안녕하세요, 여기는 부동산정보업체인데요, 돈 되는 땅 있는데 관심 좀 가져보시지요."

이런 전화를 아직도 받아본 적이 없다면 상당히 운이 좋은 사람이다. 정확한 통계는 아니지만 강남권에 사는 사람이면 적어도 수십 번은 땅 사라는 전화를 받았을 것으로 추산된다.

정부의 각종 규제와 법령 개정으로 과거에 비해 그 수가 많이 줄어들긴 했지만 소위 '기획부동산' 들의 전화 공세는 여전하다. 기획부동산들이라고 해서 다 나쁜 것은 아니지만, 아직도 많은 업체들이 쓸모없는 땅을 비싼 값에 팔아 피해자를 양산하고 있어 문제가 되고 있다.

"그런 전화 오면 끊으면 되지 않는가?" 라고 반문하는 사람들도 있지만 지인 영업을 하는 경우도 많고, 신문 광고 등을 통해 공개적으로 영업하는 곳도 많아 자신도 모르는 사이 유혹에 넘어갈 수가 있다. 이 때문에 악덕 기획부동산 업체인지 평소에 판별할 수 있는 지혜가 필요하다.

정부가 부동산개발업 등록제를 실시하고 전화 영업 등의 규제를 강화하자 2008년 상반기부터는 신문마다 땅을 매입하라는 광고가 부쩍 늘었다. 특히 토요일이면 각 신문마다 토지 전면광고가 줄을 잇는다. 토지는 토요일에 광고해야 광고효과가 가장 크다고 한다. 어떤 회사는 매주 토요일마다 전면광고를 이미 석 달째 싣고 있기도 하고, 1년 내내 똑같은 광고를 게재하는 회사도 있다.

신문에 땅 사라는 광고를 싣는 회사는 대부분 '기획부동산' 이다. 기획부동산이란 지주로부터 매입한 땅을 330㎡ 혹은 660㎡ 단위로 잘게 쪼갠 후 텔레마케터들을 고용해서 개발이 되면 값이 크게 오른다면서 주로 시세보다 비싸게 팔아 차익을 남기는 부동산업체를 말한다. 이런 땅을 매입해서 돈을 번 경우도 있지만 대부분은 쓸모없는 땅으로 판명되거나 시세보다 훨씬 비싼 값으로 구입하기 때문에 피해자만 속출하고 있다.

2007년만 해도 기획부동산은 부동산 침체 및 정부의 각종 규제로 사경을 헤맸으나, 새 정권이 들어서면서 대운하 사업 등 호재로 토지시장이 활성화될 조짐을 보이자 다시 활동이 활발해지기 시작했다. 2008년 6월 대운하사업이 중단되자 여주 등 제2영동고속도로 나들목 지역, 용인 등 시가화 예정용지 주변 지역, 양평과 가평 등 전원주택 부지 등을 중점적으로 다루고 있다. 특히 신문광고에서 구체적으로 언급하고 있는 용인의 모현면과 백암면, 처인구 등은 실제로 지가 상승이 계속 이어져 왔고, 앞으로도 상승이 예상되는 지역들이라 관심이 쏠릴 만하다.

그러나 결론적으로 기획부동산 업체들이 파는 땅은 절대 사면 안 된다. 돈이 될 확률보다는 오히려 손해 볼 확률이 매우 높기 때문이다. 그 이유를 살펴보자. 우선, 유통마진이 너무 높아 제값보다 훨씬 비싸게 주고 살 확률이 높다. 기획부동산은 지주에게 계약금만 지불하고 땅을 매입한 뒤 강남 등지에 사무실을 차리고 영업사원들을 대거 고용해 파는 방식을 취한다. 사무실 운영비를 비롯, 광고비, 영업사원 수수료(대체적으로 20% 내외) 등 만만치 않은 경비에 상당한 폭리까지 추가돼 원가의 10배, 20배 등을 부풀려 파는 경우가 대부분이다.

:· 하자가 있는 싼 땅이 대부분

둘째, 하자가 있는 싼 땅이 대부분이다. 기획부동산들은 원가의 10배 혹은 20배 등을 매도가로 잡아야 하기 때문에 원가가 비싼 땅은 취급하지 않는다. 예를 들어 원가가 3.3㎡ 당 30만 원이라면 매도가가 3.3㎡ 당 300만 원 이상은 돼야 하는데, 330㎡평의 구입가가 3억 원이라면 선뜻 나설 수요자가 없다. 따라서 기획부동산이 선호하는 땅은 원가가 3.3㎡ 당 10만 원 짜리 이하다. 원가가 싸다는 것은 땅값이 오를 확률이 그만큼 적다는 뜻이다.

현재 용인의 시가화예정용지는 3.3㎡ 당 최소 100만 원 이상을 호가한다. 그 주변이라도 3.3㎡ 당 50만 원을 훌쩍 넘긴다. 이 가격 이하라면 '싸다' 고 반색하기 전에 '싼 게 비지떡' 이라고 의심부터 해야 한다.

한 기획부동산이 현재 분양중인 용인 백암면의 토지는 개발호재와 미래가치로 향후 10배 이상의 시세차익을 볼 수 있다고 선전하면서 3.3㎡ 당 10만 원 이하로 팔고 있다. 용인의 수익성 높은 토지가 10만 원 이하라면 난리가 나도 벌써 났다. 기획부동산이 이 땅을 구입한 원가는 아마도 1만 원 이하일 것이다.

토지이용계획확인서는 지번만 알면 동네 동사무소에서 발급받을 수 있다. 땅을 구입할 때 용도지역과 토지이용제한 상태를 확인하는 것은 필수다. 기획부동산들이 가장 애용하는 땅은 관리지역 임야다. 그러나 땅을 사서 나중에 확인해보면 관리지역은 10%에 불과하고 90% 이상이 농림지역이나 자연환경보전지역에 걸쳐 있거나, 보전산지인 경우도 허다하다. 수도권 지역의 토지는 용도지역보다 자연환경보전권역인지, 수도법에 저촉되는지 등을 먼저 확인해봐야 한다. 이런 땅은 십중팔구 개발이 불가능해 기획부동산업체들이 장담했던 '지가상승'은 요원하다.

그러나 기획부동산들 중 토지를 구입하기 전에 지번을 가르쳐주는 곳은 거의 없다. "비밀이 샌다"는 등 각종 핑계를 대지만 실은 수요자가 토지이용계획확인서를 살펴볼까 두려워서다.

시가화예정용지 주변 개발은 요원하다. 시가화예정용지에 포함되어도 개발이 쉽지 않은 판에 주변 개발에 대해 섣부른 기대는 금물이다. 국토해양부의 최종 승인을 받은 도시기본계획상 시가화예정지라도 개발 추진 과정에서 취소되거나 축소될 가능성이 있다. 따라서 시가화예정지 주변은 여전히 개발규제를 받기 때문에 개발될 가능성이 아주 낮다고 볼 수 있다.

개발 호재가 있다고 해서 무조건 땅값이 오르는 시대도 지났다. 연접개발제한에 따라 관리지역 임야인 경우 토지경계선으로부터 250m 이내에 이미 3만㎡ 이상 개발되어 있으면 더 이상의 개발은 불가능하다. 또한 2007년부터 부재지주 토지는 양도세율이 66%나 되기 때문에 지가 상승이 웬만큼 이루어지지 않고는 남는 게 별로 없다.

:∙ 분할될 수 없는 땅이거나 맹지일 가능성 커

세 번째, 분할될 수 없는 땅이거나 맹지일 가능성도 매우 크다. 2006년 3월부터 매매를 위한 토지분할은 허용되지 않고 있다. 개발행위 허가를 얻어야만 분할할 수 있도록 법이 바뀐 것이다. 기획부동산 업체들은 땅을 파는 것이 목적이지 개발 주체가 아니기 때문에 개발행위 허가를 받을 수가 없다. 따라서 기획부동산이 가분할도를 보여주면서 "향후 이렇게 분할해 주겠다"고 약속하는 것은 모두 거짓말이다.

강원도 철원의 한 임야는 한 기획부동산이 1,200여명에게 공유지분으로 땅을 팔아 큰 문제가 되고 있다. 철원군은 땅을 산 사람들의 분할 민원이 빗발치자 1,200명 전원의 동의서가 있으면 분할해주겠다고 했지만, 이것이 성사될지는 미지수다.

최근에는 공유지분으로 토지 구입 후 토지소유자가 법원에 공유물분할 청구소송을 통해 분할하는 소위 '폭탄분할'을 유도하는 기획부동산들이 있는가 하면, 처음부터 공유지분으로 매각하면서 나중에 지가가 오르면 한꺼번에 팔아주겠다며 '매각위임서'를 미리 받는 업체들도 생겨나고 있다.

그러나 분할돼 있는 땅이라고 해도 안심해서는 안 된다. 토지 경계가 명확한지 주변에 도로나 수도시설은 있는지, 진입로 유무를 정확하게 파악해야 한다. 건축행위를 할 수 없는 맹지를 구입하는 경우도 비일비재하기 때문이다.

마지막으로, 산 땅이 잘못됐을 때 반환받을 방법이 없다. 기획부동산 업체들은 대부분 '바지사장'을 앉히고 6개월에서 1년 단위로 폐업을 하고 회사명을 바꿔 이사 간다. 땅을 산 사람들의 고소도 피하고 세금 등을 피하기 위해서다. 사기 분양과 탈세로 법망에 걸린 회사들이 많아도 뿌리가 근절되지 않는 이유는 소위 '회장' 등은 전면에 나서지 않고 있기 때문이다. 그러나 계약금을 준 상태에서 아직 중도금을 치르기 전이라면 돈을 찾을 수가 있다. 중도금을 치르기 전 땅의 상태를 다시 한 번 확인해서 만일 업체가 홍보했던 내용과 다르다면 계약금은 찾을 수가 있다. 좋게 말해서 반환해주지 않으면 공정거래위원회 소비자보호팀에 허위 과장 광고 등을 문제 삼아 제보하는 방식을 취하는 것이 가장 빠른 방법이다.

미래의 블루칩을 선점하는 **부동산 투자 성공 방정식**

족집게과외

▶기획부동산이 얼굴에 간판 걸고 "너 잡아 먹을 게" 하고 접근하는 법은 없다. 우리의 마음 속에 욕심의 그림자가 드리운 순간 귀신처럼 다가와 넋을 빼놓는다.

▶기획부동산은 절대 근절될 수 없다. 한국에서 토지처럼 남는 장사가 없기 때문이다. 방법은 왜 기획부동산 땅을 사면 안 되는지를 스스로 이해하는 길뿐이다.

▶ "그렇게 좋은 땅을 혼자 갖지, 왜 팔아요?" 하고 묻는 순간 미수에 걸릴 수 있다.

세테크 성공투자의 마지막 관문

요즘은 재테크 중에서 가장 큰 비중을 차지하는 것이 세테크다. 아무리 투자를 잘해서 시세차익을 크게 남겼더라도 세금 관계를 소홀히 하면 '말짱 도루묵' 이 될 수 있다. 이제는 양도세를 모두 실거래가로 산출하기 때문에 과거와는 비교할 수 없을 정도로 세금 부담이 크다. 계약하고 세금 때문에 울지 말고 계약하기 전에 반드시 세금 관계를 철저히 따져보도록 하자.

부부 공동명의는
유리한가

요즘 부동산을 부부 공동명의로 하는 경우가 늘고 있다. 재산권 행사에서 그간 '약자'였던 부인의 위상이 높아지는 데다, 절세 등에서 효과가 크다는 인식이 확산되고 있기 때문이다.

부부 공동명의는 단독명의보다 과연 유리한지, 부부 공동명의 시 유의해야 할 점은 무엇인지에 대해 알아본다.

부부 공동명의는 부부가 공동 소유로 소유권 등기하는 것을 뜻한다. 지분은 5대 5로 할 수도 있고, 남편이 3 아내가 7로 하는 등 자유롭게 설정할 수 있다. 부동산을 단독명의로 할 때보다 부부 공동명의로 하게 되면 취득세나 보유세, 자녀에 대한 증여 시에 별다른 차이가 없다. 그러나 누진세율이 적용되는 양도소득세에서는 절세 효과가 있으며, 개인별로 과세되는 상속에서는 경우에 따라 상당한 효과가 나타나기도 한다.

예를 들어, 일반세율 과세 대상인 5억 원짜리 아파트(취득가액 2억 원, 4

년 보유)를 양도할 때 단독명의일 경우에는 양도세가 8,460만 원 가량 나오지만, 5대 5 공동명의일 때는 각 3,600만 원 가량이므로 대략 1,260만 원 정도 절세 효과가 나타나게 된다. 그러나 2년 미만 보유와 1가구 2주택 이상 중과 대상, 미등기 전매 등에 해당하는 단일세율(40%~70%)이 적용될 때는 절세 효과가 거의 없다.

또한 양도차익이 매우 커서 양도세를 많이 내야 하는 경우 부부 증여를 이용하면 양도세를 줄일 수 있다. 증여 받은 부동산을 양도하면 증여가액이 취득가액이 되기 때문이다. 예를 들어 남편이 원래 1억 원에 취득한 아파트가 6억 원으로 올랐다면 양도차익이 5억 원이나 된다. 부인에게 6억 원에 증여하고 향후 7억 원에 양도한다면 양도차익이 1억 원으로 줄어들어 세 부담을 크게 줄일 수 있는 것이다. 하지만 부부 증여재산은 증여 후 5년이 지나기 전에 양도하면 증여자가 취득한 금액으로 양도차익을 산정하므로 5년이 지나서 양도해야 한다.

:• 신규 취득 시 공동명의가 유리

부부 공동명의는 신규 취득 시 하는 게 비용 면에서 유리하다. 부부 중 한 사람의 단독명의로 돼 있는 것을 공동명의로 이전하게 되면 증여세와 취·등록세 등 추가 비용이 발생하게 되기 때문이다. 신규 취득 시 공동명의로 등기하려면 매매계약서에 매수자가 공동명의로 돼 있어야 한다. 소유권이전등기에서는 매매계약서가 원인증서가 되기 때문에 매수자가 배우자 한 사람으로 돼 있으면 공동으로 등기이전이 되지 않는다. 이때는 매매 계약서를 다시 써야 하는 번거로움이 따르므로 계약할 때 매수자를 공동명의로 해야 한다.

한편, 분양 받은 아파트를 공동명의하려는 부부들도 많다. 그러나 수도권에서는 전매 제한이 돼 있는 아파트가 대부분이어서 공동명의 역시 전매 제한 기간 동안은 할 수 없다. 분양 받은 사람의 명의로 일단 등기를 완료한 후 일부 지분을 배우자 명의로 이전하는 과정을 거치기 때문에 이 경우에도 증여세와 취·등록세 등 추가 비용이 발생하게 된다.

전매 제한이 돼 있지 않다면 분양사무실에 가서 공동명의로 명의를 변경할 수 있다. 이렇게 하면 소유권등기를 신청할 때 공동명의로 신규 취득할 수 있다.

신규 취득으로 인한 부부 공동명의 시, 부부 모두 소득이 있다면 관계없지만 만약 한 쪽이 소득이 없는 상태라면 증여세 과세를 고려해야 한다. 하지만 배우자 간 증여에서는 10년 간 6억 원까지 공제되므로, 증여가액이 6억 원 이하이면 증여세를 물지 않게 된다.

예를 들어, 12억 원짜리 아파트를 부부가 5대 5 공동명의로 매입할 때 아내에게 소득이 없다 해도 남편이 증여세를 물지 않게 되는 것이다. 만일, 16억 원짜리 아파트를 부부가 5대 5 공동명의로 매입할 때 아내에게 소득이 없다면 남편이 물어야 할 증여세는 3,000만 원이 된다. 이럴 때는 아내의 지분을 37.5%로 하게 되면 증여세를 물지 않아도 된다.

결혼은 했지만 혼인신고를 하지 않은 젊은 부부 중에도 공동명의로 주택을 구입하는 사례가 늘고 있다. 하지만 이 경우, 부부 한 쪽이 이미 주택을 소유하고 있는지를 먼저 헤아려 결정해야 한다.

예를 들어, A양과 P씨는 결혼은 했지만 혼인신고는 하지 않은 상태에서 공동명의로 주택을 구입했다. 그런데 A양은 결혼 전부터 원룸을 보유한 상태였다. 두 사람은 혼인신고 후 A양이 보유하고 있는 원룸을 팔면 양도세가 비과세되는 줄 알았는데, A양이 1가구 2주택자에 해당돼 양도세를 물어야 된다는 사실을 알고 당황스러워했다.

만일 혼인신고 전 구입한 주택을 공동명의로 하지 않고 P씨 단독명의로 했다면, A양은 비과세를 받을 수 있었다. 결혼 전 1주택씩을 보유한 남녀가 혼인해서 2주택이 된 경우 혼인한 날부터 2년 이내에 집 한 채를 팔면 그 집이 비과세 요건을 갖춘 경우 비과세를 받을 수 있기 때문이다. 이때 혼인한 날이란 혼인신고한 날을 기준으로 한다. 그런데 혼인신고하기 전에 A양은 이미 2주택자가 되었기 때문에 위의 비과세 혜택을 받을 수 없게 된 것이다.

부부 공동으로 명의 이전을 하게 되어도 부부는 1가구 1주택자이다. 원래 공동 명의 주택은 지분 소유자 모두 각각 집을 1채씩 가지고 있는 것으로 간주하지만, 부부의 공동지분은 합산해서 따지게 된다.

그러나 부부 공동명의 주택 1채와 남편 명의나 아내 명의로 한 채를 더 갖고 있다면 1가구 2주택자가 된다.

 **족집게과외**

▶ 부부 공동명의는 일반세율 과세 대상일 때, 상속세에서 절세 효과가 있다.

▶ 신규취득 시 공동명의로 하는 게 취 · 등록세 등이 이중으로 나가는 부담을 줄일 수 있다.

▶ 부부가 공동으로 집을 소유했어도 각각 1주택자로 인정된다.

알기 쉬운 1가구 2주택 · 3주택 양도세 중과 판정

1가구 2주택 양도세 중과세가 2007년 1월 1일부터 시행되고 있지만 아직도 1가구 2주택 양도세 중과 대상이 어떤 주택인지에 대해 잘 모르는 사람이 많다.

2주택이 둘 다 중과 대상이라면 문제가 아니나 두 채 중 한 채만 해당된다면 중과 대상이 아닌 주택을 먼저 파는 것이 절세 방법이기 때문이다. 중과세에 해당되면 장기보유특별공제를 받을 수 없고 세율이 50%나 되므로 일반세율 과세에 비해 세 부담이 엄청나다.

예를 들어 서울에 5억 원짜리 아파트 한 채(기준시가 4억 원, 5년 거주, 취득가액 4억 원)와 의정부에 1억 2,000만 원짜리 빌라 한 채(기준시가 9,500만 원, 3년 보유, 취득가액 5,500만 원)를 보유한 W씨는 의정부 빌라를 먼저 파는 것이 절세가 된다.

수도권 소재(읍면 지역 제외) 주택은 무조건 중과 대상 주택 수에 포함되기 때문에 W씨는 1가구 2주택 중과 대상자이나 양도가액이 1억 원이 넘더라도 기준시가가 1억 원 이하이면 중과하지 않는 예외규정이 있기 때문이다. 따라서 의정부 빌라를 먼저 팔면 양도세가 대략 1,000여 만 원이나 서울 아파트를 먼저 팔면 양도세가 무려 4,800여 만 원이나 된다.

:· 1가구 2주택 · 3주택이라고 무조건 중과 대상 아니다

집을 두 채 보유하면 1가구 2주택, 세 채 보유하면 1가구 3주택자다. 그러나 1가구 2주택 · 3주택자라고 해서 모두 다 중과 대상이 되는 것은 아니다. 보유하고 있는 주택 중에 중과 대상 주택 수가 몇 채인가에 따라서 결정되는 것이다.

따라서 본인이 1가구 2주택 중과 대상인지, 1가구 3주택 중과 대상인지를 판별하려면 먼저 보유중인 주택이 중과 대상 주택 수에 포함되는지의 여부를 따져야 한다.

①수도권 소재(읍면 지역 제외) 주택인지, 기타 지역과 읍면 소재 주택인지를 먼저 따진다. 예를 들어 경기도 양주시 광적면이나 백석읍은 수도권에 위치해 있지만 읍면 소재에 해당된다.

수도권 소재(읍면 지역 제외) 주택은 가격과 상관없이 무조건 중과 대상 주택 수에 포함된다. 예를 들어 경기도 용인과 화성에 집을 두 채 보유하고 있다면 1가구 2주택 중과 대상이며, 서울에 3채 보유하고 있으면 3주택 중과 대상자가 되는 것이다.

②수도권 이외 지역과 읍면 지역은 기준시가 3억 원 초과일 때 중과 대상 주택 수에 포함된다.

가령 서울에 아파트 1채, 천안시에 기준시가 2억 5,000만 원 아파트 1채를 보유한 사람은 1가구 2주택자이긴 하나 1가구 2주택 중과 대상자는 아니다. 2주택 중과 대상에 해당되지 않으면 두 채 중 어느 집을 먼저 팔더라도 일반세율 과세 대상이 되는 것이다.

또한 서울에 아파트 1채, 수원시 화정동에 연립주택 1채, 양주시 백석읍에 기준시가 2억 9,000만 원 아파트 등 총 3채 보유한 경우에는 중과 대상 주택 수가 2채이므로 1가구 2주택 중과 대상자가 된다. 이때는 서울과 수원시 주택을 팔 때는 양도세가 50% 중과되나, 백석읍 아파트를 먼저 팔면 일반세율 과세 대상이 된다.

만일 집을 전국적으로 총 4채를 보유하고 있다고 해도 중과 대상 주택 수가 1채에 불과하다면 어떻게 될까. 어떤 주택을 먼저 팔든 일반세율 과세 대상이 되는 것이다.

③그러나 1가구 2주택·1가구 3주택 중과 대상이라고 해도 양도하는 주택이 예외 사항에 해당되면 중과되지 않고 일반 과세된다.

• 먼저 1가구 2주택 중과 대상일 때는 수도권 소재(읍면 지역 제외) 기준 시가 1억 원 이하인 주택(정비구역으로 지정 고시된 지역은 기준시가 1억 원 이하라도 중과세, 다만 주거환경개선사업으로 사업시행자에게 양도하는

경우에는 일반세율 과세 대상)을 비롯해서 양도세 감면주택, 5년이 경과

되지 않은 상속주택 등을 먼저 팔면 일반세율 과세 대상이 된다.

예를 들어 서울과 의정부에 집을 각 1채씩 보유하면 1가구 2주택 중

과 대상이나 의정부 집의 기준시가가 1억 원 이하이면 중과되지 않고

일반세율 과세 되는 것이다. 그러나 의정부 집이 재개발 구역으로 지

정 고시돼 있다면 기준시가가 1억 원 이하라도 중과 대상이 된다.

또한 조세특례법상 양도세 감면주택은 취득일로부터 5년까지는 양도

세가 100% 감면되고, 5년이 경과한 후에는 5년 간 발생한 양도소득금

액을 양도세 과세대상 소득금액에서 차감하게 된다.

또한 별도세대원으로부터 상속받은 상속주택도 5년이 경과되기 전에

양도하면 중과되지 않고 일반세율 과세 된다.

• 1가구 3주택 중과 대상일 때도 보유한 주택 중 양도세 감면주택과 5

년이 경과되지 않은 상속주택은 중과세에서 제외된다. 그러나 1가구

2주택 중과 대상자처럼 수도권 소재(읍면 지역 제외) 기준시가 1억 원

이하 주택을 중과세에서 제외해주는 규정은 없다. 다만 기획경제부

장관이 지정한 소형주택(2003년 12월 31일 이전에 취득하고, 전용면적 60

㎡ 이하이며, 양도일 현재 기준시가가 4,000만 원 이하일 것으로서 오피스텔

과 정비구역으로 지정 고시된 지역 소재 주택은 제외)은 중과세에서 제외

된다.

주의할 것은 1가구 2주택 중과 대상일 때 수도권 소재(읍면 지역 제외)

기준시가 1억 원 이하는 중과세를 하지 않았지만, 1가구 3주택 중과

대상일 때는 기준시가가 4,000만 원 이하인 소형주택의 경우에만 중

과세에서 제외된다는 점이다.

④근무상 형편으로 2주택이 된 경우, 혼인이나 동거봉양 등의 사유로 2주택이 된 경우에도 일정 기간까지는 중과 대상에서 제외된다.

근무상 형편이나 혼인 및 동거봉양 등의 사유로 2주택이 되었으나 비과세 처분기한을 넘겨 보유한 경우라도 근무상 형편은 그 사유 해소일로부터 3년, 혼인이나 동거봉양은 그 사유가 발생한 날로부터 5년 동안 중과세 적용을 유예한다.

예를 들어 이사 가기 위해 새 집을 마련하게 되면, 1년이 지나기 전에 먼저 살던 집을 팔면 비과세 받을 수 있는 제도가 있다. 이때 기한을 넘겨 팔게 되면 1가구 2주택 중과 대상 여부를 따져야 하나 근무상 형편으로 이사한 경우에는 1년이 지나더라도 3년 동안은 중과세를 적용하지 않는다는 뜻이다.

또한 혼인이나 동거봉양으로 2주택이 되면 혼인한 날 혹은 합가한 날부터 2년 동안은 한 채만 보유한 것으로 보아 비과세를 적용하고 있다. 그런데 2년이 지나서 양도하게 되더라도 5년까지는 중과 대상에 해당된다고 해도 적용을 배제하겠다는 의미다.

⑤2주택·3주택 판정은 복잡한 것 같기는 해도 맥만 파악하면 매우 쉽다. 문답을 통해 다시 한 번 알아보자.

Q 서울에 3억 원(기준시가 2억 2,000만 원), 용인에 2억 원(기준시가 1억

1,000만 원) 두 채 보유 중인 경우는?

A 1가구 2주택 중과 대상자임. 뭘 팔아도 2주택 중과세임.

Q 서울에 3억 원(기준시가 2억 2,000만 원), 의정부에 1억 8,000만 원(기준시가 1억 원) 두 채 보유 중인 경우는?

A 1가구 2주택 중과 대상자임. 그러나 의정부 집 먼저 팔면 일반세율 과세 대상임. 그러나 서울집 먼저 팔면 중과세됨.

Q 서울에 3억 원(기준시가 2억 2,000만 원), 천안에 2억 원(기준시가 1억 1,000만 원) 두 채 보유 중인 경우는?

A 중과 대상 주택 수가 한 채이므로 1가구 2주택 중과 대상자가 아님. 뭘 팔아도 일반세율 과세 대상임. 헷갈리기 쉬운 사례임.

Q 서울에 3억 원(기준시가 2억 2,000만 원), 천안에 4억 원(기준시가 3억 1,000만 원) 두 채 보유 중인 경우는?

A 중과 대상 주택 수가 두 채 이므로 1가구 2주택 중과 대상임. 뭘 팔아도 중과세임.

Q 천안에 4억 원(기준시가 3억 1,000만 원), 서울에 1억 원(기준시가 8,000만 원, 재개발 정비구역 지정 고시됨) 두 채 보유 중인 경우는?

A 중과 대상 주택 수가 두 채이므로 1가구 2주택 중과 대상임. 뭘 팔아도 중과세임.

미래의 블루칩을 선점하는 **부동산 투자 성공 방정식**

Q 천안에 4억 원(기준시가 3억 1,000만 원), 서울에 2억 원(기준시가 1억 2,000만 원), 대구광역시에 2억 원(기준시가 1억 2,000만 원) 세 채 보유 중인 경우는?

A 중과 대상 주택 수가 두 채이므로 1가구 2주택 중과 대상임. 8·21대책으로 인천광역시를 제외한 지방광역시는 기준시가 3억 원을 초과해야 중과 대상이다.

Q 서울에 1억 원(기준시가 6,000만 원), 용인에 2억 원(기준시가 1억 5,000만 원), 천안시에 3억 원(기준시가 2억 5,000만 원) 세 채 보유 중인 경우는?

A 중과 대상 주택 수가 두 채이므로 1가구 2주택 중과 대상자임. 용인 주택을 먼저 팔면 양도세 50% 중과 대상이나 서울 집 먼저 팔면 기준시가 1억 원 이하라 일반세율 과세 대상임.

Q 서울에 1억 원(기준시가 6,000만 원), 용인에 3억 원 양도세 감면주택(기준시가 2억 5,000만 원), 천안시에 3억 원(기준시가 2억 5,000만 원) 세 채 보유 중인 경우는?

A 중과 대상 주택 수가 두 채이므로 1가구 2주택 중과 대상자임. 그러나 용인의 양도세 감면주택을 먼저 팔면 양도세가 감면되며, 서울 집 먼저 팔 경우에는 기준시가 1억 원 이하라 일반세율 과세 대상임. 천안 집 역시 중과 대상 주택이 아니라 일반세율 과세 대상임.

Q 서울에 2억 원(기준시가 1억 6,000만 원), 천안시 3억 원(기준시가 2억 5,000만 원), 달성군 현풍면 3억 원(기준시가 2억 5,000만 원) 세 채 보유

중인 경우는?

A 중과 대상 주택 수가 한 채이므로 중과 대상자가 아님. 뭘 먼저 팔아
도 일반세율 과세 대상임.

:· 1가구 3주택 이상 보유자는 양도 전 절세 방법 먼저 따져봐야

서울 강남구 삼성동 아파트(5년 째 거주, 양도차익 6억 원, 현 시세 12억 원),
용인 아파트(취득한 지 6개월, 양도차익 2억 원, 현 시세 5억 원), 천안 아파트(3
년 보유, 양도차익 1억 원, 현 시세 3억 5,000만 원, 기준시가 2억 5,000만 원), 이렇
게 세 채 보유한 P씨는 1가구 3주택 중과 대상자가 아니라 1가구 2주택 중
과 대상자다. 따라서 천안 아파트를 먼저 양도하면 일반세율 과세 대상이
어서 양도세가 2,000여만 원에 불과하다.

그런 다음, 용인 아파트가 취득한 지 6개월밖에 되지 않았으므로 앞으
로 6개월 이내에 강남 아파트를 팔면 6억 원까지는 비과세 혜택을 받을 수
있다. 양도세는 양도일 현재를 기준으로 판정하기 때문이다.

1가구 다주택자들은 양도를 고려하기 전 반드시 세금 문제를 짚어야 한
다. 계약한 뒤 세금 문제를 따지는 분들이 많은데, 이는 소 잃고 외양간 고
치기와 같다. 절세는 생활의 지혜이며, 재산권 보호의 지름길이다. 1가구
다주택자의 절세에는 경우의 수가 많으므로 반드시 세무사나 부동산 전문
가와의 상의를 거친 후 양도를 결정하는 것이 현명하다.

족집게과외

▶1가구 2주택 · 3주택자라고 해서 모두 다 중과 대상은 아니다.

▶1가구 2주택 중과 대상이라고 해도 기준시가 1억 원 이하 주택을 양도하면 일반세율로 과세되며, 장기보유특별공제 혜택도 받을 수 있다.

▶다주택 보유자는 양도하기 전 반드시 전문가와의 상담을 통해 절세 방법을 찾는 것이 현명하다.

양도세 중과 대상자는 증여가 절세 방법 될 수도 있다

ㅇ씨는 수도권에 집 두 채를 소유한 1가구 2주택 중과 대상자다. 게다가 두 채의 기준시가를 합한 금액이 6억 원을 초과해 종합부동산세 과세 대상이다. ㅇ씨는 보유세가 매년 더 오른다고 해 한 채를 팔까 했으나 최근 집값이 많이 떨어져서 손해 보고 파는 느낌이 드는데다 양도세도 50% 중과된다고 해서 이러지도 저러지도 못하고 고민 중이다.

ㅇ씨처럼 종합부동산세와 1가구 다주택 중과 대상자들은 양도와 증여 중에서 유리한 쪽을 선택할 수 있다. 통상 증여세가 양도세보다 세금이 더 많이 나오지만 양도세 중과 대상자일 때는 증여가 오히려 세 부담이 덜한 경우가 있을 수 있기 때문이다. 또한 자녀에게 증여 후 자녀와 세대를 분리하면 종합부동산세 부담에서도 벗어나게 된다.

만일, ㅇ씨가 시가 5억 원(기준시가 4억 원, 양도차익 2억 원)의 주택을 양도한다면 양도세가 대략 9,000만 원 이상 되지만, 자녀에게 증여하면 증여

미래의 블루칩을 선점하는 **부동산 투자 성공 방정식**

가액 4억 원에서 자녀 공제 3,000만 원을 뺀 3억 7,000만 원이 과세표준이 되어 1억 원 초과 5억 원 이하의 세율은 20%(누진공제 1,000만 원)이므로 증여세로 6,400만 원만 부담하면 된다(증여일부터 3개월 이내 자진 신고 납부하면 세액의 10%가 공제됨).

증여 시 신고가액은 시가로 하는데, 증여일 전후 3개월 이내에 매매사례가액이나 2개 이상의 감정평가서의 평균액, 보상가액, 경매가액 등이 있으면 이를 시가로 하지만, 시가가 확인되지 않는 경우에는 국세청 기준시가를 적용한다.

:· 자녀 1인보다는 자녀 여러 명에게 분산 증여가 유리

자녀가 만일 기혼자라면 자녀 한 사람에게 증여하는 것보다는 자녀 외에 자녀의 배우자, 손자에게 분산 증여하는 것이 절세 방법이다. ○씨가 자녀 한 사람에게 증여할 때는 증여세가 6,400만 원이지만, 자녀와 자녀의 배우자에게 증여한다면 증여세가 5,300만 원(자녀 2,400만 원+자녀의 배우자 2,900만 원)으로 1,100만 원이 절약된다. 손자 2명까지 포함해 4명에게 증여한다면 4,120만 원(자녀 700만 원+자녀의 배우자 950만 원+손자 각 1,235만 원씩)으로 2,000만 원 이상 절세된다. 손자에게 증여하면 산출세액의 30%가 할증된다고 해서 꺼려하는 이가 많은데, 1인 증여보다는 분산 증여가 절세되는 경우가 많기 때문에 사전에 잘 따져보는 것이 필요하다.

아파트는 매년 공시가격 고시일인 4월 30일 이전에 증여하는 것이 유리하며, 증여 시기를 잘 선택하는 것도 절세 요령이다. 종합부동산세를 피하려면 과세 기준일인 매년 6월 1일 이전에 증여해야 한다. 증여가액을 낮추려면 공시가격이 매년 고시되는 날을 기준으로 그 이전에 증여하는 것이 현명하다.

공동주택은 3월 중순부터 3월 말까지 공동주택가격 열람 및 의견청취 후에 4월 30일 공시하며, 상업용 건물 및 오피스텔은 11월 중순부터 11월 말까지 다음 연도 예정기준시가를 열람 및 의견 수렴 후 매년 1월 1일 고시한다. 토지는 매년 2월 말 경에 표준지 공시지가를 공표하고 필지별 개별 공시지가는 매년 5월 초순 열람하고 5월 31일 고시하고 있다.

따라서 공시가격 및 공시지가가 전년도보다 상승했다면 고시일 이전에 증여하는 것이 전년도의 공시가격 및 기준시가를 기준으로 증여세를 납부할 수 있으므로 유리하다.

:· 양도세 중과 대상자는 부담부증여가 손해일 수도 있어

주택을 담보로 한 대출금이나 전세금을 수증자가 상환하는 조건으로 증여하는 부담부증여를 고려하는 사람도 늘고 있다. 주택을 자녀에게 부담부증여 하게 되면 전체를 증여할 때보다 증여세가 줄어들게 된다. 채무는 증여가 아닌 양도로 보기 때문이다.

예를 들어, 채무가 2억 원인 기준시가 5억 원 주택을 부담부증여하게 되면 증여가액이 3억 원이 되어 증여세가 5,000만 원이 된다. 전체를 증여해 증여세가 9,000만 원 나오는 것과 비교하면 4,000만 원이 줄어들게 되는 것이다.

그러나 채무 부분은 증여자가 양도세를 내야 하기 때문에 양도세 비과세나 일반세율 과세 대상이라면 절세 효과가 크지만, 1가구 2주택 중과 대상자는 양도세율이 50%나 되기 때문에 부담부증여를 선택하는 것이 오히려 손해일 수도 있다.

예를 들어, 증여가액이 5억 원인 주택(취득가액 2억 원)을 자녀에게 부담부증여(채무액은 2억 원)하면 부담부증여의 양도차익은 1억 2,000만 원이 된다. 1가구 1주택자로서 비과세되는 경우라면 부담부증여의 양도차익에 대해서는 비과세가 되므로 증여세만 5,000만 원 부담하면 된다. 그러나 1가구 2주택 중과 대상에 해당되면 채무의 양도세가 6,000만 원이나 돼 증여세 포함 1억 1,000만 원이 세 부담이 되므로 실효성이 없다.

• 부담부증여의 양도차익 =

(증여가액 - 취득가액) × (채무액 / 증여가액)

따라서 양도세 중과 대상자들은 부담부증여와 단순 증여를 비교해 유리한 쪽을 선택하는 것이 현명하다.

부담부증여로 인정받기 위해서는 첫째 증여일 현재 증여재산에 담보된 채무가 있어야 하며, 둘째 담보된 당해 채무가 반드시 증여자의 채무인 것이 입증돼야 하며, 셋째 당해 채무를 수증자가 인수한 사실이 증여계약서와 담보설정, 자금출처가 확인되는 자금으로 원리금을 상환하는 것 등이 객관적으로 확인이 돼야 한다.

:· 증여받은 주택은 5년이 지나서 양도해야 절세

증여받은 주택을 양도할 때는 51)증여 취득일로부터 5년이 지나야 중과
세에서 벗어날 수 있다. 증여받은 부동산을 5년이 지나기 전에 양도하면
증여자가 양도하는 것으로 간주해서 증여자의 양도세와 수증자의 양도세
+ 증여세 중 금액이 많은 쪽을 세금으로 부과할 수 있기 때문이다(부당행위
계산).

증여받은 주택을 5년이 지나서 양도하는 경우 1주택자로서 비과세 요
건(증여받은 날부터 3년 이상 보유, 서울 과천 5대 신도시는 2년 거주 포함)을 갖추
었다면 양도세가 비과세된다. 만일 세대가 분리돼 있지 않다면 양도일 직
전까지 세대를 분리해야 1주택자로서 비과세 혜택을 받을 수 있다. 물론
자녀가 만 30세 이상이거나 기혼자여야 하며, 만 30세 미만의 미혼이라도
소득증빙이 된다면 별도 세대로 인정받을 수 있다.

족집게과외

▶ 양도세 중과 대상자는 50%의 세율을 부담하고 양도하는 것보다 증여가 세금 부담을 줄

일 수 있는지 판단할 필요가 있다.

▶ 중과 대상이 아닌 사람은 부담부증여가 절세 효과가 크게 나타날 수 있다.

▶ 증여 받은 부동산은 증여 후 5년이 지나서 팔아야 세금 부담을 줄일 수 있다.

미래의 블루칩을 선점하는 **부동산 투자 성공 방정식**

상속주택의 절세 테크닉

평촌에 사는 G씨는 10년 전 부모로부터 받은 단독주택(서초구 방배동 소재, 상속 시 신고금액 5억 원, 시가 12억 원)과 현재 거주중인 아파트(2000년 취득, 시가 5억 원)를 보유한 1가구 2주택자이다. 그는 사업 자금으로 한 채를 처분하려고 하는데 어느 집을 팔아야 세금을 적게 낼지 고민중이다.

G씨가 단독주택을 팔게 되면 1가구 2주택 중과 대상이 되어 양도차익의 50%에 해당하는 3억 5,000여만 원을 양도세로 내야 한다. 그러나 평촌 아파트를 팔면 비과세에 해당돼 양도세를 한 푼도 낼 필요가 없다.

소득세법 시행령 제155조 제2항에 따라 '상속받은 주택'과 그 밖의 주택(이하 일반주택이라 한다)을 국내에 각각 1개씩 소유하고 있는 1세대가 일반주택을 양도하는 경우에는 국내에 1개의 주택을 소유하고 있는 것으로 보아 1가구 1주택 비과세 규정을 적용하기 때문이다. 그러나 상속주택은 상속개시일부터 5년이 경과된 후 양도하면 중과 여부를 따지게 된다.

:· 동일세대원으로부터 물려받은 주택은 '상속받은 주택'이 아님

부모나 배우자로부터 유산으로 물려받았다고 해서 모두 '상속 받은 주택'으로 간주되는 것은 아니다. 별도세대원으로부터 상속받은 경우에만 해당된다는 점에 유의해야 한다. 함께 살던 배우자나 부모로부터 상속받은 주택은 일반주택으로 간주된다. 예를 들어, 상속개시일(피상속인의 사망일) 당시 함께 살던 부모로부터 받은 상속주택과 일반주택 각 1채씩 총 2채를 소유한 사람은 일반주택 2채를 보유한 1가구 2주택자로서 양도세 중과 여부를 따지게 된다.

:· 2채 이상 상속받은 경우에는 한 채만 '상속받은 주택'으로 인정

별도세대원인 피상속인으로부터 2채 이상을 상속받은 경우에는 다음 각호의 순위에 따라 1채만 '상속받은 주택'으로 인정되고 나머지는 일반주택으로 간주된다. ①피상속인이 소유한 기간이 가장 긴 1주택, ②피상속인이 소유한 기간이 같은 주택이 2이상일 경우에는 피상속인이 거주한 기간이 가장 긴 1주택, ③피상속인이 소유한 기간 및 거주한 기간이 모두 같은 주택이 2이상일 경우에는 피상속인이 상속개시 당시 거주한 1주택, ④피상속인이 거주한 사실이 없는 주택으로서 소유한 기간이 같은 주택이 2이상일 경우에는 기준시가가 가장 높은 1주택(기준시가가 같은 경우에는 상속인이 선택하는 1주택).

:• 공동상속주택은 상속 지분이 가장 큰 사람이 소유자가 됨

별도세대원인 피상속인으로부터 여러 명이 공동으로 물려받은 주택은 상속 지분이 가장 큰 상속인의 소유로 하여 주택 수를 계산하게 된다. 만일 상속지분이 가장 큰 자가 2인 이상인 경우에는 ① 당해 주택에 거주하는 자, ② 최연장자 순으로 소유자를 가리게 된다.

공동상속주택 외의 다른 주택을 양도하는 경우 공동상속주택은 상속지분이 가장 큰 상속인의 주택으로 보아 주택수를 계산하는 것이나, 당해 공동상속주택을 양도하는 때에는 소수지분을 소유한 상속인의 경우에도 소유 주택 수에 포함된다는 점에 유의한다.

:• '상속받은 주택' 1채만 보유했을 때의 비과세 판정

상속주택 1채만 보유한 경우에는, 상속개시일부터 따져서 비과세 요건을 갖추었으면 양도세가 비과세된다. 그러나 비과세 요건을 갖추지 못해 양도세를 계산할 때는 다음 사항에 유의해야 한다. 취득일은 상속개시일, 취득금액은 상속 당시 신고금액(상속신고를 하지 않았을 때는 상속 당시 기준시가), 보유기간은 피상속인의 취득일부터 기산 하나 장기보유특별공제는 상속개시일부터 따지게 된다.

이 때문에 향후 상속재산의 양도세 절세를 위해서 취·등록세를 좀 더 내더라도 상속 신고금액을 상향 조정하는 것이 현명하다. 배우자가 있는 경우 10억 원까지는 상속세를 내지 않아도 되므로 신고금액을 올린다고 해서 크게 손해 볼 일은 없다.

:• 동일세대원으로부터 상속받은 1주택의 비과세 판정

동일세대원으로부터 상속받은 주택 1채만 보유했다면 피상속인의 보유기간 및 거주기간과 상속인의 보유기간 및 거주기간을 통산해서 비과세 요건을 판단하게 된다.

:• 일반주택 2채 이상과 상속주택 1채 등 1가구 3주택 이상인 경우

이런 상황에서는 일반주택 양도 시에는 1가구 3주택 중과 여부를 따져서 중과에 해당하면 양도세율이 60%가 적용되고, 중과에 해당되지 않으면 과세표준에 따라서 9~36%의 누진세율이 적용된다. 그러나 상속주택 양도 시에는 상속 후 5년이 경과되지 않았다면 누진세율이 적용되며, 5년이 경과한 후부터는 3주택 중과 여부를 따져야 한다.

그러나 상속주택 1채를 보유한 상태에서 일시적으로 일반주택을 2주택 보유하게 되더라도 일시적 2주택 비과세 특례가 적용된다.

'일반주택과 상속받은 주택을 각 1채씩 보유한 상태에서 새로이 1주택을 취득한 경우, 새 주택 취득일부터 1년 이내에 상속주택 외의 종전주택을

양도하면 이를 1세대 1주택으로 보아 비과세 규정을 적용한다(기획재정부

재산과 - 833, 2004.7.7)'.

 **족집게**과외

▶상속주택과 일반주택을 각 1채씩 보유한 2주택자는 일반주택을 먼저 팔아야 비과세를

받을 수 있다.

▶공동으로 상속받은 주택은 지분이 가장 큰 사람의 소유가 된다.

▶상속주택 포함 3주택자라해도 비과세를 받을 수 있는 방법이 있다.

입주권도 주택 수에 포함,
1가구 2주택 중과 대상 판단해야

서울 재개발 지역의 주택 한 채와 일산 아파트(양도가액 5억 7천만 원, 양도차익 3억 원, 7년 보유) 한 채 등 두 채를 보유한 P씨는 2008년 5월 재개발 지역 주택이 조합원입주권으로 변하자 일산아파트를 팔았다. 입주권은 주택이 아니므로 1가구 1주택자로서 양도세 비과세를 받을 수 있다는 주변 사람들의 말을 믿었기 때문이다. 그러나 P씨는 1가구 2주택 중과 대상으로 양도세를 무려 1억 5,000여만 원 내야 한다는 사실을 최근에 알게 되고는 하늘이 무너지는 듯했지만 어쩔 도리가 없었다.

2006년부터 입주권도 주택 수에 포함이 됐지만 많은 사람들이 아직도 이 사실을 잘 모르고 있다. 입주권과 주택을 각각 하나씩 보유하고 있으면 1가구 2주택자가 되어 중과 대상이 될 수도 있다. P씨는 입주권을 팔던가, 2006년 12월 31일까지 주택을 팔았다면 중과 대상이 아니어서 세금을 2배 가량 줄일 수 있었다. 입주권은 주택 수에 포함되긴 하지만 입주권 자체는 중과 대상이 아니기 때문이며, 1가구 2주택 중과는 2007년 1월 1일 이후 양도분부터 적용됐기 때문이다.

:• 2005년 12월 31일 이전에 취득하고 관리처분계획인가를 받은 입주권은 제외

먼저 입주권이 무엇인지, 어떤 입주권이 주택 수에 포함되는지를 알아보자. 재개발과 재건축 조합원이 보유한 주택이 관리처분계획인가를 받게 되면 주택이 철거되지 않았더라도 그때부터 입주권이 된다(표1 참조). 입주권은 원래 입주자로 선정된 지위이나 재개발 및 재건축 주택에 대한 투기 바람이 불자 2006년부터 주택 수를 산정할 때 주택 수에 포함시키게 된 것이다(도시환경정비사업의 조합원입주권은 주택 수에 포함 되지 않음). 즉 입주권 외에 주택을 보유하고 있는 사람이 주택을 팔 때 과세에 영향을 주도록 변경한 것이다.

〈표 1〉

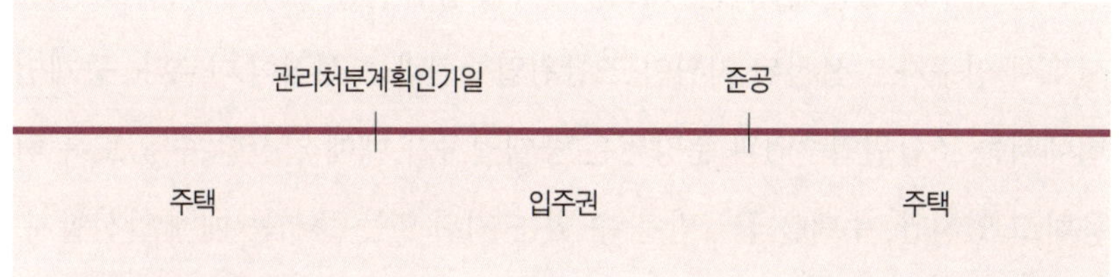

※주택재개발사업의 입주권 기준일은 관리처분계획인가일이다. 그러나 주택재건축사업은 2005년 5월 30일 이전은 사업계획승인일 또는 사업시행인가일이 기준일이 되며, 2005년 5월 31일 이후부터는 관리처분계획인가일을 기준으로 입주권으로 바뀐다.

주택 수에 포함되는 입주권은 2006년 1월 1일 이후 관리처분계획인가가 난 것과 2005년 12월 31일 이전에 관리처분계획인가가 났더라도 2006년 1월 1일 이후에 구입한 것만 해당된다. 따라서 2005년 12월 31일 이전에 취득하고 관리처분계획인가가 난 입주권과 주택을 각각 하나씩 보유한 사람은 1가구 1주택자가 되어 주택 양도 시 비과세요건(3년 보유, 서울 과천 분당 일산 평촌 중동 산본은 2년 거주 포함)을 갖추었으면 비과세를 받을 수 있다. 단 양도가액이 6억 원이 넘게 되면 6억 원 초과분에 대해서만 양도세가 부과된다.

이번 기회에 입주권과 분양권은 완전히 다르다는 점도 알아두자. 분양권은 청약통장 등에 의해 당첨된 사람들이 갖게 되는 주택을 취득할 수 있는 권리이다. 재개발 및 재건축 주택의 경우에 조합원이 분양받은 것은 입주권이지만, 일반분양된 것은 분양권이다. 분양권은 주택 수에 전혀 영향을 미치지 않으며 분양권 양도 시에는 주택 수와 상관없이 일반세율 과세 대상이 된다.

간혹 주택상환사채, 입주자저축증서, 무허가건물확인서, 건물철거예정증명서 또는 건물철거확인서, 이주대책대상자확인서 등도 입주권으로 오인하는 경우가 있는데, 이런 것들은 주택을 공급받을 수 있는 지위 또는 증서로서 입주자로 선정된 지위인 조합원입주권과는 성격이 다르다. 중개업법에서는 조합원입주권과 분양권은 중개업자가 매매 알선할 수 있도록 허용하고 있지만, 주택을 공급받을 수 있는 지위 또는 증서는 매매 알선할 수 없는 금지행위로 규정하고 있다.

1입주권 보유자가 입주권 양도 시

관리처분계획인가일과 철거일 중 빠른 날 현재에 비과세 요건을 갖추고, 입주권을 양도한 날(잔금청산일과 등기접수일 중 빠른 날)에 다른 주택이 없다면 비과세를 받을 수 있다. 양도일 현재 다른 주택이 있는 경우에는 소유한 1주택을 취득한 날로부터 1년 이내에 입주권을 양도하면 비과세된다.

입주권 양도 시 비과세에 해당되지 않으면 과세표준에 따라서 9~36%의 누진세율이 적용된다. 입주권 양도세는 기존주택의 양도소득과 입주권의 양도소득을 각각 구해 합산해서 계산해야 하며, 입주권 상태의 기간은 장기보유특별공제에 포함되지 않는다(여기에 대해 국세청과 국세심판원의 입장이 다름).

입주권 포함 2주택 상태에서 주택 양도 시

수도권 소재(읍면 지역 제외) 주택, 기타 지역과 읍면 지역 소재 기준시가 3억 원 초과 주택은 1가구 2주택 중과 대상이 되어 양도 시 세율이 50%가 부과된다. 다만 수도권 소재(읍면 지역 제외) 주택의 기준시가가 1억 원 이하이면(정비구역으로 지정 고시된 지역은 제외) 중과세에서 제외된다.

입주권 취득 후 1년 이내에 1세대 1주택 비과세요건을 갖춘 종전주택을 양도하는 경우에는 비과세를 적용한다. 현행 일시적 2주택 비과세와 동일한 기준이 적용되는 것이다.

또한 입주권 취득 후 1년이 지나서 종전주택을 양도해도 비과세 받을 수 있는 방법이 있다(표2 참조).

① 종전주택이 1세대1주택 비과세 요건, ② 재건축(재개발) 주택 완공

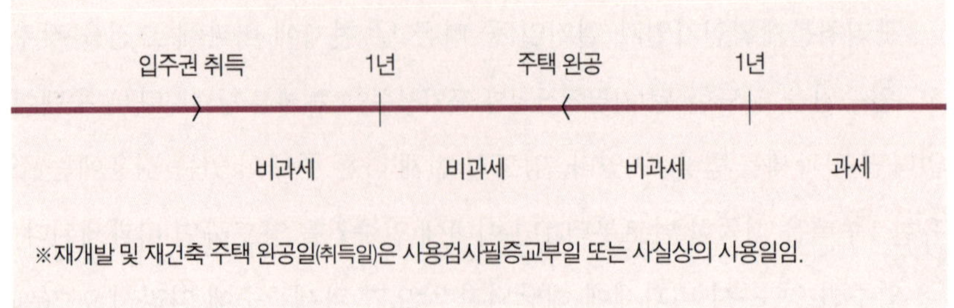

전 또는 완공 후 1년 이내에 종전주택 양도, ③ 재건축(재개발) 주택 완공 후 1년 이내 재건축(재개발) 주택으로 세대 전원이 이사하고 완공된 주택에서 1년 이상 거주의 세 요건을 모두 갖추어야 한다.

사업시행인가일 이후 공사기간 중에 살 대체주택을 취득했어도 비과세 혜택을 주고 있다. 이 경우에도,

① 대체주택에서 1년 이상 거주, ② 재건축(재개발) 주택 완공 전 또는 완공 후 1년 이내에 대체주택 양도, ③ 재건축(재개발) 주택 완공 후 1년 이내 재건축(재개발) 주택으로 세대 전원이 이사하고 완공된 주택에서 1년 이상 거주의 세 요건을 모두 갖추어야 인정이 된다.

간혹 재개발 조합원이 사업시행인가일 이전부터 보유하고 있던 주택을 사업시행인가일 이후 양도하고 다시 새 주택을 취득했을 때, 이 새 주택이 대체주택으로 인정받을 수 있다고 착각하는 사람들이 있다. 하지만 이 경우는 사업시행인가일 현재 2주택을 보유하고 있는 경우이므로 대체주택으로 인정받을 수 없다. 대체주택은 사업시행인가일 현재 1주택만을 보유한 상태에서 구입한 경우에만 인정받을 수 있기 때문이다.

※국내에 1주택을 소유한 1세대가 그 주택에 대한 주택재개발사업 또는 주택재건축사업의 시행기간 동안 거주하기 위하여 다른 주택(이하 '대체주택' 이라 한다)을 취득한 경우로서 소득세법시행령 제156조의2 제5항 각 호의 요건을 모두 갖추어 대체주택을 양도하는 때에는 이를 1세대 1주택으로 보아 비과세 규정을 적용하는 것이나, 주택재개발사업 또는 주택재건축사업의 시행일 현재 다른 주택을 소유하고 있는 경우에는 그러하지 않는다. - 국세청 서면5팀 - 482(2006.10.24)

:- 사례별로 알아보기

재개발 및 재건축 조합원으로서 취득한 아파트 1채 보유한 상태에서 양도

보유하던 주택이 재개발이 되어 새 아파트로 완공된 후 양도할 때는, 종전주택 보유기간 + 공사기간 + 완공된 후 보유기간을 합산해서 비과세 여부를 따지게 된다. 예를 들어 3년간 보유하던 주택이 재개발되어 3년의 공사기간을 거쳐 새 아파트로 완공되어 또 3년을 보유하고 양도한다면 9년의 보유기간을 인정받게 되는 것이다.

재개발 및 재건축 조합원으로서 취득한 입주권 1개 보유한 상태에서 양도

재개발 예정 주택은 관리처분계획인가일(2005년 5월 30일 이전 재건축은 사업계획승인일 또는 사업시행인가일)을 기준으로 조합원 입주권이 되며, 공사 후 완공되면 사용검사필증교부일 기준으로 다시 주택이 된다. 이때 보유하던 주택이 입주권이 되어 이 입주권을 하나만 가진 상태에서 양도할 때는, 관리처분계획인가일과 종전주택의 철거일 중 빠른 날 현재 비과세 여부를 따지게 된다.

예를 들어 2006년 2월 1일부터 거주하던 서울의 재개발 주택이 2008년 12월 1일 관리처분계획이 인가됐더라도 주택의 철거일이 2008년 3월 1일 이라면 거주 2년의 비과세 요건을 갖춘 것으로 인정된다는 것이다.

입주권을 구입해서 아파트가 완공된 후 1채 보유한 상태에서 양도

관리처분계획인가일 이후에 입주권을 승계 · 취득하여 완공되어 새 아 파트가 된 뒤 양도할 때는 완공일부터 1세대 1주택 비과세 여부를 따지게 된다. 입주권 상태의 보유기간은 인정되지 않음에 유의해야 한다.

입주권을 구입해서 1개 입주권 보유 상태에서 양도

입주권은 주택이 아니라 입주자로 선정된 지위에 해당하므로 입주권 상태에서 구입 후 양도하면 절대 비과세 혜택을 받을 수 없다. 일반세율 과 세 대상이 된다.

주택을 2채 보유 중에 한 채가 입주권이 되어 1주택 + 1입주권일 상 태에서 양도

많은 사람들이 가장 헷갈려 하는 부분이다. 이때는 먼저 1입주권이 주 택 수에 포함되는지의 여부를 먼저 판정해야 한다.

만약 주택 수에 포함이 되지 않는 입주권이라면 주택을 양도할 때 1세 대 1주택으로서 비과세 여부를 따질 수 있다. 다만 관리처분계획이 인가되어 입주권으로 변했다고 하더라도 사실상 주택이 멸실돼야 비과세를 받을 수 있다는 점에 유의해야 한다.

만일 주택 수에 포함되는 입주권이라면 1가구 2주택 중과 대상 여부를 따져야 하며, 비과세를 받을 수 있는 방법은 없다. 그러나 중과 대상이라고 해도 입주권을 먼저 양도하면 일반세율 과세 대상이 된다.

주택을 2채 보유 중에 한 채가 재개발 및 재건축이 되어 일반주택 1채와 재개발로 완공된 새 아파트 1채, 2채를 보유하고 있는 경우

이 경우에는 비과세를 받을 수 있는 방법은 없다. 먼저 파는 주택은 1가구 2주택 중과 여부를 따져야 한다.

보유하던 주택 2채가 모두 입주권이 된 상태에서 1입주권 양도

입주권을 2개 보유한 상태라면 비과세를 받을 수 있는 방법은 없다. 소득세법 시행령 제155조 제17항에 조합원 입주권 1개만을 보유한 1세대에 한해 1세대 1주택 특례 규정을 적용하고 있기 때문이다. 그러나 입주권 2개 보유했다고 해서 중과 대상이 되지는 않으며 장기보유특별공제 혜택도 받을 수 있다.

※2006년 1월 1일 전에 관리처분계획인가(2005.5.31 전에 사업시행인가 또는 구 주택건설촉진법에 따른 사업계획승인 포함)를 받은 주택재건축사업의 조합원이 취득한 입주자로 선정된 지위(이하 '조합원 입주권' 이라 함)를 2006년 1월 1일 이후 양도하는 경우로서 당해 조합원 입주권 양도일 현재 다른 조합원 입주권이 있는 경우에는 소득세법 시행령 제155조 제17항의 규정에 따른 1세대 1주택의 특례를 적용받을 수 없다 - 국세청 서면4팀 -

1587(2007.5.14)

　그럼에도 간혹 2개의 조합원 입주권 중 1개가 주택 수에 포함되지 않는 입주권일 때 1조합원 입주권만 소유한 것으로 간주해 비과세 요건을 충족했으면 비과세에 해당된다고 잘못 이해하는 사람들이 있다. 국세청 고객만족센터(1588-0060)의 전화상담원 중에도 이렇게 주장하는 사람들이 있다. 일견 그럴 듯해 보이는 주장이나 시행령 제155조 제 17항의 '조합원 입주권을 1개 소유한 1세대' 라는 조항을 간과한 탓이다.

보유하던 주택이 현금 청산되는 경우

　현금 청산되는 경우도 양도로 간주돼 양도세를 내야 한다.

　사업시행 처음부터 조합원으로 참여를 포기하거나 조합원이더라도 분양신청을 하지 않아 현금 청산을 받았다면 부동산의 양도로 간주된다. 그러나 조합원으로 참여한 이후 분양신청까지 했으나 관리처분계획인가일 이후 본인의 사정으로 이를 포기해 현금 청산이 됐다면 관리처분계획인가일 기준으로 입주권으로 변환이 되는 것이고 이를 양도하는 경우 입주권의 양도에 해당된다는 것이 국세청의 판단이다-국세청 서면4팀-2(2006. 01.03).

족집게과외

▶2006년 1월 1일 이후 관리처분계획인가가 난 것과 2005년 12월 31일 이전에 관리처분
계획인가가 났더라도 2006년 1월 1일 이후에 구입한 조합원 입주권은 주택 수에 포함
된다.

▶입주권 포함 2주택자는 중과 대상이 될 수 있다. 그러나 입주권을 먼저 팔면 일반세율
로 과세된다.

▶입주권 포함 2주택자라도 경우에 따라서 비과세 혜택을 받을 수 있으므로 잘 따져봐야
한다.

재개발(재건축) 아파트 구입 시 취 · 등록세

재개발(재건축) 예정 주택을 구입할 때와 입주권을 구입할 때 취 · 등록세에 대해서도 궁금해 하는 사람들이 많다.

재개발(재건축) 예정 주택 구입 시

▶취득세(농특세 포함)= 실지거래가액의 1%(전용면적 85㎡ 초과는 1.3%). 잔금지급일로부터 30일 이내.

▶등록세(지방교육세, 농특세 포함)=실지거래가액의 1.2%(전용면적 85㎡ 초과는 1.4%).

등기 전까지.

재개발(재건축) 조합원 입주권 구입 시

재개발(재건축) 예정 주택은 관리처분계획인가일(2005년 5월 30일 이전

재건축은 사업계획승인·시행인가일) 이후부터 조합원 입주권으로 변하게 되며, 완공되면 완공일을 기준으로 다시 주택이 된다.

조합원 입주권을 구입하게 되면 주택이었을 상태와 취·등록세 납부 기준이 달라진다. 입주권은 건물이 멸실된 것으로 보기 때문에 토지에 대한 취·등록세를 내게 되는데, 토지는 주택과 달리 취·등록세 감면 혜택이 없기 때문에 세율이 4.6%로 커지게 된다.

그런데 조합원 입주권은 토지 상태이긴 하지만 새 아파트 건물 분 가격과 프리미엄까지 포함돼 거래된다. 과세 표준을 토지 값에만 국한하자는 주장도 제기되고 있지만 거래대금에서 토지 값만을 분류하는 것이 현실적으로 어렵다는 판단에 따라 실제 구입대금의 4.6%를 취·등록세로 부과하고 있다.

▶취득세(농특세 포함) = 실지거래가액의 2.2%.
잔금지급일로부터 30일 이내.
▶등록세(지방교육세 포함) = 실지거래가액의 2.4%.
등기 전까지.

재개발(재건축) 아파트가 완공되면 내야 할 세금은

보유하고 있던 재개발(재건축) 예정 주택이나 조합원 입주권이 완공 후 새 아파트가 된 후에도 취득세 및 등록세를 내야 한다. 하지만 원조합원과 승계조합원, 조합원 입주권 구입자, 일반분양자에 따라 부과액이 달라진다.

원조합원이란 정비구역 지정 고시일(2008년 3월 12일 전에는 사업시행인 가일)을 기준으로 이전에 주택을 구입한 조합원을 말하며, 정비구역 지정 고시일 이후 주택을 구입한 사람은 승계조합원이 된다. 서울특별시세 감면 조례 제 19조 제3항, 이 조례 시행(2008년 3월 12일) 이후 최초로 정비구역으로 지정된 분부터 적용한다.

▶원조합원

· 취득세(농특세 포함) = 전용면적 85㎡ 이하는 과세 면제(재건축조합원은 면제되지 않음), 초과는 청산금의 2.2%.

취득일로부터 30일 이내. 재개발 및 도시환경정비사업의 취득일은 소유권이전 고시일 다음날 또는 사실상 사용일, 재건축사업의 취득일은 사용승인서교부일 또는 사실상 사용일(지방세법 시행령 제73조 제4항).

· 등록세(지방교육세 포함)=전용면적 85㎡ 이하는 과세 면제(재건축조합원은 면제되지 않음), 초과는 청산금의 0.96%.

등기 전까지.

▶승계조합원

· 취득세(농특세 포함) = 청산금의 2%(전용면적 85㎡ 초과는 2.2%).

취득일로부터 30일 이내.

· 등록세(지방교육세 포함) = 청산금의 0.96%.

등기 전까지.

▶조합원 입주권 구입 시

입주권을 보유하고 있는 사람은 토지에 대한 취·등록세만 냈기 때문에 아파트가 완공되면 건물에 대한 취·등록세를 또 납부해야 한다. 신축 건물을 지은 것과 똑같이 간주하는 것이다.

· 취득세(농특세 포함) = 완공된 아파트의 해당 평형 건축비(조합에서 원가로 산정)의 2%(전용면적 85㎡ 초과는 2.2%).

취득일로부터 30일 이내.

· 등록세(지방교육세 포함) = 완공된 아파트의 해당 평형 건축비의 0.96%.

등기 전까지.

▶일반 분양 받은 경우

청약통장 등을 사용하여 일반 분양 물량에 당첨된 사람이 갖는 권리를 분양권이라 하며, 분양권은 입주권과는 달리 취·등록세를 별도로 낼 필요가 없다. 다만 입주 시 잔금을 지급하게 되면 주택을 취득하게 되며 이때 취·등록세를 내게 된다.

· 취득세(농특세 포함) = 분양가액의 1%(전용면적 85㎡ 초과는 1.3%).

잔금지급일로부터 30일 이내.

· 등록세(지방교육세, 농특세 포함) = 분양가액의 1.2%(전용면적 85㎡ 초과는 1.4%).

등기 전까지.

족집게과외

▶조합원 입주권을 구입하면 취 · 등록세로 실지거래가액의 4.6%를 부담해야 한다.

▶조합원으로서 분양받은 아파트가 완공되면 취 · 등록세를 내는데, 재개발의 원조합원은

감면 혜택이 있으나 재개발 승계조합원과 재건축 조합원은 감면 혜택이 없다.

▶전용 85㎡ 초과를 분양받은 조합원의 취 · 등록세는 청산금의 3.16%다.

미래의 블루칩을 선점하는
부동산투자 성공방정식

초판 1쇄 2008년 8월 25일

....

지은이 장인석
펴낸이 김석규 **담당PD** 유철진 **펴낸곳** 매경출판(주)
등 록 2003년 4월 24일(No. 2-3759)
주 소 우)100-728 서울 중구 필동1가 30번지 매경미디어센터 9층
전 화 02)2000-2610(출판팀) 02)2000-2636(영업팀)
팩 스 02)2000-2609 **이메일** publish@mk.co.kr
인쇄·제본 (주)M-print 031)8071-0961

....

ISBN 978-89-7442-527-2

값 16,000원